Germanistische
Arbeitshefte

15

Herausgegeben von Otmar Werner und Franz Hundsnurscher

Ulrich Ammon

# Probleme der Soziolinguistik

2., durchgesehene und ergänzte Auflage

Max Niemeyer Verlag
Tübingen 1977

1. Auflage 1973

CIP-Kurztitelaufnahme der Deutschen Bibliothek

**Ammon, Ulrich**
Probleme der Soziolinguistik. – 2., durchges. u. erg. Aufl. – Tübingen: Niemeyer, 1977.
   (Germanistische Arbeitshefte ; 15)
   ISBN 3-484-25017-8

ISBN 3-484-25017-8

# INHALTSVERZEICHNIS

# VORWORT

Das Büchlein soll auf soziale Probleme im Bereich des Zusammenhangs von Sprache und Gesellschaft hinführen. Es ist daher in erster Linie sachbezogen und dient weniger der Erörterung diverser wissenschaftlicher Positionen. Gegenüber der Mehrzahl der bisherigen soziolinguistischen Arbeiten werden die historischen Entstehungsbedingungen der beschriebenen gegenwärtigen Probleme stärker einbezogen. Damit soll auch deren Veränderbarkeit deutlicher werden. Die historische Perspektive entspricht dem Versuch, einen historisch-materialistischen Ansatz einigermaßen durchzuhalten oder wenigstens immer wieder einen Bezug darauf herzustellen.

Auf die Erörterung bestimmter Themenbereiche wurde bewußt verzichtet, da sie sich aufgrund ihrer Komplexität im vorliegenden Rahmen nur in unzulässiger Vereinfachung hätten abhandeln lassen. Ihnen sollten besondere Bände gewidmet werden. Es handelt sich dabei vor allem um die Sprechakt- und sprachliche Handlungstheorie, die Beziehung zwischen sprachlicher und umfassenderer kommunikativer Kompetenz, die kompensatorische und emanzipatorische Spracherziehung, das Verhältnis von Sprache und Denken bzw. Bewußtsein und Fragen der Sprachplanung.

Eine erste Fassung mußte aus verlagstechnischen und didaktischen Gründen erheblich gekürzt werden. Dabei wurde unter anderem auch ein Kapitel zur Soziologie der Fremdsprachen wieder herausgenommen.

Wegen der gebotenen Kürze wurde auch verzichtet auf ausführlichere Literaturangaben, zumal sie sich in den angeführten Titeln finden. Viel weiterführende Literatur findet sich auch in der unter den Literaturhinweisen nicht aufgeführten "Bibliographie zur Soziolinguistik", hrg. von Gerd Simon. Tübingen 1974 (=Bibliographische Arbeitsmaterialien) und in "Zur Soziologie der Sprache", hrg. von Rolf Kjolseth und Fritz Sack. Opladen 1971 (= Kölner Zeitschrift für Soziologie und Sozialpsychologie, Sonderheft 15).

Ebenfalls auf ein Minimum beschränkt wurden Verweise und Fußnoten. Die Ausführungen stützen sich großenteils auf die jeweils am Ende des Kapitels aufgeführte Literatur. Hierauf wird nur in Ausnahmefällen - zumeist durch Nennung des Autorennamens - eigens hingewiesen.

Zu dem Büchlein erhielt ich Anregungen von verschiedenen Seiten. Für einzelne inhaltliche Hinweise oder das Durchlesen einzelner Kapitel danke ich vor allem Klaus Geiger, Uwe Loewer und Gerd Simon. Für wichtige didaktische Hinweise danke ich Herrn Franz Hundsnurscher. Er gab als Herausgeber sein Plazet, obwohl das Büchlein in seiner jetzigen Fassung seinen Vorstellungen in mancher Hinsicht nicht entspricht.

Ulrich Ammon

## VORWORT ZUR 2. AUFLAGE

Gegenüber der 1. Auflage wurden nur geringfügige Korrekturen und Ergänzungen vorgenommen. Sie ergaben sich zum Teil aus Rezensionen und persönlichen kritischen Hinweisen, für die ich danke, zum Teil aber auch aus Neuveröffentlichungen in der Disziplin. Keine der Neuveröffentlichungen erforderte jedoch bislang eine tiefgreifende Korrektur der vorliegenden einführenden Darstellung der wichtigsten soziolinguistischen Problembereiche.

Ulrich Ammon

# PHONETISCHE UMSCHRIFT, ABKÜRZUNGEN, SYMBOLE

Die Notation der Lautung beschränkt sich auf phonologisch relevante Unterschiede;
der subphonemische Bereich bleibt unberücksichtigt. Außer den schriftsprachlich
gebräuchlichen Graphemen wurden verwendet:

| | |
|---|---|
| ˛ unter dem Vokal | für offene Vokalqualität |
| ¯ über dem Vokal | für Vokallänge |
| ˜ über dem Vokal | für Nasalierung |
| ə | für unbetontes Schwa und für den zweiten Vokal in abglei-- tenden Diphthongen |
| ŋ | für velaren Nasal |
| š | für stimmlose palatale Spirans |
| ø | für ein fehlendes Phonem |
| χ | für stimmlose velare Spirans |

Die vereinzelt außerdem benützten besonderen Symbole werden jeweils an Ort und
Stelle erläutert. Ansonsten werden nur allgemein gebräuchliche Symbole verwen-
det.
Entsprechendes gilt für die Abkürzungen.
Auf Titel, die sich unter den an das betreffende Kapitel anschließenden Literatur-
hinweisen finden, wird nur mit dem Autorennamen hingewiesen.

# 1.    EINLEITUNG

## 1.1.    Einführende Vorbemerkungen

### 1.1.1. Die Einheitlichkeit der Begriffe "Sprachgemeinschaft", "langue" und "Kompetenz"

Nicht ganz zufällig hat die Sprachwissenschaft für das soziale Gefüge der Sprach-
träger die Bezeichnung G e m e i n s c h a f t  beibehalten, die von anderen
Sozialwissenschaften längst aufgegeben wurde. Diese Bezeichnung akzentuiert das
allen Sprachträgern Gemeinsame, die gegenseitig verständliche Sprache. Sie läßt
die sprachlichen Unterschiede und die Verständnisschwierigkeiten in den Hintergrund treten. Sie wirkt also unvermeidlich harmonisierend.

Diese Betonung des sprachlich Gemeinsamen hängt zusammen mit der in der Sprachwissenschaft vorherrschenden strukturalistischen Betrachtungsweise. Es bleibt
sich dabei gleich, ob es sich um den taxonomischen Strukturalismus in der Nachfolge de Saussures und Bloomfields oder um den generativen in der Nachfolge
Chomskys und Tesnières handelt.

Im taxonomischen Strukturalismus bestimmt sich der Zeichenwert jeder einzelnen sprachlichen Einheit nach ihrer Stellung im sprachlichen Gesamtsystem, der
l a n g u e .  Diese bildet eine geschlossene strukturelle Ganzheit. Denn impliziert ist die Vorstellung sprachlicher Einheitlichkeit, die den Gedanken der
Sprachgemeinschaft nahelegt.

Die Methoden des taxonomischen Strukturalismus sind in den generativen integriert. Besonderes Gewicht wird dabei auf die Konsistenz der Sprachbeschreibung
gelegt. Daher werden die verschiedenen grammatischen Ebenen nicht mehr nach
taxonomischer Methode getrennt, sondern integriert beschrieben. War im taxonomischen Strukturalismus die Klassifikation aller sprachlichen Einheiten und
die Herstellung ihrer strukturellen Beziehungen das Ziel der Sprachbeschreibung,
so im generativen Strukturalismus die Aufstellung eines integrierten Regelsystems,
nach dem alle grammatisch richtigen Sätze gebildet werden können. Dieses Ge-
samtregelsystem wird als K o m p e t e n z  bezeichnet. Das Konzept der Kompetenz
impliziert gleichfalls sprachliche Einheitlichkeit und den Gedanken einer
Sprachgemeinschaft.

2

Prinzipiell freilich schließt ein strukturalistisches Vorgehen - um welche
Variante es sich dabei auch handelt - eine sozial differenziertere Betrachtungsweise nicht aus. Es ist durchaus möglich, eine Vielzahl von strukturellen Sprach-
systemen und generativen Regelsystemen anzusetzen. Auf diese Weise zergliedert
sich ein größeres Sprachgebiet in eine Vielzahl kleinerer Sprachgemeinschaften.
Auch bei dieser Zergliederung bleibt freilich die Vorstellung sprachlicher Geschlossenheit gewahrt, nur verlagert auf kleinere soziale Einheiten. Auf der
sozialen Ebene entspricht dem ein Bild in sich geschlossener, voneinander ge-
trennter Sprachgemeinschaften.

Auch die Komplementärbegriffe zu langue und Kompetenz, nämlich p a r o l e
und P e r f o r m a n z , durchbrechen nicht die Vorstellung von Ganzheit und
Einheitlichkeit. Sie bezeichnen den Sprechakt, der zwar von zusätzlichen Faktoren
bestimmt ist, aber in der gängigen linguistischen Konzeption stets innerhalb
der langue bzw. Kompetenz verbleibt. Er ist deren bloße Aktualisierung, hat kein
Eigengewicht, wirkt nicht auf sie zurück. Daher ist dieses ganzheitliche Konzept
von Sprache zugleich ein statisches, das die Analyse des Sprachwandels behindert.

Die Geschlossenheit, Ganzheit und Statik der langue wird unter soziolinguistischer Perspektive entscheidend relativiert.

1.1.2. Beispiel eines Mitglieds der deutschen Sprachgemeinschaft:
       3 Sprachsituationen eines Büroangestellten[1]

Beim Frühstück mit seiner Ehefrau:

    Er:  *Heit kom e a bisle schbäder.*
    Sie: *Worom?*
    Er:  *Wega dem Englender, i han drs doch scho gsagt, mid dem muas e no äsa.*
         *Gib mer doch den buder! - Dange.*
    Sie: *Ja solle negs me richda?*
    Er:  *Noe, mir hen scho, i äs scho, i han dann scho gässa.*

Bei der Ankunft im Büro gegenüber seinen Kollegen:

    Er:      *Gudn Morgen.*
    Kollege: *Morgen Herr Bolz.*
    Er:      *Heude sollde man nichds arbeiden, nicht?*
    Kollege: *Na ja, die fünf Tage schaff ich s noch*
    Er:      *Haben Sie einglich Hodel oder Zelt?*
    Kollege: *Hotel, wir haben ...*
    Er:      *Daß ichs nicht vergäß, der Auftrag vom Mahle, isch der schon erledigt?*

---

1  Das Beispiel wurde vom Autor beobachtet.

Bei der Begrüßung eines englischen Geschäftspartners seiner Firma:

| | |
|---|---|
| Er: | *Mr. Cowley?* |
| Geschäftspartner nickt kurz. | |
| Er: | *Good evening.* |
| Geschäftspartner: | *How do you do, Mr. Boulz?* |
| Er: | *I thought we go to dinner instantly.* |
| | *Would this be right to you?* |
| Geschäftspartner: | *Yes, of course.* |

## 1.1.3. Einige vorläufige Folgerungen

Die drei Szenen erlauben einige erste Folgerungen:

(1) Der Angestellte Bolz zeigt drei deutlich verschiedene Sprechweisen:

1. einigermaßen ausgeprägten schwäbischen Dialekt,
2. ein ziemlich stark der deutschen Hoch- oder Einheitssprache ange-
   nähertes Schwäbisch,
3. Englisch.

Da sich zwischen allen 3 Sprechweisen bei einer Analyse Systemunterschiede
in sprachstrukturalistischem Sinn nachweisen lassen, etwa in der Phonemik,
scheint es sich dabei um die Aktualisierung dreier verschiedener langues
zu handeln. 1. und 2. sind nun aber unverkennbar Zwischenstufen zwischen
ausgeprägtem schwäbischem Dialekt und der Einheitssprache. In ausgeprägtem Dialekt würde der 2. Satz des Sprechers beispielsweise lauten:
*Wega deam Englender, i hao drs doch schao gsaed ...*
Sowohl der ausgeprägte Dialekt als auch die Einheitssprache würden sprach-
strukturalistisch jeweils eine weitere langue konstituieren. Die Annahme
liegt nahe - und wird von empirischen Beobachtungen bestätigt -, daß es
in Wirklichkeit eine nahezu unbegrenzte Zahl von Abstufungen zwischen ausgeprägtem schwäbischem Dialekt und der Einheitssprache gibt. Daraus folgt,
daß diese langues keine geschlossenen, sondern durchaus offene Systeme
sind. Dieser Schluß wird auch bestätigt durch die englische Sprechweise
unseres Sprechers, die deutliche Spuren deutscher Idiomatik aufweist. Auch
dabei greifen englische und deutsche langue ineinander.

(2) Offen sind die langues anscheinend vermittels ihrer Sprecher. Diese koppeln
und vermischen sie miteinander. Die Sprechweisen des Beispielsprechers sind
zwar strukturell deutlich verschieden. Dennoch zeigen sie einen unverkenn-
baren Zusammenhang miteinander, durchdringen sich offenbar teilweise. Daß
Herr Bolz zu Hause keinen ausgeprägten Dialekt spricht, hängt vermutlich
damit zusammen, daß er sich am Arbeitsplatz einer ziemlich einheitssprachlichen Sprechweise bedient. Umgekehrt bewahrt er einen Rest von Dialekt
auch am Arbeitsplatz. Sein Englisch schließlich ist von seinem Deutsch
nicht unbeeinflußt.

(3) Der Beispielsprecher verwendet die drei Sprechweisen zweifellos nicht beliebig, sondern offenkundig mit Rücksicht auf den Gesprächspartner. Seiner gleichfalls dialektsprechenden Frau gegenüber verwendet er Dialekt, seinem die Einheitsprache sprechenden Kollegen gegenüber eine Annäherung an die Einheitsprache, dem Engländer gegenüber Englisch. Andere Möglichkeiten, etwa schwäbischer Dialekt dem Engländer gegenüber, sind kaum denkbar. Offenbar gibt es äußere sprachliche Anforderungen an die Individuen je nach den Gesprächspartnern, mit denen verkehrt wird. Diesen Anforderungen können sie sich nicht entziehen, sondern müssen sich ihnen bis zu einem gewissen Grad anpassen.

(4) Die spezifischen sprachlichen Anforderungen hängen offenbar von der sozialen Stellung eines Individuums ab, beispielsweise von seinem Beruf. Wäre der im Beispiel vorgestellte Herr Bolz statt eines höheren Angestellten in einem größeren Betrieb etwa ein Landwirt oder ein Gipser, so käme er in seinem Beruf kaum je in Kontakt mit einem Engländer.

(5) Vermutlich gibt es noch andere Gründe als die bloße gegenseitige Verständlichkeit, die die Sprechweise bedingen. Von seiner Frau würde Herr Bolz auch in der Einheitsprache verstanden. Dennoch spricht er recht breiten Dialekt. Es ist anzunehmen, daß er dies nicht zufällig tut, sondern daß dies von seiner Frau erwartet wird. Eine einheitssprachliche Sprechweise würde von ihr wohl als unpassend empfunden.

(6) Es läßt sich denken, daß derartige sprachliche Umstellungen auf verschiedene Gesprächspartner erhebliche Anstrengungen bedeuten können und nicht selten lange Lernprozesse voraussetzen. Daß es außerdem sprachliche Anforderungen gibt, denen die Individuen nicht zu entsprechen vermögen und nicht gewachsen sind, ist ohne große Mühe vorstellbar. Der als Beispiel angeführte Herr Bolz war mangels entsprechender Sprachkenntnisse zur geschäftlichen Unterredung mit einem italienischen Geschäftspartner, der außer seiner Eigensprache nur französisch konnte, nicht in der Lage. Daß aus unerfüllbaren sprachlichen Anforderungen bisweilen auch erhebliche persönliche Schwierigkeiten erwachsen können, läßt sich schon jetzt annehmen. Projiziert man nun die am Beispiel nur eines Individuums aufscheinenden Zusammenhänge und Vermutungen auf die Sprecher einer größeren Gesellschaft, wie etwa derjenigen der Bundesrepublik, so zeichnet sich ein äußerst kompliziertes Bild ab. Zahlreiche Sprechweisen erscheinen auf eine Vielzahl von Sprechern verteilt, die sie unter wechselnden Umständen verwenden. Von hier aus eröffnet sich ein Ausblick auf den G e g e n s t a n d s - b e r e i c h  d e r  S o z i o l i n g u i s t i k . Er umfaßt:

- den regelhaften Zusammenhang zwischen Sprechern in ihrer gesellschaftlichen Bestimmtheit und den Formen und Inhalten ihrer Sprechweisen;
- die historischen Entstehungs- und Wandlungsbedingungen dieses Zusammenhangs und seiner Bestandteile;
- die sozialen Schwierigkeiten und Probleme, die für die Sprecher im
  Zusammenhang mit sprachlichen Gewohnheiten, sprachlichem Vermögen und
  sprachlichen Anforderungen entstehen;
- die Möglichkeiten zum Abbau und zur Überwindung dieser Schwierigkeiten.

Als Grundlage für eine Strukturierung dieses komplexen Gegenstandsbereichs
dienen zuerst einmal die nachfolgend dargestellten soziologischen Kategorien.

## 1.2. Einige für die Soziolinguistik zentrale soziologische Kategorien

### 1.2.1. Soziale Klassen

Es darf davon ausgegangen werden, daß der zentrale Zweck gesellschaftlichen
Zusammenlebens in der Erarbeitung und Verteilung der Güter besteht, die für
die Lebenserhaltung der Gesellschaftsmitglieder erforderlich sind. Die gesellschaftlichen Formen dieses Prozesses, die sogenannten P r o d u k t i o n s -
v e r h ä l t n i s s e  konstituieren folglich die Grundstruktur der Gesellschaft. Die fundamentalsten Kategorien zur Bestimmung dieser Formen sind die
s o z i a l e n  K l a s s e n .
Soziale Klassen und Klassenunterschiede bestehen aufgrund ungleichen Besitzan-
teils an den Produktionsmitteln. Das sind die natürlichen und technischen Voraussetzungen der Güterproduktion, also Bodenschätze, Ackerland, technische Geräte, Fabrikanlagen usw. In einer Klassengesellschaft verfügt ein Teil der
Bevölkerung über die Produktionsmittel. Dieser besitzende Teil stellt die herrschende Klasse dar. Die übrige Bevölkerung ist von den Produktionsmittelbesitzern
abhängig und bildet ihnen gegenüber die beherrschte Klasse. Sie kann sich nämlich nur mit deren Genehmigung ihren Lebensunterhalt erarbeiten. Die Bedingungen,
unter denen sie dies tut, werden weitgehend von den Produktionsmittelbesitzern bestimmt. Jede Klassengesellschaft stellt also ein Herrschaftsverhältnis dar.
Im Verlauf der Geschichte hat es verschiedenartige Klassengesellschaften gegeben. Ganz grob lassen sie sich in die Sklavenhaltergesellschaft, die feudale und
die kapitalistische Gesellschaft unterteilen. Bei der Gesellschaft der Bundesrepublik handelt es sich um eine bestimmte historische Form der kapitalistischen
Gesellschaft. Um ihre Klassenstruktur zu verstehen, müssen die Grundzüge des
Kapitalismus kurz skizziert werden.

Die kapitalistische Gesellschaft ist durch und durch geprägt von den Gesetzmäßigkeiten der Warenwirtschaft; so auch ihre Klassenstruktur. Sie läßt sich
nur von der Warenanalyse her begreifen.

W a r e n sind Produkte menschlicher Arbeit, die stets nach zwei Seiten hin
bestimmt sind. Einmal nach ihrem Wertverhältnis zu anderen Waren, ihrem
T a u s c h w e r t , der sich in einem bestimmten Geldwert ausdrückt. Ihr
Tauschwert richtet sich nach dem zu ihrer Herstellung durchschnittlich erforderlichen Aufwand an Arbeitszeit. Zum anderen dienen sie aufgrund bestimmter
Eigenschaften zur Befriedigung menschlicher Bedürfnisse, haben also einen bestimmten G e b r a u c h s w e r t . Als Tauschwerte sind sie rein quantitativ
bestimmt nach dem Quantum an erforderlicher Arbeitszeit zu ihrer Herstellung;
als Gebrauchswerte sind sie dagegen qualitativ bestimmt nach ihren konkreten
Eigenschaften zur Befriedigung ganz bestimmter Bedürfnisse. So besteht der
Tauschwert eines Stuhls in dem zu seiner Herstellung durchschnittlich erforderlichen Quantum an Arbeitszeit, sein Gebrauchswert in seiner Eigenschaft
als Sitzgelegenheit.

Struktur der Ware

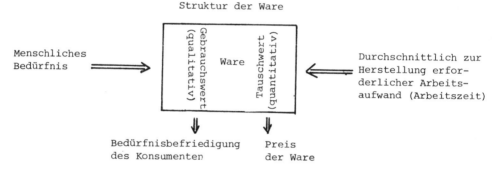

Menschliches Bedürfnis → Ware (Gebrauchswert (qualitativ) / Tauschwert (quantitativ)) ← Durchschnittlich zur Herstellung erfor-derlicher Arbeits-aufwand (Arbeitszeit)

Bedürfnisbefriedigung des Konsumenten     Preis der Ware

Im Kapitalismus ist nun das Herrschaftsverhältnis zwischen den sozialen Klassen selbst als Warenverhältnis gestaltet, als ständiger Warentausch zwischen
herrschender und beherrschter Klasse. Die Angehörigen der beherrschten
Klasse benötigen Mittel für ihren Lebensunterhalt, Lebensmittel im weiten
Wortsinn. Diese können sie sich aber nicht ohne weiteres erarbeiten, weil
ihnen dazu die nötigen Produktionsmittel fehlen. Sie erhalten nun von den
Produktionsmittelbesitzern das Angebot, mit deren Produktionsmitteln zu arbeiten, freilich auch zu deren Bedingungen. Die Produkte dieser Arbeit erhalten die Angehörigen der beherrschten Klasse nun aber nicht selbst, sondern
dafür einen bestimmten Lohn in Geldform. Die beherrschte Klasse wird daher gewöhnlich als die Klasse der L o h n a b h ä n g i g e n bezeichnet. Das Geld
repräsentiert Tauschwert, je nach Quantum mehr oder weniger. Mit ihm können die
Angehörigen der lohnabhängigen Klasse ihre notwendigen Lebensmittel kaufen. Die
Geldmenge muß dabei wenigstens so groß sein wie der Tauschwert dieser Lebensmittel. Nach dem Tauschwert der notwendigen Lebensmittel, also der zu ihrer Her-

stellung durchschnittlich erforderlichen Arbeitszeit, bestimmt sich demnach
die untere Lohngrenze für die lohnabhängige Klasse.

Für ihren Lohn leistet die Klasse der Lohnabhängigen, wie gesagt, Arbeit, stellt
Waren her, schafft Tauschwerte, die dann den Produktionsmittelbesitzern gehören.
Deren Vorteil besteht nun darin, daß die erarbeiteten Waren einen höheren
Tauschwert haben als der für die Arbeit bezahlte Lohn. Die Lohnabhängigen ar-
beiten also mehr und können mehr erarbeiten als den Tauschwert ihrer notwendi-
gen Lebensmittel. Wäre das nicht der Fall, so würde sich das Geschäft für die
Produktionsmittelbesitzer gar nicht rentieren. So aber behalten sie dabei einen
Teil des insgesamt erarbeiteten Tauschwerts, den sogenannten M e h r w e r t
für sich übrig. Sie versuchen verständlicherweise, diesen Mehrwert so groß wie
möglich, also den Lohn niedrig und den abverlangten Arbeitsaufwand hoch zu halten.
Der Mehrwert läßt sich einmal durch eine Ausdehnung der Arbeitszeit vergrößern.
Doch hat diese Möglichkeit natürliche Grenzen und provoziert zudem den Wider-
stand der Lohnabhängigen.

Eine weitere Möglichkeit, den Mehrwert zu vergrößern, besteht in der Rationa-
lisierung des Arbeitsprozesses. Der Tauschwert einer Ware bestimmt sich ja nicht
nach der tatsächlichen Arbeitszeit bei ihrer Herstellung, sondern nach der
durchschnittlich erforderlichen. Es kommt also darauf an, die Waren schneller
als durchschnittlich, bzw. in der durchschnittlichen Herstellungszeit überdurchschnittlich viele Waren herzustellen. Da sie dann immer noch zu ihrem
Tauschwert verkauft werden können, springt dabei ein Extramehrwert heraus. Zu
diesem Zweck wird der Arbeitsprozeß im Interesse der Produktionsmittelbesitzer
ständig weiter rationalisiert. Dabei verändern sich die Organisation des Arbeitsprozesses, die Arbeitsweisen und auch die sprachlichen Anforderungen der
Lohnabhängigen immer wieder einschneidend. Von dort her tangiert die Klassenstruktur den Gegenstand der Soziolinguistik unmittelbar.

Aber auch noch von einer anderen Seite. Die Klassenstruktur ist der Mehrheit
der Gesellschaftsmitglieder keineswegs in dieser Weise durchsichtig, wie sie
hier - stark vereinfacht - in ihren Grundzügen skizziert wurde. Daß dies nicht
der Fall ist, hängt ganz entscheidend mit Sprache zusammen. Über die Klassenstruktur wird in der herrschenden Sprache - im Interesse der herrschenden Klasse - in einer geradezu verhüllenden Weise gesprochen. Dieser verschleiernde,
"ideologische" Sprachgebrauch macht die Erkenntnis der tatsächlichen Zusammenhänge außerordentlich schwierig. Diesen Sprachgebrauch durchsichtig zu machen,
ist gleichfalls ein wichtiges, allerdings bislang nicht sehr systematisch be-
arbeitetes Aufgabenfeld der Soziolinguistik.

Der verhüllende Sprachgebrauch hat unter anderem Erfolg wegen der tatsächlichen

Kompliziertheit der Warenverhältnisse selbst, nach denen die Klassenverhältnisse gestaltet sind. Sie können im Rahmen dieses Einführungstextes auch nicht annähernd vollständig dargestellt werden. Die folgenden Differenzierungen sollen nur noch einigen besonders naheliegenden Mißverständnissen vorbeugen.

Der Tausch zwischen Produktionsmittelbesitzern und Lohnabhängigen, bei welchem erstere letzteren einen Mehrwert abnehmen, ist kein einfacher Betrug, sondern entspricht den Regeln des Warentauschs. Die Produktionsmittelbesitzer ertauschen (kaufen) von den Lohnabhängigen deren Arbeitskraft zu deren Tauschwert. Der Lohn entspricht diesem Tauschwert, insofern er die notwendigen Lebensmittel zu kaufen gestattet. Die A r b e i t s k r a f t ist dabei also selbst e i n e W a r e . Ihr Tauschwert bestimmt sich wie bei allen Waren nach dem durchschnittlichen Zeitaufwand zu ihrer Herstellung, d. h. in dem speziellen Fall zur Herstellung der notwendigen Lebensmittel. Dieser Tauschwert wird vom Produktionsmittelbesitzer in der Regel auch tatsächlich in Form des Lohnes bezahlt. Mit dem Kauf erwirbt der Produktionsmittelbesitzer das Recht, die Arbeitskraft nach seinen Bedürfnissen zu benützen. Er benützt sie nun als Gebrauchswert. Ihr Gebrauchswert besteht für ihn darin, daß die Arbeitskraft arbeitet, also Tauschwert schafft. Er kauft sie also, wie jede Ware, nach ihrem Tauschwert und benützt sie nach ihrem Gebrauchswert. Ein Gewinn entspringt nun für ihn daraus, daß die Arbeitskraft ein größeres Quantum an Tauschwert erarbeiten kann als ihrem Lohn entspricht. Besitz, gleich welcher Form, aus dem sich durch einen derartigen Tausch nach dem Warengesetz Mehrwert schöpfen läßt, der sich also auf diese Weise scheinbar selbst vermehrt, heißt K a p i t a l .

Determinanten der Ware Arbeitskraft (des Lohnabhängigen)

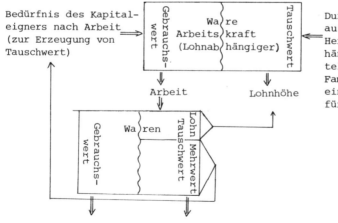

Bedürfnis des Kapitaleigners nach Arbeit (zur Erzeugung von Tauschwert)

Ware Arbeitskraft (Lohnabhängiger)

Gebrauchswert · Tauschwert

Durchschnittl. Arbeitsaufwand (Arbeitszeit) zur Herstellung des Lohnabhängigen (= der Lebensmittel für seine und seiner Familie tägliche Erhaltung einschließl. des Aufwands für die Ausbildung)

Arbeit · Lohnhöhe

Waren

Gebrauchswert · Lohn Mehrwert Tauschwert

Bedürfnis des Konsumenten

Preis der Ware

(Der Kapitaleigner realisiert den Tauschwert durch den Verkauf der Ware an den Konsumenten bzw. Händler)

Dieses verwickelte Warenverhältnis ist letzten Endes dafür verantwortlich, daß die Produktionsmittelbesitzer im Betrieb bestimmen, was und wie die Lohnabhängigen zu arbeiten haben und was mit der von ihnen erarbeiteten Produktion geschieht. Denn nur auf seiner Grundlage konnten sie Produktionsmittelbesitzer größeren Stils werden und ihre Vormachtstellung gegenüber den Lohnabhängigen ständig weiter ausbauen. Denn aller Reichtum der Produktionsmittelbesitzer entspringt aus eben dem Mehrwert, der von den Lohnabhängigen erarbeitet und ihnen durch den betreffenden Tausch L o h n   g e g e n   A r b e i t abgenommen wird. Schon diese wenigen Andeutungen zeigen, wie tiefgreifend dieses ökonomisch fundierte herrschaftliche Klassenverhältnis die gesamte Gesellschaftsstruktur prägt. Seinen Halt hat es letztlich an dem durch Recht geschützten Privateigentum an Produktionsmittel.

Weit komplizierter als bisher angedeutet stellt sich das Klassenverhältnis freilich in Wirklichkeit dar, vor allem aufgrund eines verwickelten Geldleihsystems. Dessen Prinzip besteht darin, daß der Geldbesitzer dem Produktionsmittelbesitzer Geld überläßt, damit dieser weitere Produktionsmittel erwerben, mehr Arbeiter einstellen und damit auch größeren Mehrwert erwirtschaften kann. Von diesem mit Hilfe des geliehenen Geldes erwirtschafteten Mehrwert gibt der Produktionsmittelbesitzer dem Geldleiher einen Teil als "Zins" zurück. Dieses Leihsystem ist durch die Banken außerordentlich perfektioniert worden. Durch dieses System kann jeder Geldbesitzer, vermittelt über die Banken, aus dem Mehrwertfond schöpfen, vorausgesetzt er benötigt das Geld nicht für seinen Lebensunterhalt. Aller Mehrwert wird aber nach wie vor in der Güterproduktion von den Lohnabhängigen erarbeitet. Nur wird er nicht mehr allein von den Produktionsmittelbesitzern, sondern auch von bloßen Geldbesitzern angeeignet. Die herrschende Klasse, die alle Kapitaleigner umfaßt, besteht also aus verschiedenen Fraktionen. Dadurch wird aber nicht nur die ökonomische Seite des Klassenverhältnisses, die Abschöpfung von Mehrwert, komplizierter sondern auch seine herrschaftliche Seite. Die großen Geldbesitzer wirken zwar zweifellos durch ihre Geldpolitik ein auf die Gestaltung der Produktionssphäre und der Gesellschaft, aber eher indirekt, nicht so unmittelbar wie die Produktionsmittelbesitzer.

Schließlich ist im Zusammenhang mit dem Geldleihsystem auch die Klassengliederung undurchsichtiger geworden. Manche besonders gut bezahlte Lohnabhängige sind in der Lage, einen Teil ihres Lohnes zu ersparen und sich dadurch eigene Zinseinkünfte zu verschaffen. Sie sind damit Lohnabhängige und kleine, freilich einflußlose Kapitaleigner zugleich. Unter dem Gesichtspunkt der Herrschaft befinden sich manche Lohnabhängige in einer ähnlich zwiespältigen Lage, etwa leitende Angestellte. Sie sind einmal abhängig vom Kapitaleigner, zum andern vertreten sie dessen Interessen und setzen dessen Anordnungen durch gegenüber den unteren Rängen. Schließlich haben sich die kleinen Produktionsmittelbesitzer, etwa selbständige Landwirte und Handwerker, stets in einer gewissen Zwischenstellung befunden. Sie besitzen nicht genügend Produktionsmittel, um in nennenswertem Umfang Lohnarbeiter einzustellen und einen entsprechenden Mehrwert einzustreichen, andererseits brauchen sie ihre eigene Arbeitskraft nicht zu verkaufen. Gerade diese Gruppierungen sind heute freilich zunehmend abhängig von großen Kapitaleignern und durch die Konkurrenz in ihrer Selbständigkeit bedroht.

Klassenstruktur der Bundesrepublik

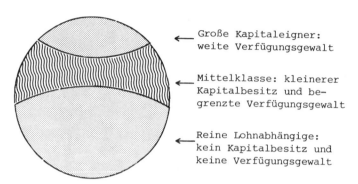

Große Kapitaleigner: weite Verfügungsgewalt

Mittelklasse: kleinerer Kapitalbesitz und begrenzte Verfügungsgewalt

Reine Lohnabhängige: kein Kapitalbesitz und keine Verfügungsgewalt

Jedenfalls stehen sich trotz dieser Zwischenstellungen in der bundesrepublikanischen Gesellschaft die breiten Massen der Lohnabhängigen auf der einen Seite und die verhältnismäßig kleine Zahl großer Kapitaleigner (1,7% der Bevölkerung besitzen 75% aller Produktionsmittel) als klar geschiedene Klassen gegenüber. Dieser Klassengegensatz aber formt nicht nur die Lebensweise einschließlich der sprachlichen Anforderungen jedes einzelnen Gesellschaftsmitglieds maßgeblich, sondern auch die Politik auf staatlicher Ebene.

1.2.2. Soziale Schichten

Wie die letzten Beispiele einer gespaltenen Klassenzugehörigkeit schon indizierten, entspringt aus der Klassenstruktur der Gesellschaft eine Vielfalt sozialer Ungleichheit. Diese Vielfalt sozialer Ungleichheit ist in ihren Entstehungs- und Veränderungsbedingungen ohne Rückgriff auf die Klassenstruktur und den Warencharakter der kapitalistischen Gesellschaftsverhältnisse nicht zu begreifen. Sie läßt sich aber auch vordergründiger beschreiben als s o - z i a l e   S c h i c h t u n g . Solche Beschreibungen sozialer Schichtung nach vordergründigen Kriterien, die dann zumeist gar nicht mehr von der Klassenstruktur abgeleitet werden, sind vor allem in der empirischen Forschung üblich.

Zuerst soll nun exemplarisch gezeigt werden, wie einzelne Schichtungskriterien von der Klassenstruktur und dem Warencharakter der kapitalistischen Gesellschaft abzuleiten sind. Sodann soll die Bedeutung einiger Schichtungskriterien für das Sprachverhalten skizziert werden. Schließlich soll beispielhaft ein empirisches Schichtungsverfahren vorgestellt und hinsichtlich seiner Brauchbarkeit für die Soziolinguistik erörtert werden.

Besonders häufig verwendete Schichtungskriterien sind die A u s b i l d u n g s - d a u e r , die Höhe des E i n k o m m e n s und das P r e s t i g e (das Ansehen nach einer durchschnittlichen Einschätzung) des Berufs.

Daß die Dauer der Ausbildung in der Regel eine gewisse soziale Ungleichheit konstituiert, leitet sich her vom Warencharakter der Arbeitskraft im Kapitalismus. Berufe, die eine längere Ausbildung voraussetzen, müssen durchschnittlich höher entlohnt werden. Der Tauschwert jeder Ware bestimmt sich nach der zu ihrer Herstellung durchschnittlich erforderlichen Zeit (vgl. 1.2.1.). Die Ware Arbeitskraft hat folglich bei längerer Herstellungszeit (Ausbildungsdauer) einen höheren Tauschwert und erhält folglich einen höheren Lohn. Zumeist sind die Berufe, die eine längere Ausbildung erfordern, freilich nicht nur besser bezahlt sondern auch einflußreicher, in der Herrschaftshierarchie höher plaziert. Folglich ist die Ausbildungsdauer ein durchaus bedeutsames Kriterium sozialer Ungleichheit, dessen Bedeutsamkeit sich weitgehend vom Warencharakter der Arbeitskraft herleitet.

Für eine Gesamtschichtung der Gesellschaft müssen freilich noch andere Schichtungskriterien hinzugezogen werden. Daß die Ausbildungsdauer kein hinreichendes Kriterium für die Herstellung einer sozialen Hierarchie darstellt, hat vor allem folgende Gründe. Einmal bedeutet eine lange Ausbildung nur potentiell eine nach Einkommen und Machtbefugnissen höhere Plazierung in der sozialen Hierarchie. Die tatsächliche Plazierung hängt darüberhinaus ab von der spezifischen Marktlage für die jeweilige Ware Arbeitskraft. Sie reguliert sich also nach einem weiteren Gesetz der Warenwirtschaft, nämlich dem von Angebot und Nachfrage. Die lange Ausbildung nützt nichts, wenn für den betreffenden Beruf auf dem Arbeitsmarkt keine Nachfrage besteht. In einem solchen Fall muß die Arbeitskraft unter ihrem Wert verkauft werden und ihr Besitzer sich vielleicht sogar mit einem niedrigeren Lohn begnügen als manche Arbeitskraft mit kürzerer Ausbildung. Zum andern ist die Dauer der Ausbildung für die Einkommenshöhe und das Ausmaß der Machtbefugnisse nur relevant innerhalb der lohnabhängigen Klasse. Ein Kapitaleigner kann auch ohne längere Ausbildung große Macht und ein hohes Einkommen aus dem von seinen Lohnabhängigen erarbeiteten Mehrwert haben.

Aus diesen Gründen müssen für eine Gesamtschichtung der Gesellschaftsmitglieder weitere Kriterien, etwa die Einkommenshöhe und das Prestige des Berufs, beigezogen werden. Auch die Bedeutung dieser und aller weiteren Schichtungskriterien

läßt sich - wenngleich zum Teil auf kompliziertem Wege - vom Warencharakter
und der Klassenstruktur der kapitalistischen Gesellschaft herleiten.
Schichtungskriterien wie die Ausbildungsdauer oder das Prestige des Berufs treten vom Blickwinkel der Klassenanalyse nicht besonders hervor, obwohl ihre Bedeutung als Komponenten sozialer Ungleichheit sich erst von dort her erklärt.
Sie deutlich hervorgehoben zu haben, ist das Verdienst der sozialen Schichtungs-
forschung. Dieses Verdienst ist deshalb nicht gering zu veranschlagen, weil
diese Schichtungskriterien das konkrete Verhalten, vor allem auch das Sprachverhalten, ziemlich direkt beeinflussen. Die Schichtung und manche Schichtungskriterien sind daher auch im Bewußtsein vieler Gesellschaftsmitglieder leben-
diger als die fundamentalere Klassenstruktur der Gesellschaft.
Dies geht etwa aus folgendem Protokollausschnitt eines Gesprächs mit einem Arbeiter deutlich hervor, der sich über die Studenten äußert:

> "Was wollen die Studenten? Das geben die ja nich preis. Vor allen Dingen:
> die sind doch diesem System, diesem Establishment so verhaftet Mensch,
> die wollen damit was besseres rauskehren! Schon allein mit ihre Sprache,
> wenn se auch in Lumpen gehüllt hier praktisch rumlaufen, die wollen aber
> mit ihrer Sprache zeigen wer se sind, wa? Das is nich bewußt, weil se ein-
> fach ganz anderes Deutsch gelernt haben, denken se ganz anders als wie
> einer der nur aus der Volksschule weggeht".[2]

Die unterschiedliche Schulbildung wird hier als gewichtiger sozialer Unterschied
empfunden. Außerdem wird sie unmittelbar in Zusammenhang gebracht mit auffälli-
gen Sprachunterschieden. Selbst wenn dieser Zusammenhang in Wirklichkeit nicht
bestünde, wäre schon die verbreitete Vorstellung eines solchen Zusammenhangs
ein für die Soziolinguistik bedeutsamer Befund. Es ist aber anzunehmen, daß
ein derartiger Zusammenhang auch tatsächlich besteht. Die Ausbildungsinstitutionen pflegen aufgrund ihrer spezifischen gesellschaftlichen Funktion einen ganz
bestimmten Sprachgebrauch. Je länger jemand diesem Sprachgebrauch ausgesetzt
ist, desto stärker wird seine persönliche Sprache danach geformt. Schon diese
einfache Überlegung legt einen Zusammenhang zwischen dem Schichtungskriterium
der Ausbildungsdauer und dem Sprachverhalten nahe. Entsprechende hypothetische
Zusammenhänge lassen sich auch mit anderen Schichtungskriterien herstellen,
etwa mit dem Berufsprestige. Wenn es Sprechweisen unterschiedlichen Prestiges
gibt, so ist auch eine Beziehung zwischen dem Berufsprestige und solchen
Sprechweisen anzunehmen.
Mit solchen Hypothesen und deren empirischer Bestätigung ist freilich noch überhaupt nichts über die Hintergründe und Entstehungsbedingungen derartiger Zusammenhänge zwischen Schichtungskriterien und Sprachverhalten ausgesagt. Dennoch

---

2  Kursbuch 25 (1971), Seite 39.

ist die Feststellung derartiger sozialer Sprachunterschiede ein wichtiger Befund. Er ist erst möglich bei einer klaren Herausarbeitung der Schichtungskriterien. Denn obwohl es sich bei ihnen nur um die konkreten Erscheinungsformen der sozialen Ungleichheit handelt - diese gründet in der Klassenstruktur und im Warencharakter der Gesellschaft -, sind sie doch zum Teil unmittelbare Determinanten des Sprachgebrauchs.

Der Gedanke der sozialen Schichtung stammt ursprünglich von der Geologie. Analog zum Gliederungsprinzip der Erdkruste kann nach Auffassung der empirischen Sozialforschung die gesamte Gesellschaft in Schichtenlagen unterteilt werden. Zur Einteilung wurden im Laufe der Zeit und für verschiedene Gesellschaften unterschiedliche Kriterien beigezogen. Empirische Überprüfungen haben aber ergeben, daß viele Kriterien nahezu identische Schichtungen liefern bzw. daß schon relativ wenige Kriterien eine ziemlich v e r l ä ß l i c h e Schichtung ergeben. Verläßlich bedeutet in der empirischen Forschung, daß sich bei wiederholtem Vorgehen auch bei verschiedenen Exploratoren keine nennenswerten Unterschiede in den Ergebnissen zeigen. Gleichwohl wird auch innerhalb der Bundesrepublik mit unterschiedlichen Schichtungskriterien operiert, beispielsweise von den verschiedenen Meinungsforschungsinstituten. Die unterschiedliche Verwendung richtet sich dabei teilweise nach den Fragestellungen. Hier sei nur das in den Sozialwissenschaften wohl verbreitetste Schichtungsverfahren skizziert, das von Erwin K. Scheuch entwickelt wurde.

Dabei wurde zuerst einmal mit 9 verschiedenen Kriterien gearbeitet: 1. Relation Raum - pro - Person, 2. Beruf des Ehemannes bzw. eigener Beruf, 3. Einkommen des Haupternährers, 4. Pro-Kopf-Einkommen = Kaufkraft, 5. Wohlstandsindex - Besitz bestimmter Sachgüter, 6. Theaterbesuch, 7. Konzertbesuch, 8. Niveau des Lesens, 9. Schulbildung.

Aus der Formulierung einzelner Kriterien läßt sich ersehen, daß die Mitglieder ein und derselben Familie stets derselben Schicht zugeordnet wurden. Dieses Verfahren wurde beibehalten; jedoch wurden aufgrund von Verläßlichkeitsprüfungen, teils aber auch aus Gründen leichterer Anwendbarkeit die Kriterien mit der Zeit auf nur 3 reduziert: 1. Beruf des Haupternährers, 2. Einkommen des Haupternährers, 3. Schulbildung des Befragten.

Jedes Kriterium wurde in eine Rangskala von Kategorien verwandelt. Beim "Beruf des Haupternährers" bildet beispielsweise ein "ungelernter Arbeiter" den untersten, ein "führender Selbständiger" den obersten Rang, bei der Schulbildung "Volksschule vollständig" den untersten und "Hochschule mit Abschluß" den obersten. Jedem Rang wurde dann eine bestimmte Punktezahl zugeordnet, etwa unter den Berufen einem "ungelernten Arbeiter" 1, einem "angelernten Arbeiter" 4 Punkte und die höchste Punktzahl, nämlich 30, einem "führenden Selbständigen".

Bei der Anwendung dieser Rangskalen erhält nun jede Person jeweils eine bestimmte Punktezahl für alle 3 Kriterien: "Beruf des Haupternährers", "Einkommen des Haupternährers" und "Schulbildung des Befragten". Die Punkte werden dann addiert zu einer Gesamtpunktezahl. Nach ihr richtet sich die Zuordnung zu einer der folgenden 6 insgesamt angesetzten Schichten: 1.untere Unterschicht (0-14 Punkte), 2. obere Unterschicht (15-22 Punkte), 3. untere Mittelschicht (23-29 Punkte), mittlere Mittelschicht (30-39 Punkte), obere Mittelschicht (40-49 Punkte), Oberschicht (50 und mehr Punkte).

An diesem typischen Schichtungsverfahren gibt es viel zu kritisieren. Hier sollen nur wenige Kritikpunkte angedeutet werden, vor allem insofern sie für soziolinguistische Fragen relevant sind.

(1) Die Schichtengrenzen sind nicht nach wirklich stichhaltigen Kriterien gezogen. Es ist daher fraglich, ob sie gerade auffällige Verhaltensunterschiede markieren. In manchen Fällen ist es durchaus denkbar, daß gerade innerhalb und nicht zwischen den Schichten größere Verhaltensunterschiede, auch Sprachverhaltensunterschiede, auftreten.

(2) Die Reduktion auf nur 3 Schichtungskriterien ist nicht für alle Verhaltensweisen gleichermaßen zulässig. Beispielsweise ist es durchaus denkbar, daß die "Relation Raum-pro-Person" oder das "Niveau des Lesens", die als ursprüngliche Schichtungskriterien beigezogen waren, oder die überhaupt nicht berücksichtigte soziale Herkunft das Sprachverhalten entscheidender beeinflussen als das "Einkommen des Haupternährers".

(3) Die Kombination der 3 Kriterien zu einer einzigen Schichtungsskala macht es unmöglich festzustellen, welches Schichtungskriterium das Untersuchungsergebnis tatsächlich bedingt hat, und zu welchem Anteil. Beispielsweise könnte ein festgestelltes Sprachverhalten zu 90% durch den Schulbesuch bedingt sein. Der Befund anhand der Schichtungsskala legt aber den Schluß nahe, daß es durch die 3 Schichtungskriterien gleichermaßen bedingt ist oder gestattet gar keine differenzierte Schlußfolgerung.

(4) Bei obigem Verfahren fällt beispielsweise ein Oberstudienrat gleichermaßen wie ein großer Kapitaleigner in die "Oberschicht". Zweifellos besteht zwischen beiden aber ein enormer sozialer Unterschied, sogar ein Klassenunterschied. Daß die Schichteneinteilung derartige eklatante soziale Unterschiede gerade in den oberen Rängen nicht mehr erfaßt und damit Klassenunterschiede überhaupt verwischt, ist mit Recht scharf kritisiert worden. Die Einteilung in solche Schichtenlagen liefert ein harmonisiertes Gesellschaftsbild, in dem der Klassenantagonismus weggezaubert ist.

Dennoch handelt es sich bei solchen Schichtungen nicht nur um ideologische Machenschaften. Hinsichtlich mancher Verhaltensweisen hat eine solche Schichtung sicherlich ihre Berechtigung. Ein Oberstudienrat und ein größerer Kapitaleigner dürften sich etwa in manchen Aspekten ihres Sprachverhaltens kaum unterscheiden. Dagegen bestehen gegenüber den niedrigen Schichten dieser Skala vermutlich weit auffälligere Unterschiede. Derartige Übereinstimmungen und Unterschiede des Sprachverhaltens sind aber für die Soziolinguistik von großer Bedeutung, auch und gerade wenn sie nicht mit der Klassenstruktur übereinstimmen. Bei ihrer Feststellung kann eine Schichtenskala gute Dienste leisten.

Aus den vorausgehenden Einwänden folgt jedoch, daß eine vorgefertigte Schichtenskala niemals einfach übernommen, sondern auf ihre Brauchbarkeit für die spezifische soziolinguistische Fragestellung hin überprüft werden muß. Sodann, daß die Bedeutung der einzelnen Schichtenkriterien für das in Frage stehende Sprachverhalten sorgfältig bedacht werden muß und die für besonders wichtig gehaltenen Kriterien möglichst isoliert und nicht mit anderen kombiniert werden. Schließlich, daß die Festlegung der Schichtengrenzen auf ihre Bedeutsamkeit für die Fragestellung hin geprüft wird. Alle diese Entscheidungen können aber nur von einer theoretisch gut fundierten Hypothese aus anders als voluntaristisch getroffen werden.

## 1.2.3. Soziale Gruppen

Innerhalb der Klassen und Schichten, zum Teil über sie hinweggreifend, gliedert sich die Gesellschaft weiter in soziale Gruppen. Diese lassen sich nach verschiedenen Gesichtspunkten einteilen. In bezug auf die Beziehung der Gruppenmitglieder zueinander lassen sich bloße M e r k m a l s g r u p p e n und a k t u e l l e   G r u p p e n auseinanderhalten.

Merkmalsgruppen umfassen alle Gesellschaftsmitglieder mit einem gleichen Merkmal. Unter diese Kategorie lassen sich folglich auch Klassen und Schichten subsumieren. Außerdem gibt es zahlreiche Merkmale, beispielsweise die Schuhgröße, die zumindest für die Soziolinguistik irrelevant sind. Andere aber sind von großer Bedeutung. Ein Beispiel hierfür sind die Berufsgruppen, Gruppen gleichen Arbeitsinhalts oder gleicher Arbeitsweise zumeist innerhalb ein und derselben Schicht. Metzger, Bäcker, Chemotechniker usw. sind solche Berufsgruppen, die vor allem wegen ihrer gemeinsamen beruflichen Fachsprache für die Soziolinguistik bedeutsam sind. Ebenso wichtig sind etwa die nach einem allgemeineren Merkmal der Arbeitsweise gebildeten Gruppen geistig und körperlich arbeitender Berufe. Denn für die geistige Arbeit spielt die Sprache eine weit

größere Rolle als für die körperliche; daher bestehen unterschiedliche sprachliche Anforderungen an geistig und körperlich arbeitende Berufe. Zwischen ihnen
besteht in der Regel zugleich auch ein Schichtenunterschied; geistige Berufe
gehören zumeist einer höheren Schicht an als körperliche. Auch nicht-berufliche
Merkmalsgruppen können ein spezifisches Sprachverhalten ausbilden; die Geschlechter, Briefmarkensammler, die Leser der Bild-Zeitung, Angehörige einer
religiösen Sekte, Sportangler oder Taubstumme. Diese Gruppen müßten in eine
differenzierte Soziolinguistik einbezogen werden, bleiben in der vorliegenden
Einführung aber weitgehend unberücksichtigt.

Aktuelle Gruppen sind dadurch gekennzeichnet, daß ihre Mitglieder in unmittel-
barer Interaktion stehen. Die Bedeutung dieser Gruppen für die Soziolinguistik
folgt daraus, daß die Gruppenmitglieder sich sprachlich gegenseitig oder ein-
seitig beeinflussen. Aktuelle Gruppen, deren Mitglieder in direktem Kommuni-
kationszusammenhang stehen, wurden in der Soziolinguistik auch als  S u b -
k u l t u r e n  bezeichnet, Verbände einander ähnlicher aktueller Gruppen als
s u b k u l t u r e l l e   M i l i e u s .  Beispiele für aktuelle Gruppen sind
Familien, Freundeskreise, Vereine, kooperierende Arbeiter oder die in der Be-
triebssoziologie bekannten "informellen Gruppen" am Arbeitsplatz. In der De-
tailanalyse der sprachformenden Wirkung aktueller Gruppen sind gruppenpsycho-
logische Gesichtspunkte zu beachten: die Interaktionsstruktur, das Prestige
Einzelner in der Gruppe, der Außenkontakt, die Außenabgrenzung, der innere
Zusammenhalt der Gruppe und die Bedeutung der betreffenden Gruppe für das Leben der einzelnen Gruppenmitglieder.


## 1.2.4. Soziale Rollen

Mit dem Begriff der "sozialen Rolle" wird das allgemeine Verhältnis des Individuums zur Gesellschaft zu erfassen versucht. Jedes Individuum befindet sich
stets in einer bestimmten  s o z i a l e n   P o s i t i o n ,  einem Feld sozialer Beziehungen zu bestimmten Personen und Gruppen. Diese  B e z u g s p e r -
s o n e n  und  B e z u g s g r u p p e n  richten ganz bestimmte  E r w a r -
t u n g e n  an das Individuum hinsichtlich seines Verhaltens im weiten Wortsinn. Werden diese Erwartungen nicht eingehalten, so reagieren die Bezugspersonen und Gruppen mit  S a n k t i o n e n ,  das sind Strafen im weitesten
Sinne. Sie gehen vom Auslachen oder betretenden Schweigen bis zu Gefängnisstra-
fen, je nach Schwere des Verstoßes. Die Einhaltung der Erwartungen wird also
mehr oder weniger hart zu erzwingen versucht. Die Gesamtheit dieser auf eine bestimmte soziale Position bezogenen Erwartungen wird als  s o z i a l e   R o l l e
bezeichnet. Eine solche Rolle ist negativ definiert durch das Eintreten von

Sanktionen seitens der Bezugspersonen und Bezugsgruppen. Die einzelnen Verhaltenskomponenten der Rollen werden auch als Verhaltens n o r m e n bezeichnet, das erwartete und durch Sanktionen definierte Sprachverhalten beispielsweise als die rollenspezifische S p r a c h n o r m . Die Sozialisierung, die Vergesellschaftung der Individuen kann darum beschrieben werden als ihre Einfügung in soziale Rollen und die Übernahme der rollenspezifischen Normen.

Kein Individuum hat nur eine einzige soziale Rolle. Schon infolge seines natürlichen Lebensablaufs durchläuft es verschiedene Altersrollen vom Kind bis zum Greis. Diese sind wiederum mit bestimmten Sets von Rollen kombiniert, sich ändernden Familienrollen, der Rolle des Schülers, des Berufstätigen usw. Aber auch bei einer mehr synchronen Betrachtung wechseln die Individuen zwischen verschiedenen Rollen. Das Beispiel unter 1.1.2. etwa umfaßt drei verschiedene Rollen im Tageslauf eines Angestellten. Dabei wird deutlich, daß die Rollenwechsel auch einen Wechsel im Sprachgebrauch mit sich bringen können. Offen bleibt in dem Beispiel, inwieweit die wechselnden Sprechweisen durch Sanktionen erzwungen sind, wo also genau bei Abweichungen Sanktionen einsetzen würden.

Das Wirken der Sanktionen läßt sich nicht ohne weiteres beobachten. Die Individuen antizipieren nämlich die Erwartungen der Bezugspersonen und Gruppen und passen sich ihnen an, um die Sanktionen zu vermeiden. Die Erwartungen erlernen sie oft durch die Beobachtung anderer oder durch sprachliche Vermittlung, ohne die Sanktionen selbst zu erfahren. Diese bleiben daher zumeist latent.

Das von der strukturell-funktionalen Soziologie entwickelte Rollenkonzept wurde verschiedentlich als geeignetes theoretisches Fundament der Soziolinguistik vorgeschlagen. Hierfür ist es aber gänzlich unzureichend, und zwar vor allem aus folgenden Gründen:

(1) Es gestattet aus sich heraus keine hinreichende Erklärung für die Entstehung und Veränderung von Rollen. Daher leistet es letztlich nicht mehr als die statische Beschreibung des Vorhandenen.

(2) Es entbehrt der kritischen Dimension, d. h. es erlaubt keine Entscheidung darüber, inwiefern Erwartungen und Rollen sinnvoll oder unsinnig sind. Das Rollenkonzept kann also den jeweiligen Zustand nicht transzendieren, sondern ihn bloß darstellen.

(3) Vom Rollenkonzept her lassen sich demzufolge keine rationalen Strategien zur Veränderung bestehender Mißstände formulieren. Es ist, wenn es als zureichende Theorie gehandhabt wird, ein affirmatives Konzept, das den Ansprüchen einer historisch-materialistischen Soziolinguistik nicht genügt (vgl. 6).

Die soziale Rolle ist eine Beschreibungskategorie ähnlichen theoretischen Niveaus wie die soziale Schicht und die soziale Gruppe. Sie dient einer differenzierten Deskription bestehender soziolingualer Strukturen. Der Soziolinguistik hat sie den Blick geschärft für die wechselnden sprachlichen Anforderungen an die Individuen, die Differenziertheit und Vielfalt dieser Anforderungen, die Varianz des individuellen Sprachgebrauchs und die konkreten Zwänge, die hinter dieser Varianz stehen.

Eine soziolinguistische Theorie muß aber darüberhinaus ursächlich erklären, wie Rollen und Erwartungen entstehen und sich ändern. Sie muß ferner rationale Entscheidungen ermöglichen, inwiefern Rollenerwartungen sinnvoll sind, und sie muß dazu beitragen, sinnlos beibehaltene Erwartungen aufzulösen. Hierzu aber bedarf sie einer das Rollenkonzept weit überschreitenden Theorie.

---

## Aufgaben

1) Welchen Gebrauchswert hat die Ware Arbeitskraft für den Kapitaleigner? Erläutern Sie bei Ihrer Antwort auch die Kategorie des "Mehrwerts".

2) a) Begründen Sie mithilfe der Warenanalyse, warum die Ausbildungsdauer im Kapitalismus ein Kriterium ökonomischer und sozialer Ungleichheit darstellt?
   b) Handelt es sich dabei um ein Kriterium sozialer Klasseneinteilung oder sozialer Schichtung? Begründen Sie Ihre Antwort.
   c) Können Sie sich Sprachunterschiede vorstellen, die mit der Ausbildung, vor allem der Ausbildungsdauer zusammenhängen? Handelt es sich dabei um klassen- oder um schichtenspezifische Sprachunterschiede?

3) Man hat festgestellt, daß die Weinbauern gewisse sprachliche Eigenheiten im Bereich der Lexik aufweisen. Handelt es sich dabei um sozialschichtenspezifische Sprachmerkmale?

4) Ein aus Norddeutschland in eine schwäbische Kleinstadt zugezogenes Schulmädchen wurde von ihren Klassenkameraden wegen ihrer unschwäbischen Sprache verspottet. Um dem zu entgehen, lernte sie binnen kurzem Schwäbisch. Als sie dann zu Hause schwäbisch zu sprechen begann, wurde sie von ihren Eltern getadelt, der Dialekt sei häßlich.

   a) Benennen Sie die beiden sozialen Rollen, in denen sich das Mädchen in diesem Beispiel befindet.
   b) Nennen Sie die für die beiden Rollen konstitutiven Bezugsgruppen, Sanktionen und Sprachgebrauchsnormen.
   c) Wie müßte sich das Mädchen in den beiden Rollen sprachlich verhalten, um Sanktionen zu vermeiden?
   d) Läßt sich mit dem Rollenkonzept auch erklären, warum das Sprachverhalten des Mädchens in der geschilderten Weise sanktioniert wurde?

## Weiterführende Aufgabe

5) Verfolgen Sie sorgfältig die Tagesabläufe einiger Arbeiter, leitender Angestellter und Unternehmer. Versuchen Sie:

   1. die Rollenwechsel festzuhalten und die dabei auftretenden Wechsel im Sprachgebrauch zu charakterisieren;
   2. Hinweise auf konstantere, möglicherweise gruppen-, schichten- oder klassenspezifische Sprachunterschiede zu geben.

## Literaturhinweise

Marx, Karl: Das Kapital. Kritik der politischen Ökonomie, 1. Bd. Berlin: Dietz 1972 (= Marx, Engels: Werke 23), vor allem Abschnitte 1 und 2, S. 49-191.

Von grundlegender Bedeutung für den Klassenbegriff im Kapitalismus. Enthält die Warenanalyse, die Bestimmung der lohnabhängigen Arbeitskraft im Kapitalismus als Ware und die allgemeinen Grundbedingungen des kapitalistischen Produktionsverhältnisses.

Mauke, Michael: Die Klassentheorie von Marx und Engels. 3. Aufl. Frankfurt 1971 (= Kritische Studien zur Politikwissenschaft).

Differenzierte Darlegung des Klassenbegriffs und der sozialen Klassen im Kapitalismus. Dargestellt sind auch die historische Genese und die Wandlungsbedingungen der kapitalistischen Klassenstruktur sowie die soziale Schichtung und Fraktionierung innerhalb der Lohnabhängigen und der Kapitaleigner.

Tjaden-Steinhauer, Margarete und Karl H. Tjaden: Klassenverhältnisse im Spätkapitalismus. Beitrag zur Analyse der Sozialstruktur unter besonderer Berücksichtigung der BRD. Stuttgart 1973.

Differenzierte Darstellung der Klassen- und Sozialschichtenstruktur in der BRD. Dabei wird vor allem auch der Schichten- mit dem Klassenbegriff vermittelt.

Scheuch Erwin K. u. Mitarb. von Hansjürgen Daheim: Sozialprestige und soziale Schichtung. In: D. W. Glass und R. König: Soziale Schichtung und soziale Mobilität. 2. Aufl. Köln, Opladen 1965 (= Sonderheft 5 der Kölner Zeitschrift für Soziologie und Sozialpsychologie), S. 65-103.

Eingehende Darstellung des unter 2.2. skizzierten Operationalisierungsverfahrens sozialer Schichtung. Das Verfahren ist inzwischen in Details historisch überholt, insbesondere sind die Einkommenslisten heute höher anzusetzen. Außerdem bleiben manche für die Soziolinguistik wichtige Variablen wie die berufsspezifische Arbeits- und Kommunikationsweise unberücksichtigt. Es enthält aber doch zahlreiche Anregungen für eine dann auf die spezifische soziolinguistische Fragestellung zuzuschneidende Operationalisierung sozialer Schichtung.

Mills, Theodore M.: Soziologie der Gruppe. München 1969 (= Grundfragen der Soziologie 10).

Ausführliche Erörterung des Gruppenbegriffs, der Gruppensoziologie und Psychologie. Der politisch-ökonomische Bezug und die historische Bedingtheit von Gruppengesetzmäßigkeiten wird freilich zu wenig berücksichtigt.

Dahrendorf, Ralf: Homo Sociologicus. Versuch zur Geschichte, Bedeutung und Kritik der Kategorie der sozialen Rolle. 5. erw. Aufl. Köln, Opladen 1965. Auch in Dahrendorf: Pfade aus Utopia. Arbeiten zur Theorie und Methode der Soziologie. München 1967, S. 128-194.

Leicht verständliche Darstellung des Rollenbegriffs einschließlich eines Operationalisierungsvorschlags; neigt allerdings zur unkritischen Überschätzung der Erklärungskraft des Rollenbegriffs.

1.3.   Einige allgemeine soziale Funktionen von Sprache

Aus der konkreten Vielfalt der sozialen Funktionen der Sprache lassen sich
einige allgemeine Komponenten herausheben, die für die soziolinguistische
Theoriebildung von besonderer Bedeutung sind. Für die einzelnen Teiltheorien
spielen dabei einmal die einen, dann wieder die anderen Funktionen eine größere Rolle. In jedem Fall bedürfen die allgemeinen Funktionen beim Bezug der
Theorien auf bestimmte Gesellschaften jeweils der historischen Konkretisierung.
Die folgende Aufzählung stellt weder eine genetische Reihenfolge dar noch
kann sie den Anspruch auf Systematik erheben. Eine genetische Analyse der
sozialen Sprachfunktionen müßte ansetzen bei der gesellschaftlichen Arbeit
und der Rolle, die die Sprache dabei spielt. Eine derartige Analyse würde
weit über den Rahmen dieser Einführung hinausgehen. Auch eine systematische
Darstellung ist hier ausgeschlossen, schon weil die soziolinguistische Theoriebildung nicht genügend weit entwickelt ist. Eine systematische Theorie müßte
qualitativ bestimmte Gesellschaftsformen, soziale Sprachfunktionen und Sprachformen in einen stringenten Kausalzusammenhang bringen. Hierin steckt die
Soziolinguistik noch in den ersten Ansätzen.
Bei den folgenden allgemeinen sozialen Funktionen von Sprache handelt es sich
also nur um eine vorläufige Aufzählung. Für die in den späteren Kapiteln dargestellten soziolinguistischen Theoreme sind diese einzelnen sozialen Funktionen von stark unterschiedlicher Bedeutung.

(1) Sprache als K o m m u n i k a t i o n s m i t t e l
    Sprache ermöglicht die Übertragung von Information von einem Individuum
    auf ein anderes. Sie erlaubt damit die Verallgemeinerung und Addition
    des Informationsstandes von im Kontakt stehenden Individuen. Sie wirkt
    folglich einmal als Multiplikationsmittel von Information. Zum andern
    bedeutet die Informationsübertragung eine inhaltliche Differenzierung
    des Sozialkontakts.

(2) Sprache als M i t t e l   z u r   H a n d l u n g s k o o r d i n i e r u n g
    Durch die Möglichkeit der Informationsübertragung gestattet es die Sprache,
    daß mehrere Individuen ihre Aktionen koordinieren. Sie ermöglicht eine dif-
    ferenzierte und flexible Kooperation und damit überhaupt erst ein komplexes
    gesellschaftliches Zusammenleben.

(3) Sprache als E r f a h r u n g s s p e i c h e r
    Mittels Sprache läßt sich Erfahrung symbolisch binden und speichern. Sie
    gestattet daher den fortschreitenden Aufbau eines Erfahrungsschatzes. Da-
    mit ermöglicht sie sowohl Individuen als auch ganzen Gesellschaften die

ständige Weiterbildung in einem Lernprozeß, der auf immer breiteren vergangenen Erfahrungen aufbaut.

(4) Sprache als M e d i u m   d e r   B e w u ß t s e i n s b i l d u n g

Sprache erleichtert durch die symbolische Bindung von Erfahrung deren Klassifikation und die Bildung von Begriffen. Sie erlaubt damit die bewußtseinsmäßige Ablösung von der jeweiligen örtlichen und zeitlichen Gebundenheit. Damit ermöglicht sie den Individuen, sich zu ihrer Umwelt in ein Verhältnis zu setzen. Vor allem gestattet sie es ihnen, sich zu ihren Mitmenschen, zu ihrer sozialen Umwelt, in ein Verhältnis zu setzen. Sie macht es damit möglich, daß die Individuen sich ihrer selbst und ihrer Umwelt bewußt werden. Damit ist auch die Möglichkeit einer gewissen bewußtseinsmäßigen Unabhängigkeit und Freiheit gegenüber der Umwelt gegeben. Mittels der Sprache kann eine nicht mehr unmittelbar an die materielle Welt gebundene geistige Welt aufgebaut werden.

(5) Sprache als M e d i u m   d e s   o p e r a t i v e n   D e n k e n s

Wo die Wahrnehmung an Schranken stößt, können mittels der Sprache geistige Wege gesucht werden zur Überwindung dieser Schranken. Hierzu dienen die von der Erfahrung abstrahierten, sprachlich gebundenen Begriffe. Indem sie kombiniert werden, eröffnen sich völlig neue Sichtweisen und Perspektiven, die ohne abstrakte Begriffe gar nicht entwickelt werden könnten. Hierdurch werden die Wahrnehmungs- und Erkenntnismöglichkeiten nicht nur multipliziert, sondern es werden ihnen völlig neue Dimensionen hinzugefügt. Die Sprache ermöglicht damit den Schritt von der unmittelbaren Wahrnehmung zum wissenschaftlichen Begreifen.

(6) Sprache als M e d i u m   d e r   H a n d l u n g s o r i e n t i e r u n g

Wo körperliches Handeln an Schranken stößt, können mittels der Sprache geistig Möglichkeiten zur Überwindung der Schranken gesucht werden. Sprache gestattet also symbolische Entwürfe praktischer Handlungsmöglichkeiten. Sie eröffnet damit einmal ganz neue Handlungsalternativen. Zum andern hilft sie, körperliches menschliches Handeln zu perfektionieren, Fehlschläge zu vermeiden. Sie gestattet es nämlich, Handlungsalternativen vor ihrer praktischen Ausführung symbolisch auf ihre Erfolgsaussichten hin durchzuspielen.

Indem Sprache körperliches Handeln symbolisch bindet, erspart sie in vielen Fällen körperliches Handeln überhaupt. Beispiele sind soziale Normen, Moral- und Rechtskodizen, die nur in Ausnahmefällen durch reale körperliche Sanktionen vermittelt und aufrechterhalten werden. In den meisten Fällen genügt es, den Mitgliedern der Gesellschaft die möglichen Strafen bei Verstößen verbal mitzuteilen, um ihre Einhaltung zu gewährleisten.

(7) Sprache als M e d i u m   s o z i a l e r   Z u o r d n u n g

Nicht nur vermittels ihrer inhaltlichen sondern auch vermittels ihrer Ausdrucksseite fungiert die Sprache als Medium der sozialen Zuordnung. Die soziale Identität von Individuen und Gruppen haftet an deren Ausdrucksformen ebenso wie an den Inhalten. Daher ermöglicht schon der Gebrauch bestimmter Ausdrucksformen unabhängig von den Inhalten eine gewisse soziale Orientierung. So sind etwa den sprachlichen Ausdrucksformen des unter 1.1.2. vorgestellten Sprechers unabhängig vom Inhalt mit Sicherheit zumindest die sozialen Merkmale zuzuordnen: 'Schwabe' und 'überdurchschnittlich gebildet' (weil in einer Fremdsprache bewandert). Die bloßen Ausdrucksmerkmale seiner Sprache würden aber bei einer umfangreicheren und präziser festgehaltenen Sprachprobe vermutlich eine noch genauere soziale Einordnung des Sprechers erlauben. Derartige Merkmale dienen dabei sowohl der sozialen Selbsteinordnung als auch der Einordnung seitens der Umwelt.

(8) Sprache als s o z i a l e s   H a n d e l n

Die Sprache ist selbst ein Teil, und zwar ein sehr wichtiger, des menschlichen Handelns. Da alles menschliche Handeln - ausgenommen ist hier rein physiologisches reaktives Verhalten - gesellschaftlich geprägt ist, gilt dies auch für die Sprache. Sprachformen und Inhalte können daher als spezifische Ausprägungen menschlichen Handelns interpretiert und zu den Formen und Inhalten menschlichen Handelns auf anderen Ebenen in Beziehung gesetzt werden. Der Handlungscharakter zeigt unverkennbar, daß Sprache einmal durch und durch gesellschaftlich geformt ist und zum andern auf Form und Inhalt gesellschaftlichen Lebens determinierend zurückwirkt.

Die durch und durch gesellschaftliche Prägung von Sprache ist freilich nicht so gemeint, als gebe es keinerlei andere prägende Faktoren. Solche sind vielmehr materiell gegeben als physische in den menschlichen Möglichkeiten der Lautbildung und Wahrnehmung, als psychische vor allem in der Kanalkapazität des menschlichen Gehirns, und als physikalische, etwa in den Gesetzen der Schallübertragung. Diese Faktoren bilden übrigens keine unverrückbaren Schranken, sondern sind mit technischer Hilfe wandelbar. In allen konkreten Formen und Inhalten von Sprachen sind aber die gesellschaftlichen Determinanten mit diesen Faktoren stets unlösbar verbunden; in diesem Sinn also ist jede Sprache und jedes Element von Sprache gesellschaftlich geformt und damit historisch und wandelbar.

## Literaturhinweise

Hartung, Wolfdietrich und Autorenkollektiv: Sprachliche Kommunikation und
   Gesellschaft. Berlin (Ost) 1974.

   Das Buch gibt einen breiten Überblick über verschiedenartige Zusammenhänge
   zwischen Sprache und Gesellschaft. Dabei werden unter anderem auch die
   wichtigsten allgemeinen sozialen Funktionen von Sprache ausführlich dargestellt, v. a. in den Kapiteln 1.2.1. bis 1.2.5., 3.2. bis 3.2.2., 4.2.
   und 6.1.3.

Schaff, Adam: Sprache und Erkenntnis. Wien usw. 1964 (= Geist und Gesellschaft), v. a. S. 97-183.

   Eingehende Erörterung der kognitiven Funktion der Sprache und ihrer daraus
   folgenden Bedeutung für die Entwicklung der menschlichen Kultur. Dabei
   wird versucht, sowohl eine idealistische Überschätzung als auch eine vul-
   gärmaterialistische (mechanisch materialistische) Unterschätzung der Rolle
   der Sprache zu vermeiden.

Winckler, Lutz: Voraussetzungen einer materialistischen Sprachtheorie.
   In: Winckler: Kulturwarenproduktion. Aufsätze zur Literatur- und
   Sprachsoziologie. Frankfurt 1973 (= edition suhrkamp 628), S.127-159.

   Die allgemeinen sozialen Funktionen von Sprache werden historisch
   konkretisiert, und zwar im expliziten Rahmen einer materialistischen
   Gesellschaftstheorie. (Daher ist diese Abhandlung auch grundlegend
   für die Thematik von 6). Zentral thematisiert wird die Funktion von
   Sprache im Kontext der sozialen Klassenkämpfe.

Wygotski, Lew. S.: Denken und Sprechen. Mit einer Einleitung von Thomas
   Luckmann. Stuttgart 1969 (= Conditio humana).

   Die wichtigsten kommunikativen und kognitiven Funktionen von Sprache
   werden in ihrer Onto- und Phylogenese aufgezeigt. Dabei wird das Verhältnis der Sprache zum Affekt, zu Bedürfnissen und Motiven, zum sozialen
   Verkehr, insbesondere aber zum Denken und Bewußtsein dargelegt. Den unterschiedlichen Funktionen entsprechen auch jeweils strukturelle Unterschiede der Erscheinungsformen von Sprache. Dies wird besonders differenziert dargestellt hinsichtlich der das Sprachdenken leitenden sogenannten "inneren Sprache" im Verhältnis zur äußeren.

2.     DIALEKT UND EINHEITSSPRACHE

2.1.    Allgemeine Bestimmung der Begriffe Dialekt und Einheitssprache

Dialekt und Einheitssprache bilden ein komplementäres Begriffspaar. Die beiden
Begriffe lassen sich also nicht isoliert, sondern nur im Verhältnis zueinander
bestimmen. Gegenüber der Einheitssprache ist ein D i a l e k t   i n   e i n e m
k l e i n e r e n   G e b i e t  gebräuchlich. Das Gebiet einer Einheitssprache
umfaßt immer mehrere Dialektregionen.

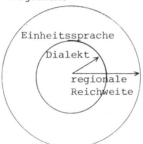

Dialekte und Einheitssprache sind  l i n g u i s t i s c h  miteinander  v e r -
w a n d t ;  ihr Repertoire stimmt also teilweise überein. Die Lexeme *oft*,
*kurz* und andere sind etwa im schwäbischen Dialekt und in der deutschen Einheitssprache formal und inhaltlich identisch. Eine fremde Sprache kann als
"lingua franca" auch die Gebiete mehrerer Sprachen überspannen. Dies ist aber
ein wesentlich anderer Fall als die Überdachung mehrerer Dialekte durch eine
linguistisch verwandte Einheitssprache. Die Möglichkeiten der Interkommunikation
und der Sprachmischung zwischen den kleinräumigen und der übergreifenden Sprache
sind in beiden Fällen unterschiedlich. Zwischen einem Dialekt und einer Einheitssprache ist, anders als zwischen zwei fremden Sprachen, noch immerhin eine
gewisse Kommunikation möglich, mag sie auch mühsam und reich an Mißverständnissen sein. Außerdem erlaubt die linguistische Verwandtschaft Sprachmischungen
und Interferenzen in größerem Umfang.
Nicht jede einzelne sprachliche Besonderheit konstituiert schon einen besonderen Dialekt. Um verschiedene Dialekte handelt es sich erst bei umfangreicheren sprachlichen Unterschieden, die Kommunikationsschwierigkeiten bedingen.
Das deutsche Sprachgebiet würde andernfalls in eine Unzahl verschiedener Dialek-

te zerfallen. Es wird nämlich durchzogen von sehr vielen "Isoglossen", Grenz-
linien einzelner Sprachformen. Nur wo sich diese Isoglossen bündeln oder über
breitere Zonen hinweg addieren, konstituieren sie verschiedene Dialekte.

## 2.2. Allgemeine Bedingungen für die Entstehung und Verwendung der Ein-heitssprache

Wirklich verschiedene Dialekte liegen nur vor, wenn die Anzahl der trennenden
Isoglossen so groß ist, daß eine gegenseitige Kommunikation Schwierigkeiten
bereitet. Nur in einem solchen Fall besteht überhaupt ein Bedürfnis nach einer
zwischen den Dialektgebieten vermittelnden Einheitssprache. Sie wird also entwickelt zum Zweck r e i b u n g s l o s e r   K o m m u n i k a t i o n
z w i s c h e n   v e r s c h i e d e n e n   D i a l e k t g e b i e t e n.
Wie groß die sprachlichen Unterschiede sein müssen, damit die Kommunikation
zwischen verschiedenen Dialekten als erschwert empfunden wird, hängt von den
jeweiligen Kommunikationsbedingungen ab. Wenn beispielsweise alle mündliche
Kommunikation von Angesicht zu Angesicht erfolgt, können beträchtliche Sprachunterschiede verkraftet werden, da Mimik, Gestik und situativer Kontext Unsicherheiten auf der verbalen Ebene bis zu einem gewissen Grad ausgleichen.
Werden dagegen Telefon oder Radio benützt, so fehlen diese zusätzlichen Kanäle.
In einem solchen Fall sind schon verhältnismäßig geringe Sprachunterschiede
hinderlich.
Dieses Beispiel zeigt, daß die Dringlichkeit, über eine die Dialektgebiete über-
brückende Einheitssprache zu verfügen, zu verschiedenen historischen Zeiten
unterschiedlich groß war. Auch die erforderliche Einheitlichkeit der übergreifenden Sprache war, entsprechend dem Wandel der Kommunikationsbedingungen,
unterschiedlich groß. Genügte einstmals nur die Aufhebung der gröbsten Unterschiede zwischen den Dialekten, so war später eine möglichst vollständige Einheitlichkeit geboten. Damit wird deutlich, daß sich Dialekte und Einheitssprache und deren Verhältnis zueinander historisch wandeln und keine starren
Größen sind.
Der regionale Unterschied zwischen den Dialekten und der Einheitssprache bedingt
auch Unterschiede in ihrer sozialen Verteilung. Die Einheitssprache wird natürlicherweise von denjenigen sozialen Gruppen verwendet, die sich in w e i t -
r ä u m i g e n   K o m m u n i k a t i o n s r a d i e n  bewegen. Die Einheitssprache wurde im Verlauf der Geschichte überhaupt erst von denjenigen Teilen
der Bevölkerung aus den Dialekten heraus entwickelt, deren Kommunikationsradien
die Grenzen der Dialektgebiete überschritten.

## 2.3. Historischer Abriß des Verhältnisses von Dialekt und Einheitsprache

### 2.3.1. Zur historischen Genese der deutschen Einheitsprache aus den Dialekten

Aufgrund der linguistisch eindeutigen Verwandtschaft der deutschen Dialekte darf in vorgeschichtlicher Zeit eine einigermaßen einheitliche g e m e i n s a m e U r s p r a c h e  für sie angenommen werden. Aus dieser entstanden infolge von Auseinandersiedelung der ursprünglichen Gesellschaft die deutschen Dialekte, oder auch außerdeutsche Sprachen, etwa das Niederländische. Wo der unmittelbare K o n t a k t  z w i s c h e n  d e n  a u s e i n a n d e r g e s i e -
d e l t e n  T e i l e n  a b b r a c h ,  entwickelten sich sprachliche Eigenheiten. Auf diese Weise zerfiel die einheitliche Ursprache.

In geschichtlicher Zeit, beginnend schon im frühen Mittelalter, nahm die sprachliche Entwicklung die umgekehrte Richtung. Beim Zusammenschluß der Gebiete zu größeren politischen und wirtschaftlichen Einheiten erwies sich die dialektale Zersplitterung als Hindernis für jede gebietsübergreifende Organisation und Verwaltung. Im Bemühen, diese Behinderung der Kommunikation zu beseitigen, wurden in einem langen, mühevollen Prozeß, der teils geplant, teils naturwüchsig verlief, die Dialekte wieder zu einer Einheitsprache verbunden. Die ehemalige s p r a c h l i c h e  E i n h e i t  wurde also a u f  h ö h e r e r  E n t -
w i c k l u n g s e b e n e  w i e d e r h e r g e s t e l l t .  Neben der neu entstandenen Einheitsprache blieben die Dialekte freilich weiter bestehen.

Daß mit der ursprünglichen Auseinandersiedlung der Kontakt zwischen verschiedenen Teilen der ehemaligen Gesellschaft abbrach, daß infolgedessen die ursprünglich einheitliche Sprache in Dialekte zerfiel, war bedingt durch den niedrigen ökonomisch-technischen Entwicklungsstand. Verkehrswege fehlten fast vollständig, die Güterproduktion befriedigte kaum die existentiellen Grundbedürfnisse und ermöglichte keinen regelmäßigen Gütertausch zwischen den Gebieten. Die fortschreitende ökonomisch-technische Entwicklung war dann später letzten Endes entscheidend für den immer intensiveren Kontakt und die dauerhafte Verbindung zwischen den Dialektgebieten. Allmählich entstand nämlich ein ständiger zwischengebietlicher Warentausch, der bis zur Gegenwart kontinuierlich dichter wurde. Gleichzeitig damit wurden die Verkehrs- und Kommunikationsverbindungen ausgebaut.

Im späteren Mittelalter, vor allem zur Stauferzeit, als die zentrale Kaisermacht besonders stark war, lassen sich schon deutliche sprachliche Vereinheitlichungstendenzen nachweisen. Mit dem Zerfall der Zentralmacht nach der Stauferzeit und dem zunehmenden politischen Partikularismus zerfiel dann aber auch die Sprache wieder stärker in Dialekte. Die Dialektgebiete waren damals ökonomisch, kulturell und verkehrsmäßig noch kaum miteinander verflochten. Folglich bestand nach der Lockerung des politischen Bandes nurmehr ein geringes Bedürfnis nach einer übergreifenden Sprache.

Dieses Bedürfnis wuchs erst langsam mit der zunehmenden ökonomischen und kulturellen Verflechtung. Eine wichtige Rolle spielte dabei die besondere Verbindung kultureller und ökonomischer Interessen, die zu einer Expansion des Schrifttums führte.

Deren technische Grundlage bildete der B u c h d r u c k . Das Interesse der Drucker, aber auch der Schreiber an einem möglichst weiträumigen und großen Absatzmarkt für ihre Produkte, dem auf der anderen Seite das Interesse der Käufer an einem möglichst vielfältigen, weiträumigen Angebot an Druckerzeugnissen entgegenkam, wirkte stark vereinheitlichend auf die schriftliche Sprache.

Vor der Vereinheitlichung des gesamten deutschsprachigen Gebiets wurden die zur Verfügung stehenden relativ weitreichenden Sprachen verwendet. Dies waren vor allem die Sprache der kaiserlichen Kanzleien, das hauptsächlich durch die norddeutsche Hanse vereinheitlichte Niederdeutsche sowie das durch Wanderungen und Sprachmischung entstandene Ostmitteldeutsche. Letzteres wurde dann durch das zahlreiche Schrifttum der Reformation besonders weithin verbreitet und zugleich stark aufgewertet. Es bildete daher den Kern der Einheitssprache. Freilich hat die Einheitssprache bis zur Gegenwart ständig zahlreiche Elemente aus allen Dialekten aufgenommen.

Die V e r e i n h e i t l i c h u n g vollzog sich z u e r s t i m M e - d i u m d e r S c h r i f t , wo sie gegen Ende des 18. Jahrhunderts im großen und ganzen abgeschlossen war. Die mündliche Vereinheitlichung folgte erst rund hundert Jahre später. Für sie waren die Syntax und die Morphemik durch die schriftliche Vereinheitlichung bereits festgelegt. Ein Spielraum blieb nur noch auf der Ebene der Phonemik.

Schon das Lesen übte einen gewissen Zwang aus in Richtung auf eine mündliche Vereinheitlichung, und zwar nicht nur in der Syntax und Morphemik, sondern auch in der Phonemik. Das Verhältnis von dialektaler Phonemik zu einheitssprachlicher Graphemik war nämlich zumeist sehr unregelmäßig. Daher war eine Anpassung geradezu geboten.

Gefördert wurde die Einebnung der ausgeprägten Dialektunterschiede weiter durch regionale Bevölkerungsverschiebungen, welche die Industrialisierung vor allem im 19. Jahrhundert mit sich brachte. Dabei strömten proletarisierte Bevölkerungsschichten von den agrarischen Gebieten in die industrialisierten und vom Land in die Städte. Die Zuwanderer paßten sich zwar weitgehend an die Dialekte der Ziel-

gebiete an oder brachten neue Mischdialekte hervor, wie etwa das Missingsch;
dennoch lockerten sie die mündlichen Sprachnormen ihrer Zielgebiete auf.
Stärker vereinheitlichend als einmalige Bevölkerungsverschiebungen wirkte die
regelmäßige weiträumige Kommunikation. Sie wurde ständig dichter, vor allem
durch die immer engere wirtschaftliche Verflechtung zwischen allen Regionen des
deutschen Sprachgebietes. Hinzu kam die gebietsübergreifende politische Verbindung, die einen entsprechend übergreifenden Verwaltungsapparat schuf.
Sowohl die Intensität der weiträumigen Kommunikation als auch der Zwang zur
sprachlichen Vereinheitlichung wurden entscheidend gefördert durch neue  r a u m -
ü b e r s p a n n e n d e   M e d i e n .  Die Benutzung des Telefons etwa war
von Anfang an kostspielig, daher war die Kommunikationszeit möglichst kurz zu
halten. Verständnisschwierigkeiten aufgrund von Dialektunterschieden galt es
folglich schon aus finanziellen Gründen weitmöglichst zu verringern. Solange
die weiträumige mündliche Kommunikation noch durch Reisen und Begegnung von Angesicht zu Angesicht erfolgte, war die Einebnung von Dialektunterschieden weit
weniger dringlich.
Wichtig für die mündliche Vereinheitlichung waren aber auch neue  ö f f e n t -
l i c h e   I n s t a n z e n   m i t   g r o ß e m   E i n z u g s -   u n d
A d r e s s a t e n g e b i e t ,  in denen mündliche sprachliche Darbietungen
eine große Rolle spielten. Beispiele sind das Parlament und die großen Theater.
Nicht nur ersteres sondern auch letzteres nahmen einen mehr und mehr überregio-
nalen Charakter an, vereinigten Schauspieler und Zuschauer aus ganz verschiedenen Regionen des deutschen Sprachgebiets. Vor allem nach dem ziemlich verein-
heitlichten Sprachgebrauch auf den großen Bühnen wurde dann von Wilhelm Viëtor
und Theodor Siebs die Einheitslautung normativ festgelegt.
Daß die Theater und nicht irgendwelche politischen oder ökonomischen Instanzen
die maßgeblichen Orientierungspunkte für die Sprachwissenschaftler bildeten,
ist ein ideologiegeschichtliches Thema für sich. Analog war die sprachwissenschaftliche Normgebung auf schriftsprachlicher Ebene weit stärker am Sprachgebrauch der klassischen Dichtung orientiert als an dem des politischen und ökonomischen Schriftverkehrs. Letzten Endes dürfte die Einbindung der Sprachwissenschaft in die idealistische, geisteswissenschaftliche Tradition ausschlag-
gebend gewesen sein für die bevorzugte Orientierung auf die kulturellen Instanzen hin.
Überblickt man die Geschichte der größeren europäischen Länder, so offenbart
sich ein lockerer und diffiziler Zusammenhang zwischen ökonomischer, politischer,
kultureller und sprachlicher Entwicklung. Die politischen Zusammenschlüsse er-
folgten nicht beliebig über die Sprachgrenzen hinweg, sondern bevorzugten sprach-

lich verwandte Regionen, die leichter kommunikativ verknüpft werden konnten.
Freilich hat es auch politische Zusammenschlüsse sprachlich ganz heterogener
Gebiete gegeben, beispielsweise die Schweiz. Außerdem kamen politische und
sprachliche Grenzen in den seltensten Fällen ganz zur Deckung. Im groben folg-
ten die politischen Zusammenschlüsse aber doch der vorgegebenen sprachlichen
Gliederung. Umgekehrt wurde die sprachliche Vereinheitlichung durch politische
Verbindungen gefördert. In bezug auf das deutsche Sprachgebiet darf dabei nicht
vergessen werden, daß auch zu Zeiten des ausgeprägtesten Partikularismus in
Form des Reichsverbandes ein gewisser politischer Zusammenhalt gewahrt blieb.
Grundlegend für den politischen und sprachlichen Zusammenschluß war aber die
vom kapitalistischen Verwertungsbedürfnis vorangetriebene, ständig sich ver-
dichtende ökonomische Verflechtung zwischen den Dialektgebieten. Auch die
Bahnen der ökonomischen Verflechtung wurden aber wiederum von der vorgegebenen sprachlichen Gliederung und den davon abhängigen Kommunikationsmöglichkeiten
wie auch von politischen Konstellationen mit bestimmt. Die Entstehung der
deutschen Einheitssprache aus den Dialekten erweist sich unter diesem weiteren
Blickwinkel als eine Komponente in der komplizierten Herausbildung der deutschen
Nation.

## 2.3.2. Zur historischen sozialen Verteilung von Dialekt und Einheitssprache

An der Entwicklung der Einheitssprache waren nicht alle Teile der Bevölkerung
gleichermaßen beteiligt, sondern in erster Linie diejenigen Gruppen, deren
Kommunikation die Dialektgrenzen regelmäßig überschritt und die sich dabei keiner Fremdsprache als "lingua franca" bedienen konnten. Dies waren im Mittelalter gewisse Kreise der Geistlichkeit und des Rittertums, insbesondere die
fahrenden Sänger. Später dann die reisenden Kaufleute, die etwa innerhalb der
Hanse eine nahezu einheitliche niederdeutsche Sprache schufen. Weiterhin die
Beamten in den kaiserlichen und fürstlichen Kanzleien, die große Gebiete verwal-
teten. Ferner waren es die Drucker, die vor allem in den Anfängen der Druckerei
eine außerordentlich hohe, oft akademische Bildung besaßen. Schließlich wirk-
ten die Gelehrten und Literaten, unter ihnen insbesondere Dichter und Sprachwissenschaftler am Ausbau der Einheitssprache maßgeblich mit.
Nicht nennenswert am Ausbau der Einheitssprache beteiligt waren dagegen die
bäuerliche Bevölkerung sowie die Mehrzahl der Handwerker und Arbeiter. Sie be-
wegten sich nämlich stets in relativ kleinräumigen Kommunikationsradien, in
denen sie sich ohne Schwierigkeiten ihres Dialekts bedienen konnten. Oder ihre
weiträumigen Bewegungen, wie etwa die Walz der Handwerksburschen oder die Wanderungen des Landproletariats in die Städte, hatten aufgrund mangelnder Regel-
mäßigkeit kaum sprachvereinheitlichende Auswirkungen.

Die Einheitsprache war also weitgehend beschränkt auf die geistig arbeitenden Berufe, die tendenziell immer den höheren Sozialschichten zugehörten. Die körperlich arbeitenden Berufe, zugleich diejenigen der unteren Sozialschichten, blieben dagegen ihrem Dialekt verhaftet.

Die Verteilung auf die höheren Sozialschichten verlieh der Einheitsprache ein deutlich höheres Prestige als den Dialekten. Dieses höhere Prestige und ihre Verankerung in den höheren sozialen Schichten ist auch ausgedrückt in ihrer gängigen Bezeichnung als H o c h s p r a c h e .

### 2.4. Zur sozialen Verteilung von Dialekt und Einheitsprache in der Bundesrepublik

### 2.4.1. Regionale Unterschiede

Der Dialekt ist nicht in allen Teilen der Bundesrepublik gleichermaßen lebendig geblieben. Unverkennbar ist ein Gefälle der Gebrauchshäufigkeit des Dialekts vom Süden zum Norden. Nach einer repräsentativen Umfrage vom Jahre 1966 sprechen unter der erwachsenen Bevölkerung Dialekt:

| | |
|---|---|
| in Bayern | 78% |
| im Rhein/Main-Gebiet und im Südwesten | 74% |
| in Nordrhein-Westfalen | 59% |
| in Norddeutschland mit West-Berlin | 50% [1] |

Die Aussagekraft dieser Ergebnisse leidet zwar daran, daß die Informanten ihre Sprechweise selbst beurteilen mußten. Doch besteht kein Zweifel, daß der festgestellte Trend der Wirklichkeit entspricht.

Besonders die niederdeutschen Dialekte sind gegenüber der deutschen Einheitssprache stark zurückgetreten. Es handelt sich dabei um diejenigen Dialekte, die von der zweiten hochdeutschen Lautverschiebung nicht mehr erfaßt wurden. Sie haben die alten gespannten Plosive anstelle der hochdeutschen stimmlosen Spiranten und Affrikaten bewahrt (vgl. Karte).

Vermutlich sind die niederdeutschen Dialekte vor allem deshalb stärker geschwunden, weil sie von der Einheitsprache besonders weit abweichen. Die Kommunikation zwischen ihnen und der Einheitsprache ist damit außerordentlich schwierig. Außerdem ist ein gradueller Übergang mit Zwischenstufen, wie er sich zwischen den mittel- bzw. oberdeutschen Dialekten und der Einheitsprache findet, fast ausgeschlossen. Es gibt nur das vollkommene Umschalten vom Dialekt in die Einheitsprache und umgekehrt.

---

1  Jahrbuch der öffentlichen Meinung 1965-1967. Hg. von Elisabeth Noelle und Erich P. Neumann, Allensbach 1967, S. 66.

Kombiniert nach Karten von Th. Frings und H. Protze, Kleine Enzyklopädie:
Die deutsche Sprache. Hg. von E. Agricola u.a. Leipzig 1969, Bd. 1,
S. 406 u. 413

Die regionalen Unterschiede im Dialektgebrauch implizieren auch gewisse Unterschiede in der sozialen Verteilung von Dialekt und Einheitssprache. Die nachfolgende Darstellung arbeitet zwar deren durchgängige Tendenzen heraus, aber nicht die regionalen Modifikationen.

## 2.4.2. Verteilung auf einige große Berufsgruppen

Ob ein Individuum oder eine Gruppe sich des Dialekts oder der Einheitssprache bedient, ist auch heute noch maßgeblich bedingt durch die W e i t r ä u m i g - k e i t   i h r e s   K o m m u n i k a t i o n s r a d i u s .  Ein weiträumiger Kommunikationsradius kann dabei auf verschiedene Art zustande kommen: durch eigene Reisen, durch Empfang von Besuch, durch einen Wechsel des Wohnorts oder durch Kontakt mit Zugezogenen, sowie durch die Benutzung weiträumiger Medien wie des Telefons oder Rundfunks. Die Kommunikation kann dabei aktiv oder passiv sein, je nachdem etwa ein Brief geschrieben oder empfangen wird. Sie kann dabei wiederum mündlich oder schriftlich sein, je nachdem - um zwei Beispiele passiver Kommunikation zu wählen - Radio gehört oder Zeitung gelesen wird. Alle diese Kommunikationsmöglichkeiten können wiederum ein umfangreiches oder ein nur schmales Sprachrepertoire umfassen. Sie können schließlich häufig oder selten realisiert werden. Nach allen diesen Bedingungen differieren die Anforderungen hinsichtlich des Gebrauchs der Einheitssprache, differieren dann in der Regel auch die individuellen oder gruppenspezifischen einheitssprachlichen Fertigkeiten.

Inwieweit Individuen oder Gruppen Dialekt oder Einheitssprache sprechen, hängt in zweiter Linie ab von ihrem   s o z i a l e n   S e l b s t b i l d .  Dieses kann, bis zu einem gewissen Grad unabhängig von der Weite des Kommunikationsradius, eine bevorzugte Verwendung der mit höherem Prestige behafteten Einheitssprache oder des mit geringerem Prestige behafteten Dialekts bedingen.

Wegen der gebotenen Kürze können nachfolgend zum einen nicht alle diese Gesichtspunkte detailliert gegeneinander abgewogen werden. Im Vordergrund der Betrachtung steht in bewußter Vereinfachung die Weiträumigkeit des Kommunikationsradius als gewichtigster Faktor für den Gebrauch von Dialekt und Einheitssprache. Zum andern muß mit einer sehr groben Einteilung und exemplarischen Erörterung der Berufsgruppen vorlieb genommen werden.

Von den großen Berufsgruppen bewegen sich die   L a n d w i r t e   im kleinräumigsten Kommunikationsradius. Das wird deutlich, wenn man sie mit den selbständigen Handwerkern vergleicht, die ihnen ähnlich sind, nämlich hinsichtlich der Selbständigkeit und der überwiegend manuellen Tätigkeit. Die Selbständigkeit bringt eine gewisse Isolation von der Umwelt mit sich, sofern keine ständigen Arbeitskräfte von außerhalb der Familie beschäftigt werden. Diese Isolation ist bei Landwirten ausgeprägter als bei Handwerkern, weil ihr vom natürlichen Wachstum abhängiger Produktionsrythmus im Durchschnitt langsamer ist. Dadurch ist der Kontakt mit Rohstofflieferanten und Käufern der fertigen Produkte seltener. Außerdem haben Landwirte sich vielenorts noch Reste von Autarkie bewahrt, d. h. sie produzieren nicht ausschließlich für den Verkauf, sondern auch für den Eigenverbrauch, sei es, daß sie das Futtermittel für ihr Vieh selbst anbauen oder ihr eigenes Huhn verzehren. Hierdurch verringert sich der Kontakt zur Außenwelt abermals. Tendenziell weitet sich aber der regionale Kommunikationsradius mit vielseitigerem Sozialkontakt aus. Dabei erhöht sich nämlich die Chance, auf Partner zu stoßen, die mit dem eigenen Dialekt nicht vertraut sind. Je begrenzter der Kontakt zur Umwelt ist, je mehr er sich auf den Kreis der Familie beschränkt, desto eher kann alle Kommunikation ohne Schwierigkeit im Dialekt durchgeführt werden. Aus all dem erklärt sich der empirische Befund der dialektologischen Feldforschung, daß Landwirte den ausgeprägtesten Dialekt aller Berufsgruppen sprechen.

Während die Gruppe der Landwirte hinsichtlich der Kommunikationsbedingungen einigermaßen homogen ist, gibt es unter den s e l b s t ä n d i g e n H a n d - w e r k e r n beträchtliche Unterschiede. Man vergleiche nur den Kundenkontakt eines Gipsers oder Schreiners mit dem eines Schneiders oder Friseurs. Für letztere Berufe bringt nicht allein die Tätigkeit selbst abwechslungsreicheren und intensiveren Kundenkontakt mit sich; vielmehr kann der Stil des sprachlichen Verkehrs mit den Kunden maßgeblich sein für den Geschäftserfolg. Daher versuchen sich die betreffenden Handwerker den vermuteten Umgangsformen und der Sprache der Kunden möglichst weitgehend anzupassen. Aber auch bei den stärker auf die handwerkliche Tätigkeit im engeren Sinn beschränkten Handwerkern konstituiert der häufigere Kontakt mit Zulieferern und Kunden einen tendenziell weiteren Kommunikationsradius als bei Landwirten. Dementsprechend sind sie dem ausgeprägten Dialekt weniger fest verhaftet.

Nach Maßgabe des Kontakts mit Zulieferern und Kunden ist der Kommunikationsradius von H ä n d l e r n und K a u f l e u t e n wiederum weiträumiger als derjenige der Handwerker. Ihre Tätigkeit beschränkt sich nämlich ausschließlich auf den Umsatz von Waren, deren Einkauf und Verkauf. Ihr Sprachgebrauch wird dabei wiederum von der besonderen Rücksicht auf ihre Kunden bestimmt. Sie sind gewöhnlich bemüht, den Kundenerwartungen auch in sprachlicher Hinsicht zu entsprechen. Natürlicherweise passen sie sich auch denjenigen Kunden mehr oder weniger stark an, die sich der Einheitssprache bedienen.

Den Selbständigen lassen sich die in große Betriebe und Institutionen eingeordneten Berufe gegenüberstellen. Unter diesen sind die industriellen Betriebe wohl die wichtigsten. Die Arbeit in solchen Betrieben beinhaltet im Gegensatz zur Arbeit kleiner Selbständiger in jedem Fall die strenge Trennung von Wohn- und Arbeitsplatz. Die Industriearbeit erfolgt stets außerhalb der Familie. Hierbei erweitert sich die Lebenswelt einmal in der regionalen Dimension durch die Bewegung zwischen Wohn- und Arbeitsplatz, zum andern in sozialer Hinsicht durch die Erweiterung des Bekanntenkreises über die Familie und Nachbarschaft hinaus auf die Arbeitskollegen. Damit konstituiert die Arbeit in industriellen Betrieben tendenziell einen weiträumigeren Kommunikationsradius als ansonsten vergleichbare Arbeit kleiner Selbständiger.

Charakteristisch für die industrielle Produktion ist ferner die in der Struktur des Betriebs begründete Teilung der Arbeit. Von besonderer Bedeutung ist im Hinblick auf die sprachlichen Anforderungen die Teilung in die Leitung der Arbeit auf der einen und deren Ausführung auf der anderen Seite. Im herkömmlichen Industriebetrieb obliegt aber die Leitung und Organisation der Arbeit den A n - g e s t e l l t e n und K a p i t a l e i g n e r n , die Ausführung den A r b e i t e r n (vgl. 3.3.).

Die ausführende Tätigkeit der Arbeiter beschränkt sich gewöhnlich auf einen kleinen, überschaubaren Bereich, ihre Kommunikation auf die unmittelbar mit ihnen zusammenarbeitenden Kollegen. Trotzdem kann der Kommunikationsradius dabei recht weiträumig sein, dann nämlich, wenn die Arbeiter aus weit auseinanderliegenden Wohngebieten, eventuell aus verschiedenen Dialektgebieten, zum Betrieb pendeln. Entscheidend ist aber, daß ihre Tätigkeit ihnen keine ausführliche Kommunikation abverlangt. Auch im Falle eines weiträumigen Kommunikationsradius genügt gewöhnlich ein kleines Repertoire aus der Einheitssprache für ihre Verständigung. Wie begrenzt dieses Repertoire nur zu sein braucht, wird am Beispiel der Gastarbeiter deutlich, die schon mit ganz geringen Deutschkenntnissen dem Arbeitsprozeß eingegliedert werden können.

Auch wo ausführende Arbeit sich in einem sehr weiträumigen Kommunikationsradius bewegt, wie etwa bei Fernfahrern oder Monteuren, erfordert sie gewöhnlich keine umfassende Beherrschung der Einheitssprache. Für die dabei erforderliche Kommunikation genügt zumeist ein kleiner Ausschnitt aus der Einheitssprache.

Demgegenüber bewegen sich die Angestellten, insbesondere die leitenden Angestellten und die Kapitaleigner, nicht nur in durchschnittlich weiträumigeren Kommunikationsradien als die Arbeiter. Ihre verbalen Kommunikationsanforderungen sind auch beträchtlich vielseitiger und differenzierter. Es bleibt sich dabei ziemlich gleich, ob sie die kaufmännischen Funktionen, die technologischen oder die Ko-

ordination und das Reglement der Arbeit innehaben. In allen diesen Funktionen
benötigen sie umfassende aktive Fertigkeiten in der Einheitsprache. Dies gilt
vor allem, wenn sie den Betrieb gegenüber der Öffentlichkeit repräsentieren. In
der Öffentlichkeit ist nämlich, sofern sie nicht betont lokal oder regional begrenzt ist, die Einheitsprache Norm; denn der Dialektgebrauch würde die Öffentlichkeit von vornherein auf die Dialektsprecher einschränken.
Mit fortschreitender Technisierung deuten sich erhebliche Verschiebungen in der
Arbeitsweise der Angestellten und Arbeiter an. Die Mechanisierung der Büroar-
beit macht die Arbeit vor allem der rangniedrigen Angestellten kommunikations-
ärmer. Die Automation der Produktion verlangt dagegen vom qualifizierten Teil
der Arbeiter nur noch Überwachungs- und Reparaturarbeiten, bei denen im Vergleich zur Produktionsarbeit im mechanisierten Betrieb mehr verbale Kommunikation erforderlich ist. Die Kommunikationsanforderungen wie auch die erforderlichen einheitsprachlichen Fertigkeiten scheinen sich also längerfristig bei
niedrigeren Angestellten und qualifizierten Arbeitern einander anzunähern. Dagegen scheint sich der Unterschied zwischen leitenden und niedrigen Angestellten auf der einen und zwischen unqualifizierten und qualifizierten Arbeitern
auf der anderen Seite zu vertiefen.

## 2.4.3. Verteilung auf die soziale Schichtung

Die Verteilung auf einige exemplarisch herausgegriffene Berufsgruppen weist auf
ein differenziertes Verhältnis von Sozialschichtung zu Dialekt und Einheitssprache hin. Die am stärksten dem Dialekt verhafteten Landwirte sind in der
Schichtung höher plaziert als die weniger ausgeprägten Dialekt sprechenden ungelernten Arbeiter. Zwischen Berufsgruppen derselben Schichtenzugehörigkeit bestehen hinsichtlich des Gebrauchs von Dialekt und Einheitsprache erhebliche
Divergenzen, beispielsweise zwischen Handwerkern mit geringem Kundenkontakt wie
Schreinern oder Glasern und solchen mit intensivem Kundenkontakt wie Friseuren.

Verteilung einheitsprachlicher Fertigkeiten auf die soziale Schichtung

| | | |
|---|---|---|
| oben | Große Kapitaleigner | ⟶ |
| | Leitende Angestellte, hohe Beamte | ⟶ |
| | Selbständige Händler | ⟶ |
| Soziale Schichtung | Selbständige Handwerker | ⟶ |
| | Selbständige Landwirte | ⟶ |
| | Kleine Angestellte, kleine Beamte | ⟶ |
| unten | Industriearbeiter | ⟶ |

Weite des regionalen Kommunikationsradius
und Niveau einheitsprachlicher Fertigkeiten

Eingedenk dieser erforderlichen Differenzierungen und einzelner Inkongruenzen zwischen Schichtung und Gebrauch von Dialekt und Einheitsprache, zeigt sich bei einem Gesamtüberblick dennoch ein unverkennbarer Zusammenhang mit der Sozial-schichtung. Insgesamt neigen die manuell arbeitenden Berufe, die den unteren Schichten zugehören, deutlich stärker zum Dialekt hin. Die tendenziell den höheren Schichten zugehörigen geistig arbeitenden Berufe verwenden eher die Ein-heitsprache. Dies wird schon evident bei einem Überblick über die exemplarisch behandelten Berufsgruppen, bestätigt sich aber durch die Hinzunahme weiterer Be-rufsgruppen. Beispielsweise benötigen auch andere Berufsgruppen der höheren Schichten wie akademische selbständige Berufe oder höhere Beamte in ihrer Arbeit umfassende einheitsprachliche Fertigkeiten. Die historische Verteilung des Dialekts auf die unteren, der Einheitsprache auf die höheren Schichten erscheint demnach in der gegenwärtigen Gesellschaft zwar teilweise modifiziert und diffe-renziert, aber im großen und ganzen keinesfalls aufgehoben.

---

Weiterführende Aufgaben

1) Die obige Graphik zeigt für Kapitaleigner tendenziell geringere ein-heitsprachliche Fertigkeiten an als für leitende Angestellte und höhere Beamte. Es handelt sich dabei um einen hypothetischen Unterschied. Hal-ten Sie diese Hypothese für plausibel oder nicht?

2) Vergleichen Sie die berufsgruppen- und schichtenspezifische Verteilung der Fremdsprachenkenntnisse in der BRD mit derjenigen der einheitsprach-lichen Fertigkeiten. Versuchen Sie, die Übereinstimmungen und die Unter-schiede zu erklären, indem Sie von den berufsgruppen- und schichten-spezifischen Kommunikationsanforderungen ausgehen.

---

2.4.4. Verteilung auf Stadt und Land

Im Gebrauch von Dialekt und Einheitsprache besteht ein deutlicher Unterschied zwischen Stadt und Land. Aufgrund der dominanten Rolle der Landwirtschaft wird auf dem Land mehr Dialekt gesprochen. Wie unter 2.4.2. begründet, bilden die Landwirte die am stärksten dem Dialekt verhaftete Berufsgruppe. In der Stadt sind die Berufsgruppen mit einem weiten Kommunikationsradius und höherer Ortsmobili-tät weit stärker repräsentiert.

Der Stadt-Land-Unterschied im Gebrauch von Dialekt und Einheitsprache erschöpft sich aber nicht in der unterschiedlichen Berufsstatistik. Auch ein und dieselbe Berufsgruppe spricht auf dem Land ausgeprägteren Dialekt als in der Stadt. Bedingt ist dies durch den direkten oder indirekten Kontakt der Berufsgruppen untherein-ander. Ein Bäcker in der Stadt hat beispielsweise mehr Kunden, die die Einheits-

sprache sprechen, als sein Berufskollege auf dem Land. Diesen Kunden paßt er
sich unweigerlich an. Er selbst wirkt dann mit seiner einheitssprachlicheren
Sprechweise wiederum zurück auf dialektsprechende Bekannte.

Die stärkere Repräsentanz einheitssprachlicher Gruppen, die durch vielfältige
Vermittlungen die städtische Sprache prägen, hat in den Städten viele ausgeprägte Dialektformen ganz verschwinden lassen, die auf dem umgebenden Land durchaus
noch allgemein gebräuchlich sind. Beispielsweise sagt man in der Stadt Öhringen
nur /mɛ̄ə/ 'mähen', /sɛ̄ə/ 'säen', in den Dörfern der Umgebung aber noch /mɛ̄ωə/, /sɛ̄ωə/.

## 2.4.5. Unterschiede zwischen den Geschlechtern

Empirische Befunde der Dialektologie belegen einen in der Regel ausgeprägteren
und häufigeren Dialektgebrauch bei Frauen als bei Männern. Diese Defunde erklären sich durch die traditionelle Aufgabenteilung zwischen Mann und Frau in der
Familie. Auch heute noch ist es, trotz zunehmender Berufstätigkeit der Frauen,
in vielen Familien so, daß der Mann berufstätig ist und die Frau die Hausarbeit
verrichtet; zumindest ist dies häufiger der Fall als umgekehrt. Berufsarbeit
konstituiert aber einen tendenziell weiträumigeren Kommunikationsradius als
Hausarbeit, schon aufgrund des vielseitigeren Sozialkontakts. Daher sind die berufstätigen Männer häufiger als ihre haustätigen Frauen genötigt, sich der Einheitssprache zu bedienen oder wenigstens vom ausgeprägten Dialekt abzugehen.
Wo allerdings die herkömmliche Aufgabenteilung zwischen Mann und Frau soweit
aufgehoben ist, daß die Frau gleichfalls zur Arbeit geht, verschwindet dieser
Unterschied im Gebrauch von Dialekt und Einheitssprache zwischen den Geschlech-
tern. Bei einer Arbeit mit gleichen Kommunikationsanforderungen neigen die
Frauen sogar oft stärker zur Einheitssprache hin. Dieses Sprachverhalten der
Frauen entspringt vermutlich einer sozialpsychischen Unsicherheit. Die anhal-
tende Benachteiligung der Frauen im Berufsleben drückt sich nicht selten darin
aus, daß an sie strengere Leistungsmaßstäbe angelegt werden als an Männer. Diesen strengeren Verhaltenserwartungen am Arbeitsplatz versuchen die Frauen un-
willkürlich zu entsprechen. Zu diesen Verhaltenserwartungen zählt oft auch die
Vermeidung ausgeprägten Dialekts.

## 2.4.6. Unterschiede zwischen den Generationen

Viktor Schirmunski, der wohl bedeutendste russische Dialektologe, hat kritisch
auf die notorische Vorliebe der Dialektologie für die alten Leute hingewiesen.
Sie haben der Dialektologie schon immer als Informanten für die ausgeprägtesten
Dialektformen gedient. Tatsächlich sprechen alte Menschen in der Regel ausge-

prägteren Dialekt als jüngere. Dies erklärt sich vor dem Hintergrund einer allmählich fortschreitenden Annäherung der Dialekte an die Einheitssprache, bedingt
durch zunehmende weitreichende Kommunikation, vor allem Massenkommunikation,
und wachsende regionale Mobilität. Ältere Menschen beharren aber trotz zunehmender Berührung mit der Einheitssprache stärker bei ihrem gewohnten Dialekt als
jüngere; sie sind weniger in der Lage, sich anzupassen und umzustellen. Mit dem
Rückzug aus dem Berufsleben wird außerdem der Kommunikationsradius und der
Sozialkontakt erheblich eingeschränkt. Die weitgehende Einschränkung der Lebenswelt auf die häusliche Sphäre gestattet den alten Menschen eher als den berufstätigen, jüngeren den ziemlich ausschließlichen Gebrauch ausgeprägten Dialekts.

---

**Weiterführende Aufgabe**

Fertigen Sie eine Wortliste an, die eine möglichst große Zahl der in ihrer
Gegend vorkommenden (auch der im Abgehen begriffenen) Dialektwörter sowie
deren einheitssprachliche Entsprechungen enthält. Stellen Sie fest, welche
dieser Dialektwörter von alten Leuten, welche von der mittleren Generation
und welche von den Schülern noch verwendet werden. Sie müssen beim Vergleich freilich mögliche intervenierende Variablen (Sozialschicht etc.)
konstant halten. Warum läßt sich der festgestellte Unterschied zwischen
den Generationen nicht einfach als Momentaufnahme irreversiblen Dialekt-
schwunds interpretieren?

---

## 2.4.7. Rollenvariation im Gebrauch von Dialekt und Einheitssprache

Das Beispiel unter 1.1.2. zeigt, daß die Individuen je nach Gesprächspartnern
und Situation, aber auch nach Gesprächsgegenstand eher Dialekt oder eher die
Einheitssprache verwenden. Allerdings verfügt nicht jeder über dieselbe Skala
von Möglichkeiten. Der Rahmen der Möglichkeiten ist weitgehend durch die
soziale Herkunft und die Kommunikationsanforderungen bei der Arbeit abge-
steckt. Beispielsweise sind Landwirte oder Arbeiter gewöhnlich nicht ohne
weiteres in der Lage, die Einheitssprache normgerecht zu sprechen, auch wenn
sie einmal in Rollen mit entsprechenden Erwartungen hineingeraten.
Der auffälligste Rollenwechsel im Gebrauch von Dialekt und Einheitssprache vollzieht sich z w i s c h e n  W o h n -  u n d  A r b e i t s p l a t z , und
zwar ist er umso deutlicher, je schärfer Wohn- und Arbeitssphäre getrennt sind.
Bei Landwirten, wo sich die Arbeit weitgehend innerhalb des Familienkreises abspielt, ist ein solcher Wechsel kaum festzustellen. Sie sprechen allenthalben ausgeprägten Dialekt. Auffällig ist dieser Wechsel aber bei den industriellen Berufen. Er vollzieht sich stets so, daß am Arbeitsplatz eher die Einheitssprache,
in der häuslichen Sphäre eher Dialekt gesprochen wird.

Der bevorzugte Dialektgebrauch in der Familie erklärt sich damit, daß diese den kleinstmöglichen Kommunikationsradius konstituiert. Ausnahmen sind Ehen zwischen Partnern aus verschiedenen Dialektgebieten. Am Arbeitsplatz entsteht aber, weil Menschen aus verschiedenen Wohnorten oder sogar verschiedenen Dialektgebieten zusammenkommen, ein weiträumigerer Kommunikationsradius.

Der kleinräumige Kommunikationsradius hat schon immer innerhalb der Familie den reibungslosesten Dialektgebrauch gestattet. Daher ist der Dialekt fest assoziiert mit der Familiensphäre und mit den in der Familie typischen Sozialbeziehungen. Diese sind gekennzeichnet durch soziale Nähe, Direktheit und Emotionalität. Derartige Sozialbeziehungen provozieren folglich auch außerhalb der Familie den Gebrauch des Dialekts, insbesondere etwa in Freundeskreisen oder unter guten Bekannten. Überhaupt läßt sich aufgrund dieser spezifischen sozialen Wertigkeit des Dialekts eine Atmosphäre der Familiarität, sozialen Nähe und Vertrautheit herstellen. Demgegenüber wirkt der Gebrauch der Einheitssprache auf Dialektsprecher formell und distanziert.

An dieser Stelle ist einem im Zusammenhang mit der Rollenvariation im Gebrauch von Dialekt und Einheitssprache leicht möglichen Mißverständnis vorzubeugen. Die für verschiedene Sozialschichten festgestellte stärkere Hinwendung zum Dialekt beim Wechsel von der Arbeits- zur Familiensphäre bedeutet keinesfalls, daß in allen Schichten innerhalb der Familie gleichermaßen ausgeprägter Dialekt gesprochen wird. Vielmehr bleibt der Schichtenunterschied (vgl. 2.4.3.) dabei gewahrt. In den höheren Schichten ist der innerhalb der Familie gebräuchliche Dialekt weit weniger ausgeprägt als in den unteren. Außerdem wird dort neben dem sehr gemäßigten Dialekt auch die Einheitssprache benützt. Lediglich im Vergleich zum Arbeitsplatz tendieren auch die höheren Schichten innerhalb der Familie mehr zum Dialekt hin. Gleichwohl erwerben die Kinder der höheren Sozialschichten in ihren Familien weit umfangreichere einheitssprachliche Fertigkeiten als diejenigen der unteren Schichten. Da mangelnde einheitssprachliche Fertigkeiten beträchtliche Nachteile in der Schule mit sich bringen, ist aufgrund ziemlich ausschließlichen ausgeprägten Dialektgebrauchs in den Familien, die sprachliche Ausgangslage für die Kinder der unteren Schichten weit ungünstiger.

## 2.5. Operationalisierung des Dialektniveaus

Nicht wenige Norddeutsche sind sicher der Auffassung, daß Theodor Heuss "schwäbischen Dialekt" sprach. Kommen sie selbst als Touristen oder beruflich nach Württemberg, so stellen sie vielleicht fest, daß es auch einen "schwäbischen Dialekt" gibt, den Norddeutsche zuerst einmal gar nicht verstehen. Hören sie sich sorgfältiger um, so entdecken sie eine unbestimmbare Menge von Abstufungen zwischen ausgeprägtestem Dialekt und der Einheitssprache.

Wie lassen sich nun diese zahllosen Abstufungen innerhalb ein und desselben
Dialektgebiets einigermaßen präzise und verbindlich erfassen? Für empirische
Untersuchungen wie auch für eine genaue Verständigung sind Kennzeichnungen auf-
grund des bloßen Eindrucks unzureichend.

Ein Verfahren zu einer intersubjektiv verläßlichen Bestimmung zwischen Dialekt
und Einheitssprache sei in seinen Grundzügen skizziert an folgenden Antworten
aus einer Meinungsumfrage:

(a) *ɨ wil koǝn kriǝk mae*            ich will keinen Krieg mehr

(b) *ɨ wil kaen krɨk mē*

(c) *iχ wil kaenen krɨk mẹr*

Wie ersichtlich, wurden – der Einfachheit halber – Antworten gleichen Wortlauts,
d. h. derselben Lexik, Morphemik und Syntax ausgewählt. Die Variation ist beschränkt auf die Phonemik. Sie läßt sich leicht in folgende Regeln fassen.

(1) / ɨ / < / iχ /                    (in 'ich')

(2) / oǝ / <* / oe / < / ae /        (in 'keinen')

(3) / ∅ / < / en /                    (in 'keinen')

(4) / iǝ / < / ɨ /                    (in 'Krieg')

(5) /ae / < / ē / < ẹr /             (in 'mehr')

In diesen Regeln sind die dialektaleren Stufen von den einheitssprachlicheren
durch das Pfeilzeichen < aus der Mengenlehre getrennt, womit deren regional
kleinerer Gebrauchsradius angezeigt wird.

Die Regeln sind im vorliegenden Fall als Phonemschritte dargestellt, d. h. als
Abstufungen der Mindestgröße von einem Phonem zu einem andern. Zum Teil sind
die Schritte größer, weil Zwischenstufen nicht gebräuchlich sind, wie bei
/ ∅ / < / en /. Die Regel (2) wurde um die gebräuchliche Mittelstufe / oe /
ergänzt, die in den Beispielsätzen fehlt.

Derartige Abstufungen werden als d i a l e k t a l e  S t u f e n l e i t e r n
bezeichnet.

Jeder phonemischen dialektalen Stufenleiter lassen sich in einem Lexikon die zugehörigen Lexeme und Morpheme beiordnen. (1) findet sich außer in 'ich' noch in
'mich' und 'dich', (2) außer in 'keinen' in 'Stein', 'Bein' und vielen anderen
Wörtern. Dagegen tritt (5) in keinem anderen Wort mehr auf, ist also ein Einzelfall.
In dieser Weise kann die gesamte phonemische Abstufung zwischen Dialekt und Einheitssprache in phonemische dialektale Stufenleitern gefaßt werden. Die feinere
subphonemische, innerhalb der Phonemgrenzen verbleibende Variation ist dabei
freilich nicht berücksichtigt. Entsprechend der Phonemik lassen sich auch die
Abstufungen zwischen Dialekt und Einheitssprache auf den andern grammatischen
Ebenen in dialektale Stufenleitern fassen, in morphemische, lexemische und syn-
tagmemische.

Anhand dialektaler Stufenleitern läßt sich nun die Lage von Redeketten zwischen
Dialekt und Einheitssprache fixieren. Dazu ordnet man den Stufen jeder Stufenleiter Zahlen zu, die wenigstens annähernd die Größe des Gebrauchsgebiets der
betreffenden Einzelstufen ausdrücken. Für das schwäbische Dialektgebiet wurde
ein durchschnittliches Größenverhältnis des Gebrauchsgebiets der dialektalen
Stufen zu den einheitssprachlichen von 1 : 4 festgestellt. Daher darf den
dialektalen Stufen dieses Gebiets die Zahl 1, den einheitssprachlichen die
Zahl 4 zugeordnet werden, Zwischenstufen erhalten zahlenmäßig jeweils eine
Mittelstellung. Damit ist freilich nicht für jede einzelne Stufenleiter die
richtige Relation der Größe des Gebrauchsgebiets angegeben, sondern nur für den
Durchschnitt der schwäbischen dialektalen Stufenleitern.

Die Lage einer ganzen Redekette zwischen Dialekt und Einheitssprache, das sogenannte D i a l e k t n i v e a u , läßt sich nun genauer bestimmen nach den
enthaltenen Stufen dialektaler Stufenleitern bzw. den diesen zugeordneten Zahlen-
werten. Man kann das Dialektniveau in einem einzigen Zahlenwert ausdrücken, indem
man das arithmetische Mittel aus den einzelnen Stufenwerten errechnet.

Für die 3 Beispielsätze ergeben sich folgende Werte:

(a) $\overline{\imath}$ wil koən(ø) kriək mae  →  $\sum$ = 5, n = 5

(b) $\overline{\imath}$ wil kaen(ø) kr$\overline{\imath}$k m$\underset{\smile}{e}$  →  $\sum$ = 12,5, n = 5

(c) iꭓ wil kaenen kr$\overline{\imath}$k m$\underset{\smile}{e}$r  →  $\sum$ = 20, n = 5

$\sum$ bezeichnet die Summe aus allen einzelnen Stufenwerten, n die Zahl der insgesamt vorfindlichen Stufen. Bezeichnet man mit $x_i$ beliebige Stufenwerte, so errechnet sich das Dialektniveau als arithmetisches Mittel nach der Formel:

$$D = \frac{\sum x_i}{n}$$

Für die Beispielsätze ergeben sich danach die folgenden phonemischen Dialektniveaus: für (a) 1, für (b) 2,5, für (c) 4.

Entsprechend kann auf den übrigen grammatischen Ebenen verfahren werden.

Bei der Anwendung des Verfahrens hat es sich gezeigt, daß zur Bestimmung des
phonemischen Dialektniveaus Redeketten von durchschnittlich wenigstens 50 Wörtern, für die Dialektniveaus der übrigen grammatischen Ebenen von mindestens
200 Wörtern notwendig sind, um eine hinreichende Anzahl von Stufen dialektaler
Stufenleitern zu erhalten.

Die Dialektniveaus aller grammatischen Ebenen korrelieren in der Regel eng und
können daher bei geringerem Exaktheitsanspruch zu einem einzigen Dialektniveau
zusammengefaßt werden.

## Aufgaben

1) Begründen Sie, inwiefern der emotionale Gehalt der folgenden Gedichtstrophe nicht nur aus dem Inhalt sondern auch aus dem Dialekt entspringt. Erläutern Sie dabei, wie dem Dialekt dieser emotionale Gehalt zugewachsen ist.

   Goar viel Sproache gait's und Wörtlich,
   alle kau mer net verstiah,
   awer sou wia d' Muetter gschwätzt hat,
   des verstäht mer, des isch schia!

   (Aus "D' Muettersproach", von Eugen Geiger)

2) Bei industriellen Berufen wurde beobachtet, daß ein- und dieselbe Person in der Arbeitssphäre mehr zur Einheitssprache, in der Familie mehr zum Dialekt hinneigt. Geben Sie eine ursächliche Begründung dieses sprachlichen Rollenwechsels.

3) Vermutlich ist Ihnen einer der folgenden Prominenten gegenwärtig: der ehemalige Bundespräsident Heuss, der ehemalige Bundeskanzler Adenauer, CSU-Vorsitzender Franz J. Strauß, Fernsehreporter Gerhard Konzelmann. Sie alle lassen sich aufgrund ihrer Sprache bestimmten Dialektgebieten zuordnen.
   Begründen Sie linguistisch, inwiefern diese Prominenten Dialekt sprechen, inwiefern nicht. Überlegen Sie dabei, in welcher Hinsicht sich ausgeprägter Dialekt von der Sprache dieser Prominenten unterscheidet.

4) Es ist allgemein bekannt, daß in der größeren Öffentlichkeit, etwa in den Parlamenten oder Massenmedien, gewöhnlich kein ausgeprägter Dialekt gesprochen wird, sondern weitgehend die Einheitssprache oder eine Annäherung an diese.

   a) Versuchen Sie diese Norm des Sprachgebrauchs ursächlich zu begründen. Gehen Sie dabei vom primären Unterschied zwischen Dialekt und Einheitssprache aus.

   b) Es gibt einen Zusammenhang zwischen der Norm des Gebrauchs der Einheitssprache in der Öffentlichkeit und der Tatsache, daß die Angehörigen höherer Sozialschichten eher die Einheitssprache beherrschen als die Angehörigen der unteren Schichten. Zeigen Sie diesen Zusammenhang auf.

5) a) Bestimmen Sie das phonemische und lexemische Dialektniveau folgender Äußerungen aus dem Westschwäbischen.

   *dər šef iš emər narət wen e d feŋər en d mašĩn naebriŋ ond kraŋk maχə muəs* 'Der Chef ist immer wütend, wenn ich die Finger in die Maschine hineinbringe und krank machen muß'.
   Im Westschwäbischen gibt es für die folgenden Wörter ausgeprägtere Dialektformen: 'immer': *ęwl*, 'Maschine' : *mašē͂*, 'hineinbring' : *naebreŋ*, 'krank' : *krãk*.
   Die einheitssprachlichen Formen dürften Ihnen vertraut sein. Sie brauchen außer den gegebenen Formen keine weiteren Zwischenstufen zwischen Dialekt und Einheitssprache zu berücksichtigen.

   b) Versuchen Sie, die Dialektniveaus einiger Äußerungen aus Ihrem Dialektgebiet zu bestimmen.

Weiterführende Aufgaben

6) Seit Beginn der Industrialisierung hat die regionale Mobilität der
Bevölkerung ständig zugenommen. Außerdem hat der 2. Weltkrieg gewal-
tige Bevölkerungsverschiebungen, vor allem die Umsiedlung vieler Deutschen
aus Osteuropa mit sich gebracht. Versuchen Sie zu begründen, warum dennoch, insbesondere in Süddeutschland, sich die Dialekte weitgehend erhalten haben.

7) Beobachten Sie jeweils eine kleine Stichprobe von Produktionsarbeitern
bzw. niedrigen Beamten auf der einen und leitenden Angestellten bzw. hohen
Beamten auf der andern Seite in den folgenden beiden Situationen:

1. in der Ausübung ihrer Arbeit,
2. innerhalb ihrer Familie.

Ermitteln Sie, welche Gruppen breiteren Dialekt sprechen. Machen Sie Ton-
bandaufnahmen und davon phonetische Umschriften und bestimmen Sie die
Dialektniveaus. Kontrollieren Sie alle evtl. intervenierenden Variablen
(Geschlecht, Alter usw.).

8) Es besteht weitgehend Übereinstimmung darüber, daß im Dialekt aufgewach-
sene Kinder Schwierigkeiten in der Schule haben. Diese Schwierigkeiten
entspringen aus ihrer mangelnden Beherrschung der Einheitssprache.

a) Stellen Sie alle schulischen Anforderungen zusammen, in denen aus mangelnden einheitssprachlichen Fertigkeiten Schwierigkeiten entstehen
können. Zeigen Sie bei jeder einzelnen dieser schulischen Anforderungen, inwiefern speziell aus mangelnden einheitssprachlichen Fertigkeiten Schwierigkeiten entstehen.

b) Überlegen Sie sich geeignete didaktische Maßnahmen, um diese dialekt-
bedingten Schulschwierigkeiten abzumildern.

## Literaturhinweise

Ammon, Ulrich: Dialekt, soziale Ungleichheit und Schule. 2. Aufl. Weinheim
1973 (= Beltz-Studienbuch, Pragmalinguistik 2).

Die Entstehung der Einheitssprache und die historische soziale Verteilung
von Dialekten und Einheitssprache werden abrißartig dargestellt. Ausführlich wird die gegenwärtige soziale Verflechtung von Dialekten und Einheitssprache im deutschsprachigen Gebiet analysiert. Dabei werden vor allem die
Ursachen und Folgen dieser sozialen Verflechtung erarbeitet. Ein längeres
Kapitel behandelt die Schulschwierigkeiten der Dialektsprecher.

Ammon, Ulrich: Dialekt und Einheitssprache in ihrer sozialen Verflechtung.
Eine empirische Untersuchung zu einem vernachlässigten Aspekt von Sprache
und sozialer Ungleichheit (= Beltz-Monographie, Pragmalinguistik 3).

Anhand einer Stichprobe von 638 Informanten wird die Verteilung von
Dialekt und Einheitssprache auf die soziale Schichtung, auf Berufsgruppen,
die Generationen und die Geschlechter empirisch ermittelt. Auch die Rollenvariation wurde beobachtet. Detailliert dargestellt wird die Operationalisierung des "Dialektniveaus".

Guchmann, Mirra M.: Der Weg zur deutschen Nationalsprache. Teil I 2. Aufl. 1970,
Teil II 1969. Berlin (Ost). (= Veröffentlichungen des Instituts für deutsche
Sprache und Literatur der deutschen Akademie der Wissenschaften zu Berlin,
Reihe B).

Differenzierte historische Darlegung der Entstehung der deutschen Einheitssprache (Nationalsprache) aus den Dialekten.

Henzen, Walter: Schriftsprache und Mundarten. Ein Überblick über ihr Verhältnis und ihre Zwischenstufen im Deutschen. 2. Aufl. Bern 1954 (= Bibliotheca
Germanica 5).

Besonders ausführlich ist die historische Darstellung: die Entstehung der
Einheitssprache, insbesondere der schriftlichen, aus den Dialekten. Außerdem finden sich zahlreiche Einzelbeobachtungen, die aufschlußreich sind für
das gegenwärtige Verhältnis der Dialekte zur Einheitssprache. Die Interpretation erfolgt freilich unter deutlich dialektpflegerischem Aspekt.

Hofmann, Else: Sprachsoziologische Untersuchung über den Einfluß der Stadt-
sprache auf mundartsprechende Arbeiter. In: Festgabe Karl Winnacker zum
sechzigsten Geburtstag, hg. von G. Heilfurth und L. E. Schmitt. Marburg
1963 (= Marburger Universitätsbund, Jahrbuch 2), S. 201-281.

Eine sorgfältige empirische Untersuchung von pendelnden Arbeitern der fein-
mechanisch-optischen und der Schwerindustrie. Es wird nachgewiesen, daß die
unterschiedliche Arbeitsweise in den beiden Industriebranchen und das Alter
der Arbeiter entscheidend dafür sind, in welchem Maße sie die Sprache des
Zielorts (Wetzlar) übernehmen. Diese steht der Einheitssprache näher als
der Dialekt des Wohnorts (Nauborn).

Ris, Roland: Dialekte und Sprachbarrieren aus schweizer Sicht. In: Dialekt als
Sprachbarriere? Ergebnisbericht einer Tagung zur alemannischen Dialektfor-
schung. Tübingen 1973 (= Veröffentlichungen des Ludwig-Uhland-Instituts der
Universität Tübingen 33), S. 29-62.

Anhand einer Fülle von Belegen wird dargestellt, wie und warum das Schweizer-
deutsche in der Schweiz im Verlauf des 20. Jahrhunderts gegenüber der
deutschen Einheitssprache aufgewertet und bewahrt wurde. Maßgeblich dafür
scheint seine Funktion als Symbol politischer und ökonomischer Eigenständig-
keit der Schweiz zu sein, die sich vom aggressiven deutschen Nachbarn immer
wieder bedroht fühlte. Erörtert werden auch Rivalitäten zwischen schweizeri-
schen Teildialekten sowie Schwierigkeiten der Sprecher aufgrund der komplizierten Sprachgebrauchsnormen.

Schirmunski, Viktor: Deutsche Mundartkunde. Vergleichende Laut- und Formenlehre der
deutschen Mundarten, Berlin (Ost) 1962. (= Deutsche Akademie der Wissenschaften
zu Berlin, Veröffentlichungen des Instituts für deutsche Sprache und Literatur 25).

Enthält vor allem die Geschichte der deutschen Dialektologie und die ausführliche linguistische Darstellung der deutschen Dialekte, aber auch zahlreiche Hinweise zur sozialen Verflechtung von Dialekt und Einheitssprache und
zur Entstehung der Einheitssprache (Nationalsprache).

Spangenberg, Karl: Sprachwandel im thüringischen Eichsfeld. In: Sprache und
Gesellschaft, hg. von H. Spitzbardt. Jena 1970 (= Wissenschaftliche Bei-
träge der Friedrich-Schiller-Universität, Sektion Sprachwissenschaft)
S. 202-224.

Eine empirische Untersuchung, die an den Generationsunterschieden im Gebrauch des Dialekts den zunehmenden Dialektschwund in Thüringen aufzeigt.
Beschleunigt scheint diese Entwicklung durch die sozialen Veränderungen im
Zuge der sozialistischen Reformen der DDR. Außerdem werden deutliche Unterschiede im Dialektgebrauch zwischen verschiedenen Berufsgruppen gefunden,
vor allem zwischen körperlich und geistig arbeitenden Berufen.

# 3. RESTRINGIERTER UND ELABORIERTER KODE

## 3.1. Allgemeine Bestimmung der Begriffe restringierter und elaborierter Kode

Restringierte und elaborierte Kodes sind komplementär bestimmt, also in einem gegenseitigen Bezug. Ein elaborierter Kode umfaßt gegenüber einem restringierten eine k o m p l e x e r e   S y n t a x , die vielfältigere Satzkonstruktionen ermöglicht, und eine d i f f e r e n z i e r t e r e   S e m a n t i k h ö h e r e n   A b s t r a k t i o n s g r a d e s , die systematischer in über- und untergeordnete Begriffsklassen gegliedert ist.

Gemäß der Begriffsbestimmung entsteht ein elaborierter Kode aus einem restringierten durch Erweiterung. Dies bedeutet, daß die Möglichkeit eines syntaktisch eingeschränkten und semantisch konkreten Sprachgebrauchs im elaborierten Kode auch enthalten ist. Umgekehrt schließt ein restringierter Kode einen syntaktisch komplexen und semantisch differenzierten und abstrakten Sprachgebrauch aus. Die beiden Kodes sind bestimmt in bezug auf die Sprachgewohnheit und das Sprachvermögen von Individuen und Gruppen, nicht in bezug auf einzelne Äußerungen. Daher läßt sich auch von einer konkreten Äußerung oder einer Redekette niemals sagen, sie sei restringiert. Bestenfalls kann sie einen restringierten Kode indizieren. Da ein elaborierter Kode einen restringierten einschließt, kann aber von einer syntaktisch einfachen und semantisch konkreten Äußerung kaum auf einen restringierten Kode geschlossen werden. Dagegen verweist eine syntaktisch komplexe und semantisch differenzierte und abstrakte Äußerung eher auf einen elaborierten Kode.

Ein elaborierter Kode birgt im Vergleich zu einem restringierten weiterreichende Möglichkeiten hinsichtlich der wichtigsten sozialen Funktionen von Sprache. Er ermöglicht:

- eine differenziertere Kommunikation,
- die Aufnahme und Speicherung von mehr Information,
- eine vielfältigere Wahrnehmung und Erkenntnis,
- komplexere geistige Problemlösungen,
- differenziertere Handlungsentwürfe.

In der gängigen Begriffsbestimmung, die hier beibehalten wird, ist die Dimension der Wahrheit nicht berücksichtigt. Was in einem elaborierten Kode erfaßt oder mitgeteilt wird, braucht also keinen höheren Wahrheitsgehalt zu haben. Es kann in komplexe Syntax und differenzierte und abstrakte Semantik verpackte Unwahrheit sein, ob vom Sprecher intendiert oder nicht (vgl. auch 5.). Gleichwohl birgt ein elaborierter Kode weiterreichende Möglichkeiten hinsichtlich der wahrheitsgemäßen Erfassung und Mitteilung von Sachverhalten. Zwar braucht eine komplexe Erfassung und Mitteilung von Sachverhalten nicht auch schon wahr zu sein, sie kann es jedoch sein. Die Erfassung komplexer Sachverhalte mit einem einfachen Raster ist aber notwendigerweise und immer unwahr. Komplexe Sachverhalte sind mittels eines restringierten Kodes nur faßbar bei gleichzeitiger Reduktion.

An dieser Stelle ist der Hinweis wichtig, daß es kaum einen zweiten Begriff in der Soziolinguistik gibt, der so verschiedenartig bestimmt wurde wie ein restringierter bzw. elaborierter Kode. Die vorliegende Begriffsbestimmung ist also keineswegs die einzig mögliche; sie erscheint allerdings in bezug auf den folgenden theoretischen Zusammenhang einigermaßen stringent. Dies wäre nicht der Fall hinsichtlich der Bestimmung eines restringierten Kodes als kontextgebundener Sprechweise, deren Bedeutungen partikular, d. h. implizit, nicht allgemeinverständlich sind, gegenüber einem elaborierten Kode als weniger kontextgebundener Sprechweise mit universalen, d. h. expliziten, allgemeinverständlichen Bedeutungen. Hierauf hat Basil Bernstein, der Begründer des soziolinguistischen Kode-Begriffs, das Begriffspaar in seinen späteren Arbeiten eingeschränkt[1], wogegen in seinen früheren Arbeiten die von uns für wesentlich gehaltenen Merkmale im Vordergrund standen. Der neueren Bernstein'schen Auffassung nähern sich z. B. auch Ulrich Oevermann und Wulf Niepold an. Letzterer versucht terminologisch auszudrücken, daß die beiden Kodes nicht durch Unterschiede in der Verfügung über syntaktische Strukturen und Wortbedeutungen gekennzeichnet sind, sondern lediglich durch eine unterschiedliche Art und Weise ihres Gebrauchs. Demgemäß spricht er von zwei verschiedenen "Modi des Sprachgebrauchs"[2]. In Anlehnung an Oevermann trennt er diese dann als bloß deskriptive Begriffe von ihren Entsprechungen auf der analytischen Ebene, den sogenannten "Strategien der verbalen Planung".

1  Z. B. in Bernstein: Der Unfug mit der "kompensatorischen" Erziehung. In: betrifft: erziehung (1970), H. 9, S. 15-19.
2  Niepold, S. 13.

Die Einschränkung des Kodeunterschieds auf eine bloß unterschiedliche Verwendung von Sprache bedeutet eine Verharmlosung dieses schichtenspezifischen Sprachunterschieds. Sie läßt sich nicht aufrecht erhalten im Zusammenhang mit den nachfolgend dargestellten Schichtenunterschieden in den sprachlichen Anforderungen und Entfaltungsmöglichkeiten. Bloße Sprachverwendungsunterschiede kommen sicher zu den gravierenderen Kodeunterschieden hinzu, sind jedoch für die nachfolgenden Überlegungen von untergeordneter Bedeutung.

Der Ausdruck "Kode" ist terminologisch fragwürdig. Gewöhnlich bezeichnet "Kode" eine Zuordnungsvorschrift eines Zeichenvorrats zu einem andern, mit dem dieselben Informationen dargestellt werden können. Letzteres ist bei einem restringierten gegenüber einem elaborierten Kode aber gerade nicht der Fall. Wenn die Terminologie wegen ihrer Gebräuchlichkeit hier dennoch beibehalten wird, so ist dieser begriffliche Unterschied stets zu beachten.

## 3.2.    Allgemeine Bedingungen für die Entstehung und Verwendung elaborierter Kodes

Restringierte und elaborierte Kodes entstehen, wie alle soziolingualen Differenzen, unter verschiedenartigen Kommunikations- und Kognitionsanforderungen. Von besonders prägender Kraft auf die Sprache von Individuen und Gruppen sind in der bisherigen Geschichte die sprachlichen Anforderungen bei der Arbeit gewesen. Elaborierte Kodes entsprechen aber unmittelbar den sprachlichen Anforderungen geistiger, restringierte denjenigen körperlicher Arbeit.

K ö r p e r l i c h e   A r b e i t vollzieht sich stets an einem Gegenstand und in einem Situationskontext, die sinnlich wahrnehmbar sind. Die Kommunikation zwischen körperlich Kooperierenden braucht und vermag folglich kaum von der unmittelbaren Wahrnehmung zu abstrahieren. Sie bleibt konkret, dem Bereich des Anschaulichen verhaftet und angewiesen auf die sinnlich wahrnehmbare Ergänzung aus dem Situationskontext.

G e i s t i g e   A r b e i t behandelt dagegen abstrakte Gegenstände bzw. geht in der Behandlung konkreter Gegenstände über deren sinnlich wahrnehmbare Eigenschaften weit hinaus. Dabei löst sie sich auch vom sinnlichen Kontext der Arbeitssituation. Die hierbei erforderliche Kommunikation und Kognition entbehrt also der Ergänzung durch die unmittelbare sinnliche Wahrnehmung. Sie muß alle Informationen in Sprache fassen. Daher bedarf sie einer Sprache, die komplexere und differenziertere Informationen kodieren kann.

Solange in einer primär von der Arbeitsweise geprägten Gesellschaft alle gleichermaßen körperlich und geistig arbeiten, gibt es keine stark differierenden restringierten und elaborierten Kodes. Diese entstehen erst infolge dauerhafter Abspaltung der geistigen von der körperlichen Arbeit. Nur eine ziemlich ausschließlich geistig arbeitende soziale Gruppe hat die Möglichkeit, eine streng auf geistige Arbeit zugeschnittene Sprache voll auszubauen. Sie kann sich damit auch vom körperlich arbeitenden Teil der Bevölkerung absetzen und die geistige Arbeit bis zu einem gewissen Grad monopolisieren.

Der Grad der Elaboriertheit eines Kodes hängt weiterhin ab von der Abstraktheit und Differenziertheit der geistigen Arbeit. Monotone, wenig komplizierte geistige Arbeit bedarf auch nur eines wenig elaborierten Kodes. Modifizierungen ergeben sich weiter bei verschiedenen Vermischungen und Kombinationen geistiger mit körperlicher Arbeit.

Zwar kann auch die Betätigung neben der Arbeit, je nachdem sie überwiegend körperlich oder geistig ist, die sprachliche Restringiertheit und Elaboriertheit von Individuen oder Gruppen beeinflussen. Nur in Ausnahmefällen kann sie bislang aber den prägenden Kräften der Arbeitsanforderungen entscheidend entgegenwirken oder sie gar aufheben. Denn die Arbeit erfüllt nach wie vor den Hauptteil der bewußt erlebten Zeit und wird schon deshalb besonders wichtig genommen, weil aus ihr überhaupt erst die Grundlagen des physischen Lebens entspringen.

---

Weiterführende Aufgabe

Stellen Sie einander gegenüber: 5 körperlich und 5 geistig arbeitende Berufe. Stellen Sie differenziert dar, inwiefern die gewählten Berufe körperlich bzw. geistig arbeiten. Beobachten Sie Angehörige dieser Berufe bei der Ausübung ihrer Arbeit und vergleichen Sie den Umfang ihrer sprachlichen Kommunikation (Anzahl der erzeugten bzw. rezipierten Wörter und Sätze). Versuchen Sie die syntaktische Komplexität und die semantische Abstraktheit ihrer verbalen Kommunikation abzuschätzen.

---

## 3.3. Zur historischen Genese der Diskrepanz zwischen sprachlich restringierten und elaborierten Sozialschichten im Produktionsprozeß

Geistige Arbeit hat sich schon in der frühen Geschichte von der körperlichen abgespalten, nämlich in der Herausbildung des Staates. Zusammen mit den politischen Funktionen verselbständigten sich Religion, Kunst und Wissenschaft als geistige Arbeitsbereiche. Im Zusammenhang mit dieser e r s t e n   g e s c h i c h t l i c h e n   T e i l u n g   d e r   A r b e i t  bildeten sich auch die Klassengegensätze aus, also unterschiedliche Verfügungsrechte über die Produktionsmittel, unter denen in den frühen Gesellschaftsformationen der Grund und Boden mit Abstand das wichtigste darstellt. Die herrschenden Klassen widmeten sich nur noch der geistigen Arbeit und überließen die körperliche den be-

herrschten Klassen. Dieser Zustand kennzeichnet sowohl die antike Sklavenhaltergesellschaft wie die mittelalterliche feudale Gesellschaft der Grundherren und
leibeigenen oder abhängigen Bauern.

Erst in der jüngeren Geschichte kam es zu einer strengen Scheidung zwischen
körperlicher und geistiger Arbeit innerhalb der materiellen Produktion selbst,
und zwar bei der Entwicklung der Industrie aus dem Handwerk. In dieser z w e i -
t e n T e i l u n g z w i s c h e n k ö r p e r l i c h e r u n d g e i -
s t i g e r A r b e i t entstanden vor allem ganz neue geistige Arbeitsbereiche, neben denen die alten freilich erhalten blieben. Da die heutige Gesellschaft mit ihrer Teilung in geistige und körperliche Arbeit, in sprachlich elaborierte und restringierte soziale Gruppen das Resultat dieser Entwicklung darstellt, sollen die wichtigsten Entwicklungsstufen kurz skizziert werden.

Ihren Ausgang nimmt diese Entwicklung beim mittelalterlichen Handwerk, das sich
innerhalb der agrarischen Feudalgesellschaft herausgebildet hat. Den ersten entscheidenden Entwicklungsschritt über das Handwerk hinaus bildet - historisch schon
Ausgangs des Mittelalters - die Produktionsform der sogenannten e i n f a c h e n
K o o p e r a t i o n . Dabei wurden von einem in der Regel durch Handel und
Wucher reich gewordenen Kapitaleigner mehrere Handwerker unter einem Dach vereint.
Sie arbeiteten parallel, indem jeder den Rohstoff bis zum Fertigprodukt bearbei-
tete. Da die Produktionsmittel, vor allem Gebäude, Heizung und Beleuchtung, gemeinsam benutzt werden konnten, waren die Produktionskosten geringer als beim
Handwerk. Außerdem war der Arbeitsansporn in der Gruppe größer, und verlief die
Arbeit schneller als bei einzelnen Handwerkern. Kurz, es wurde rationeller und
mit mehr Gewinn gearbeitet als bei Einzelhandwerkern. Der überschüssige Gewinn
fiel an den Kapitaleigner, die geheuerten Handwerker erhielten einen Lohn; es
handelte sich also schon um ein reguläres kapitalistisches Klassenverhältnis
(vgl. 1.2.1.).

Entscheidend ist hier aber, daß sich für den lohnabhängigen Handwerker gegenüber
dem selbständigen der Arbeitsumfang reduzierte. Zwar blieb die handwerkliche
Arbeit selbst noch in vollem Umfang erhalten, abgespalten wurden aber die kaufmännischen Funktionen. Während ein selbständiger Handwerker den Einkauf der Produktionsmittel und Rohstoffe und den Verkauf der fertigen Waren selbst betreibt,
wurden diese Funktionen schon in der einfachen Kooperation weitgehend vom Kapitaleigner übernommen. Bei den kaufmännischen Funktionen, die vor allem die
Kalkulation der Produktion einschließen, handelt es sich aber überwiegend um
geistige Arbeit, die den lohnabhängigen Handwerkern abgenommen wurde.

Ein nächster entscheidender Entwicklungsschritt war der Übergang von der einfachen Kooperation zur M a n u f a k t u r - historisch ab dem 16. Jahrhundert.

Er war dadurch gekennzeichnet, daß die handwerkliche Arbeit selbst zerlegt wurde. Die Arbeit vollzog sich vom Rohstoff zum Fertigprodukt in mehreren Schritten, von denen jeder Lohnhandwerker einen ausführte. Jeder Handwerker konnte sich auf seine Teilarbeit spezialisieren und sie besonders schnell verrichten. Die Produktion wurde also wiederum rationeller, der Gewinn, der dem Kapitaleigner zufiel, größer.

Entscheidend ist hier nun, daß der Tätigkeitsbereich und damit die erforderlichen Kenntnisse der Lohnhandwerker auf einen Teilbereich der handwerklichen Tätigkeit eingeschränkt wurden. Ein Teil der geistigen Arbeit im Handwerk, nämlich die Koordination der einzelnen Arbeitsschritte, vergegenständlichte sich im Aufbau der Arbeitskolonne, der hauptsächlich vom Kapitaleigner, dem Manufakturbesitzer, entwickelt und perfektioniert wurde. Der lohnabhängige Handwerker wird also zu einem Teilarbeiter, der fast nur noch recht monotone körperliche Arbeit verrichtet.

Schon in der Manufaktur entstanden ansatzweise neue Schichten von Lohnarbeitern neben den Produktionsarbeitern im engeren Sinn. Durch die gesteigerte Produktion erweiterte sich der kaufmännische Bereich so stark, daß er vom Kapitaleigner nicht mehr allein bewältigt werden konnte. Mit diesen Funktionen wurden daher Kontoristen beauftragt, die Vorläufer der heutigen kaufmännischen Angestellten. Zur Koordination der Teilarbeiten sowie zur Überwachung der Produktionsarbeiter wurden weiterhin besondere Aufseher angestellt, die auch die Verbindung zwischen Produktionssphäre, Kontoristen und Kapitaleigner herstellten. Diese Aufseher stellen im Grunde die Vorläufer der heutigen Vorarbeiter, Meister und Betriebsleiter dar. Beide, die Kontoristen und die Aufseher, verrichteten im Vergleich zu den Produktionsarbeitern weit mehr geistige Arbeit.

Der nächste große Entwicklungsschritt, über die Manufaktur hinaus zur m e c h a - n i s c h e n  I n d u s t r i e , führt, beginnend Ende des 18. Jahrhunderts, herein in die Gegenwart. Er ist dadurch gekennzeichnet, daß der Arbeiter das Werkzeug nicht mehr selbst führt, sondern daß diese Arbeit von Maschinen übernommen wird. Die Maschinerie bestimmt dabei weitgehend Form und Rythmus der Arbeit; der Arbeiter ist im Grund deren Handlanger, hilft dort aus, wo die Maschinerie nicht ganz zurechtkommt. Pointiert ausgedrückt, ist er nicht mehr das Subjekt, sondern das Objekt des Arbeitsprozesses. Ihre extremste Form hat diese Entwicklung am Fließband angenommen und infolge der sogenannten "wissenschaftlichen Arbeitslehre", die dem Arbeiter Form und Rythmus jeder einzelnen Arbeitsbewegung vorrechnet und vorschreibt. Bei dieser Produktionsform ist der Produktionsarbeiter jeglicher geistigen Arbeit entledigt. Die Arbeiter sind voneinander isolierte Anhängsel der Maschinen, deren Lärm und Arbeitstempo ihnen auch jedes Gespräch verunmöglichen.

In dieser Phase nimmt infolge der enorm gestiegenen Produktivität das lohnabhängige kaufmännische Personal stark zu. Die ständigen unmittelbaren Aufseher können verschwinden; ihre Funktion hat sich teilweise in der Maschinerie vergegenständlicht, die das Arbeitstempo diktiert. An ihre Stelle treten jedoch Zeitnehmer, Kalkulatoren und Betriebswirte. Außerdem entsteht eine ganz neue Schicht geistiger Arbeiter, nämlich die Technologen, die mit Hilfe der wissenschaftlichen Technik Arbeitsmittel und Produktion auf einem möglichst produktiven und rentablen Niveau halten. Zu ihnen gehören in der Regel die Meister, die auch Aufsichtsfunktionen wahrnehmen, die Techniker und Ingenieure. Schließlich kommen einzelne Technologen der Arbeitskraft selbst hinzu, Psychologen, Soziologen, Mediziner, die die Arbeitskräfte selbst auf einem möglichst produktiven Niveau zu erhalten haben.

Stationen der Spaltung von geistiger und körperlicher Arbeit
im Produktionsprozeß

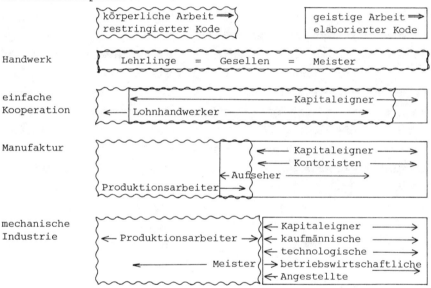

Bei einem Gesamtüberblick über die wichtigsten Entwicklungsstufen die vom Handwerk zur Industrie führen, lassen sich demnach folgende durchgängige Tendenzen festhalten.

Die Produktionsarbeit wird immer stärker eingeschränkt, ihrer geistigen Komponenten entledigt und reduziert auf monotone, einfachste Handgriffe. Außerdem werden die Möglichkeiten des Gesprächs zwischen den Arbeitern durch Trennung und später zusätzlichen Maschinenlärm ständig weiter reduziert. Die Arbeitssituation wird also sprachlich zunehmend restringierter. Die Einschränkung und Entgeistigung der Arbeit ist zugleich eine Dequalifikation; im Extremfall bedarf die Ar-

beit in der mechanisierten Industrie überhaupt keiner Ausbildung mehr. Belegt
wird dies durch die Beschäftigung von Kindern im 19. Jahrhundert und von gänzlich ungeschulten ausländischen Arbeitern. Die Dequalifizierung vermindert aber
nach dem Wertgesetz der Waren den Wert der Ware Arbeitskraft, bedingt also einen
Lohnschwund relativ zum durchschnittlichen Lohnniveau der Gesellschaft. Sie bedeutet also zugleich ein Absinken in der Dimension der sozialen Schichtung (vgl.
1.2.1. und 1.2.2.). Die sprachlich restringierte Arbeitssituation ist also ge-
koppelt mit der Zugehörigkeit zu den unteren Sozialschichten.

Gegenüber dem handwerklichen Betrieb ist der industrielle außerordentlich kompliziert, selbst noch in Teilbereichen wie etwa dem kaufmännischen oder dem
technologischen Sektor. Trotz Arbeitsteilung und Einschränkung entstehen daher
im Vergleich zum Handwerk außerordentlich komplexe Bereiche geistiger Arbeit.
Sie erfordern schon aufgrund der notwendigen geistigen Operationen, aber auch
wegen vielseitigen Sozialkontakts eine syntaktisch komplexe und eine semantisch
abstrakte und differenzierte Sprache, einen elaborierten Kode. Außerdem erfordern sie eine lange Ausbildung, die den betreffenden Arbeitskräften einen hohen
Wert und tendenziell hohen Lohn sichert. Auch die Kapitaleigner, deren Einkommen und Vermögen aus dem Mehrwert ihrer Lohnabhängigen ungeheure Dimensionen
annimmt, beschränken sich, falls sie nicht alle Arbeit an angestellte Manager
delegieren, auf rein geistige Arbeit. Auf diese Weise verbinden sich sprachlich elaborierte Arbeitssituationen mit hoher Sozialschichtenzugehörigkeit.

In der Gegenwart scheint sich ein neuer entscheidender Entwicklungsschritt von
der mechanischen Industrie zur A u t o m a t i o n  anzubahnen. Dabei verschwindet alle körperliche Produktionsarbeit und wird von der Maschinerie übernommen. In der Produktionssphäre bleibt nur die Überwachung und Reparatur der
Maschinerie. Zugleich werden kaufmännische, betriebswirtschaftliche und techno-
logische Funktionen weiter zerteilt und teilweise mechanisiert und damit sprachlich restringierten Arbeitsbedingungen unterworfen (vgl. auch 2.4.2.). Es
scheint so, als entstünde im Zuge dieser Entwicklung eine dem Qualifikations-
niveau, dem Grad sprachlicher Restringiertheit und der Sozialschichtenzugehörigkeit nach ziemlich homogene Schicht von Produktions- und Büroarbeitern auf der
einen Seite. Dieser dürfte auf der anderen Seite eine kleine Schicht hochquali-
fizierter, sprachlich elaborierter und in der Sozialschichtung hochplazierter
Führungskräfte gegenüberstehen.

3.4.   Zur sozialen Verteilung restringierter und elaborierter Kodes in
       der Bundesrepublik

3.4.1. Verteilung auf Berufsgruppen und Sozialschichten

In der bundesrepublikanischen Gesellschaft finden sich ziemlich alle in 3.3.
erwähnten Berufsgruppen. Einmal die geistig arbeitenden Berufe aus der ersten
Teilung der Arbeit: Künstler, Wissenschaftler, Geistliche, Staatsbeamte. Diese
Berufe haben freilich zahlenmäßig enorm zugenommen und sich nach Arbeitsweise
und Inhalt stark gewandelt. Zum andern stehen diejenigen aus der zweiten Teilung der Arbeit: Technologen, Betriebswirte, Kaufleute als überwiegend geistig
und Produktionsarbeiter als überwiegend körperlich arbeitende Berufe. Die zweite Teilung der Arbeit ist aber keineswegs in allen Produktionssektoren erfolgt.
Vielmehr haben sich in bestimmten Sektoren durchaus traditionelle Berufe erhalten, in denen geistige und körperliche Arbeit noch verbunden ist, vor allem in
der Landwirtschaft, aber auch in bestimmten Handwerken. Außerdem haben sich
Berufe mit kombinierter geistiger und körperlicher Arbeitsweise in den von der
zweiten Arbeitsteilung erfaßten Sektoren teilweise neu herausgebildet; ein Beispiel hierfür ist die Position des Meisters im Industriebetrieb.
Mit der Güterproduktion hat sich auch die Güterdistribution enorm ausgeweitet,
differenziert und organisatorisch gegenüber der Produktion verselbständigt. Sie
umfaßt sowohl ziemlich ausschließlich körperliche Arbeitsbereiche, etwa in der
Transportarbeit, wie geistige Arbeitsbereiche, etwa kaufmännische Tätigkeiten
und die Werbung. Mit der Entwicklung des Geld- und Kreditwesens sind schließlich
Banken und Versicherungen als Bereiche überwiegend geistiger Arbeit entstanden.
Betrachtet man irgendeinen dieser hier nicht vollständig aufgezählten großen
Arbeitsbereiche genauer, so zerfällt er weiter in eine enorme Anzahl von Institutionen verschiedener Größenordnung, die sich in unterschiedlichem Umfang in
kleinere Bereiche geistiger, körperlicher und gemischter Arbeitsweisen zergliedern. Ein auch nur einigermaßen differenzierter Überblick über die Berufsgruppen geistiger und körperlicher Arbeit verbietet sich hier folglich.
Wie unter 1.2.2. und 3.3. ausgeführt, bedarf geistige Arbeit gewöhnlich einer
längeren Ausbildung als körperliche; daher korrespondiert ihr tendenziell eine
höhere Schichtenzugehörigkeit. Sprachlich elaborierte Berufsgruppen sind demnach
in der Regel schichtenmäßig höher plaziert als restringierte. Allerdings besteht
keinesfalls eine vollkommene Parallelität zwischen komplexerer geistiger Arbeit
und mehr sprachlicher Elaboriertheit auf der einen und höherer Schichtenzugehörigkeit auf der anderen Seite. Die Parallelität wird vor allem durch folgende
Faktoren gestört:

(1) Die Lohnhöhe als Faktor der Sozialschichtenzugehörigkeit wird nicht allein von der Qualifikation, sondern auch von der Marktlage bestimmt. Manche geistigen Berufe werden infolge ungünstiger Marktlage trotz hoher Qualifikation relativ niedrig entlohnt, beispielsweise gewisse Schriftsteller. Umgekehrt gibt es körperliche Arbeiten mit günstiger Marktlage und relativ hoher Entlohnung.

(2) Einzelne körperliche Arbeiten erfordern eine längere Ausbildung als viele geistige und werden infolgedessen entsprechend hoch bezahlt wie etwa mancher Berufssport.

(3) Das Einkommen als Faktor der Sozialschichtenzugehörigkeit entspringt in der kapitalistischen Gesellschaft nicht allein aus der eigenen Arbeit, sondern als Kapitaleinkünfte auch aus der Arbeit anderer. Dies gilt insbesondere für größere Kapitaleigner, die aufgrund ihrer Kapitaleinkünfte sich eigener Arbeit überhaupt enthalten können. Sie dürfen ihrer Ausbildung nach unqualifiziert und sprachlich restringiert sein und rangieren dennoch in der Sozialschichtung oben. Gegenüber der durch die Ausbildung und eigenen Berufsposition bedingten Schichtenzugehörigkeit ergeben sich überhaupt durch ererbtes Vermögen, vor allem wenn es als Kapital fungiert, zum Teil beträchtliche Verschiebungen.

## 3.4.2. Zum Verhältnis von Arbeits- und Konsumtionssphäre

Werden in der Arbeitssphäre die Lebensmittel im weitesten Wortsinn erarbeitet, so werden sie in der Konsumtionssphäre konsumiert. Mögen in Einzelfällen beide Sphären ineinandergreifen, etwa wenn am Arbeitsplatz Nahrung eingenommen wird; im großen und ganzen handelt es sich doch um deutlich getrennte Welten. Die wohl wichtigste gesellschaftliche Instanz in der Konsumtionssphäre bildet die F a - m i l i e . Entgegen der vorliegenden Darstellung wurde die Theorie von den restringierten und elaborierten Kodes mehr aus der Betrachtung der Familiensituation als der Arbeitssituation heraus entwickelt.
Die Zentrierung auf die Familie entsprach der pädagogischen Orientierung ihres Initiators, des Engländers Basil Bernstein, wie auch seiner Schüler. Auch in der Bundesrepublik wurde die Theorie vor allem von Pädagogen, Peter M. Roeder, Regine Reichwein, Hans Bühler, oder unter pädagogischer Perspektive wie etwa von Ulrich Oevermann, aufgegriffen und weiterentwickelt. Dabei gerät aber natürlicherweise die Familie in den Mittelpunkt der Betrachtung, weil in ihr das die Pädagogik primär interessierende Kind unmittelbar geprägt wird.
Für ein kausales Verständnis der sozialen Verteilung elaborierter und restringierter Kodes ist aber ein Ansatz bei der Arbeitssituation unumgänglich. Erst von

ihr her erklärt sich letztlich die Familiensituation. Der Bezug zur Arbeitssituation war zwar in der Theorie von Anfang an enthalten, nämlich dadurch, daß
die Kodes immer auf verschiedene Sozialschichten bezogen wurden; jedoch blieb
dieser Bezug weitgehend implizit.

Andererseits formt die Arbeitssituation das Sprachverhalten und Sprachvermögen
nicht ausschließlich; die Konsumtionssphäre stellt durchaus eigene sprachliche
Anforderungen. Allerdings sind diese Anforderungen weder genügend unabhängig
noch gewichtig genug, um die prägende Wirkung der Arbeitssituation aufzuheben.
Aufgrund der Bedeutung für den Spracherwerb des Kindes sollen diese Bedingungen
des Sprachgebrauchs in der Konsumtionssphäre, insbesondere in der Familie, nachfolgend differenzierter skizziert werden.

### 3.4.2.1. Die Sprachanforderungen bei der Arbeit prägen den sprachlichen Charakter eines Individuums: beispielhafte Konkretisierung

Die sprachlichen Anforderungen bei der Arbeit formen das gesamte Sprachverhal-
ten und Sprachvermögen, also den "sprachlichen Charakter" eines Individuums oder
einer Gruppe maßgeblich - wenigstens solange die Arbeit eine derartig dominante
Rolle im Leben fast aller Gesellschaftsmitglieder spielt wie in der bisherigen
Geschichte. Dies ist eine der Grundannahmen der materialistischen Soziolinguistik.
Sie sei hier beispielhaft am Fall eines Fließbandarbeiters veranschaulicht.

> "Kollege Franz arbeitet schon seit langem in der Automobilfabrik am Montage-
> Band. Seine Handgriffe, die notwendig sind, um die Tür einzupassen, be-
> herrscht er eigentlich automatisch. Es hat den Anschein, als verrichte er
> seine Arbeit manchmal fast schlafend. Er selbst sagt halb scherzhaft, er
> könne noch mit verbundenen Augen arbeiten und so mehrere Türen einpassen,
> bevor er dessen überhaupt gewahr würde - gleichzeitig jedoch denke er träu-
> mend an ganz ferne Dinge, an Zuhause, den Verein oder an "Thema Nr. 1".
> *Meist schweigt er. Mit dem Band kann er nicht reden.* So ist er selbst wie
> ein Bestandteil des Bandes, dessen Bewegungen sich in seinem Körper fort-
> setzen und ihn zeichnen."[3]

Das Beispiel verdeutlicht einmal, daß sich das Verhalten, das die Arbeit tagaus,
tagein vorschreibt, nach der Arbeit nicht einfach abstellen läßt. Der Fließbandarbeiter Franz richtet sich nicht nur, wie er berichtet, gelegentlich nachts im
Schlaf auf und bewegt mechanisch seine Arme, als ob er eine Tür einpassen würde,
er ist auch "in seinen Kontakten gehemmt", "weil er das Schweigen am Band fort-
setzt in der Freizeit".[4] Insofern prägen die sprachlichen Arbeitsanforderungen
seinen sprachlichen Charakter insgesamt.

---

3  Brock, Adolf u.a.: Die Würde des Menschen in der Arbeitswelt. Frankfurt 1969
   (= Theorie und Praxis der Gewerkschaften, Themenkreis Betrieb 4), S. 15
   - Hervorhebung von U. A.
4  Ebd. S. 16 und 96.

Zum andern zeigt das Beispiel aber auch, daß die Determination des Sprachverhaltens durch die äußeren Anforderungen bei der Arbeit nicht vollkommen bündig
und bruchlos verstanden werden darf. Immerhin kann der Fließbandarbeiter seiner
monotonen und stummen Arbeit in Träumen entfliehen oder auch Selbstgespräche
führen. Die zwanghafte Fortsetzung des von der Arbeit vorgeschriebenen Verhaltens
in der Freizeit belegt jedoch, daß diese Möglichkeiten einer gewissen geistigen
und sprachlichen Befreiung von den Arbeitszwängen nicht hoch veranschlagt werden
dürfen und deren charakterverstümmelnde Wirkung keinesfalls aufheben.

### 3.4.2.2. Zum Freizeitverhalten geistig und körperlich arbeitender Berufe

Das Freizeitverhalten wird, wie das Beispiel unter 3.4.2.1. zeigt, einmal unmittelbar von der Arbeitsweise bestimmt. Zum anderen von einer Vielzahl weiterer
Faktoren wie der sozialen Herkunft, der Bekanntschaft, dem Wohnort, insbesondere
aber von der Art und Dauer der Schulbildung. Arbeitsweise und Schulbildung
stehen aber wiederum in einem ganz bestimmten Zusammenhang: geistige Arbeit erfordert eine tendenziell längere Schulbildung als körperliche Arbeit. Von daher
werden durchgängige Unterschiede im Freizeitverhalten zwischen geistig und körperlich Arbeitenden verständlich.
Freilich gibt es Überlappungen und Übereinstimmungen. Teilweise wird dieselbe
Massenkommunikation rezipiert, etwa die Sportschau, werden dieselben Hobbies
ausgeübt wie Gartenarbeit, Briefmarkensammeln oder Wandern. Mögen schon gewisse
Unterschiede im Umfang und Stil dieser Betätigungen bestehen, entscheidender
ist, daß es sich dabei um Tätigkeiten handelt, die arbeitsspezifische Sprachunterschiede kaum aufheben können, weil sie nämlich keinen erheblichen aktiven
Sprachaufwand erfordern. Sie bedürfen keiner komplexen Syntax oder abstrakten
und differenzierten Semantik. Sie sind daher wenig geeignet zur Ausbildung eines
elaborierten Kodes und können von Individuen, die über einen restringierten Kode
verfügen, ebenso ausgeübt werden wie von solchen mit einem elaborierten Kode.
Nur diejenigen Freizeitbeschäftigungen, die einen elaborierten Kode voraussetzen,
sind überhaupt geeignet die betreffenden Sprachunterschiede zwischen geistig und
körperlich Arbeitenden aufzuheben. Da ein elaborierter Kode einen restringierten
einschließt, nicht aber umgekehrt, kann die Aufhebung der soziolingualen Unterschiede nur dadurch erfolgen, daß die durch Schulbildung und Arbeitsweise sprachlich restringierten Gruppen F r e i z e i t b e s c h ä f t i g u n g e n
m i t   e l a b o r i e r t e n   S p r a c h a n f o r d e r u n g e n  ausüben.
Hierher gehören vor allem die Rezeption sprachlich komplexer und differenzierter
Massenkommunikation, Literatur und Theaters. Gerade darin zeigen sich jedoch

Schichtenunterschiede, die eine Aufhebung der in der Arbeitssituation angelegten sprachlichen Restringiertheit und Elaboriertheit bezweifeln lassen. So sind zwar insgesamt die unteren Schichten an der Rezeption von Rundfunk und Fernsehen nicht weniger beteiligt als die höheren Schichten. Sie sind aber diesen gegenüber unterrepräsentiert in den "anspruchsvollen", zumeist auch sprachlich komplexeren und differenzierteren politischen und kulturellen Sendungen; überrepräsentiert sind sie dagegen vor allem in den Werbesendungen.

Bei Zeitungen und Zeitschriften korreliert zunehmende sprachliche Komplexität unverkennbar mit einer Rezeption seitens höherer Sozialschichten. So gehören beispielsweise - auf der Grundlage des gleichen Schichtenindexes - von den Lesern der "Welt" nur 3%, von denen der "Bild-Zeitung" dagegen 48% den unteren Sozialschichten an. Dabei vertritt die "Bild-Zeitung" ebenso wenig wie "Die Welt" die Interessen der unteren Schichten, sondern das genaue Gegenteil. Bei dem geringen Unterschied der politischen Orientierung liegt die Vermutung nahe, daß deren ungleiche Verteilung auf die soziale Schichtung nicht allein von inhaltlichen Unterschieden und solchen des Images, sondern auch von Sprachunterschieden in der Dimension restringierter und elaborierter Kodes bedingt ist.

Deutliche Schichtenunterschiede wurden auch hinsichtlich der Lektüre von Büchern festgestellt. Nach einer Repräsentativumfrage greifen wöchentlich oder mehrmals wöchentlich zu einem Buch:

| | |
|---|---|
| von den angelernten und Hilfsarbeitern | 19% |
| von den Facharbeitern | 24% |
| von den leitenden Angestellten und Beamten des höheren und gehobenen Dienstes | 53% |
| von Volksschülern in handarbeitenden Berufen | 18% |
| von Volksschülern in Büroberufen | 28% |
| von Personen mit einer höheren Schulbildung | 52% [5] |

Differenzierte Analysen ergeben, daß außerdem in den unteren Schichten sprachlich relativ undifferenzierte Groschenromane oder Ähnliches einen beträchtlichen Teil der Lektüre ausmachen.

Schließlich ist das Theater insgesamt eine ausgesprochen auf die höheren Schichten zugeschnittene und von diesen frequentierte Institution geblieben. Versuche, die unteren Schichten einzubeziehen, sind bis heute über Ansätze nicht hinausgekommen, die Volksbühnen, das Agitprop-, das Straßen- und das Antitheater ebenso wie die Arbeiterfestspiele.

Überblickt man die Möglichkeiten der Freizeitgestaltung, die einen elaborierten

---

5 Nach Schmidtchen, Gerhard: Lesekultur in Deutschland. Ergebnisse repräsentativer Buchmarktstudien für den Börsenverein des Deutschen Buchhandels. In: Archiv für Soziologie und Wirtschaftsfragen des Buchhandels 5, 1.-2. Börsenblatt für den Deutschen Buchhandel, Frankfurter Ausg. Nr. 70 vom 30.8.1968, S. 1977-2152, s. S. 1987, 2004.

58

Kode vermitteln könnten, so zeigt es sich, daß sie gerade nicht von den unteren, sondern von den höheren Schichten bevorzugt werden. Dabei liegt der Schluß nahe, daß es nicht zuletzt die in der Arbeit eingebrannte sprachliche Restringiertheit ist, welche die unteren Schichten von jenen Freizeitaktivitäten fernhält. Ausbildungs- und arbeitsbedingte sprachliche Restringiertheit wird durch die Freizeitgestaltung offenbar nicht aufgehoben, sondern begrenzt eher umgekehrt die Möglichkeit der Freizeitgestaltung.

### 3.4.2.3. Familienstruktur

Außer durch spezifische Formen des Freizeitverhaltens könnte die in der Arbeitsweise begründete schichtenspezifische sprachliche Restringiertheit auch durch die verbale Kommunikation aufgehoben werden, die zur Regulierung und Planung des Zusammenlebens der Familienmitglieder erforderlich ist. Ein beträchtlicher Ausschnitt des familialen Zusammenlebens reguliert sich freilich aus dem jeweiligen situativen Kontext heraus und bedarf folglich auch nur eines kontextgebundenen, semantisch wenig abstrakten Kodes. Außerdem weisen soziologische Beobachtungen darauf hin, daß sich die am Arbeitsplatz erforderlichen Verhaltensweisen, einschließlich des Sprachverhaltens, als spezifische familiale Strukturmerkmale in die Familiensphäre hinein fortsetzen.
Dies gilt beispielsweise für die von den körperlich arbeitenden unteren Schichten am Arbeitsplatz besonders rigoros erwartete Unterordnung unter fremdbestimmte Verhaltensvorschriften, deren Sinn nicht erläutert und letztlich von den Betroffenen auch nicht erfaßt wird. Die Verhaltensvorschriften verlängern sich in die Familie hinein als ein ziemlich starres Festhalten an überkommenen Normen. Zu diesen zählt etwa die traditionelle Aufgabenteilung zwischen Mann und Frau innerhalb der Familie. Sie wird in den unteren Schichten gewöhnlich auch dann starrer beibehalten, wenn die Frau ebenfalls zur Arbeit geht. Auch dann fällt ihr die alltägliche Hausarbeit und Kindererziehung voll zu, während der Mann etwa das Auto pflegt und Teile der nicht alltäglichen Hausarbeit übernimmt, beispielsweise anfallende Reparaturen an der Wohnung und Einrichtung. Weniger entscheidend ist dabei die inhaltliche Aufteilung selbst als die Form, in der sie geregelt wird. Diese Regelung erfolgt in den unteren Schichten eher als fraglose Selbstverständlichkeit, eben wie man am Arbeitsplatz Anweisungen auszuführen gewohnt ist. In den höheren Schichten wird die Arbeitsteilung zwischen den Familienmitgliedern dagegen besprochen und insgesamt flexibler gehandhabt.
Man hat die spezifische Sozialbeziehung zwischen den Familienmitgliedern in den unteren Schichten auch als s t a t u s o r i e n t i e r t , diejenigen in den höheren Schichten als p e r s o n o r i e n t i e r t bezeichnet. Gemeint ist

damit, daß sich in den unteren Schichten das erwartete Verhalten eines Familien-
mitglieds ziemlich streng nach seiner sozialen Position, seinem Status, richtet.
Solche Positionen sind etwa die des Vaters, der Mutter, des älteren oder jüngeren Kindes, des Mädchens oder des Jungen. Je nachdem wird ein bestimmtes Verhalten und die Übernahme bestimmter Aufgaben als Selbstverständlichkeit erwartet,
die kaum diskutabel ist.

Auch in den höheren Schichten richtet sich die Aufgabenteilung und Verhaltenserwartung nach diesen Positionen, jedoch werden persönliche Eigenheiten und Vor-
lieben dabei eher berücksichtigt. Dies ist schon deshalb möglich, weil Aufgabenteilung und Verhaltenserwartungen häufiger erörtert werden. Der weitere Verhaltensspielraum und die stärkere Berücksichtigung persönlicher Eigenarten mag in
den höheren Schichten teilweise auch mit der Tradition früher kapitalistischer
Ideale, insbesondere dem des Individualismus, zusammenhängen.

Diese familialen Schichtenunterschiede sind als Hinweise bedeutsam, daß die in
der Arbeit angelegte sprachliche Restringiertheit oder Elaboriertheit sich in
die Familie hinein verlängert. Sie dürfen jedoch nicht zu dem Mißverständnis
verleiten, als divergierten die schichtenspezifischen sprachlichen Anforderungen und Verhaltensweisen in der Familiensphäre ebenso weit wie am Arbeitsplatz.
Natürlich erfordert und ermöglicht auch das Familienleben in den unteren Schichten mehr und differenziertere verbale Kommunikation als die Arbeit am Fließband
oder andere körperliche Fabrikarbeit. Auf der anderen Seite sind die Aufgaben
und die Sozialkontakte der Angehörigen der höheren Schichten in der Familie doch
erheblich eingeschränkter als in der Arbeit. Daher konvergiert der Sprachgebrauch der verschiedenen Sozialschichten innerhalb der Familien durchaus bis zu
einem gewissen Grad. In Einzelfällen mögen die Unterschiede auch ganz verschwinden oder sich sogar bis zu einem gewissen Grad umkehren. Im Durchschnitt aber
bleibt der in der Arbeit begründete sprachliche Schichtenunterschied - wenngleich
abgeschwächt - auch innerhalb der Familie gewahrt.


3.4.2.4. Außerfamilialer Sozialkontakt

Auch durch die außerfamilialen Sozialkontakte scheinen die sprachlichen Schichtenunterschiede nicht aufgehoben zu werden. Soziologische Untersuchungen lassen
keinen Zweifel daran, daß die außerfamilialen Sozialkontakte der unteren Schichten eingeschränkter sind als diejenigen der höheren Schichten. Sie sind nicht
unbedingt weniger häufig, beschränken sich aber auf einen durchschnittlich kleineren Personenkreis, hauptsächlich auf die Nachbarschaft, Verwandtschaft oder
einige wenige Freunde. Vor allem ist der Bekanntenkreis weit beständiger als in
den höheren Schichten, wo häufiger neue Kontakte angeknüpft werden.

Innerhalb eines derartig f e s t g e f ü g t e n  B e k a n n t e n k r e i -
s e s  bildet sich mit der Zeit ein relativ geschlossener Horizont gemeinsamer
Erfahrungen und Werthaltungen. Die verbale Kommunikation kann sich auf diesen
Horizont weitgehend mit bloßen Andeutungen beziehen. Hierdurch wird eine impli-
zite Sprechweise gefördert, die Bedeutungszusammenhänge oft nicht expliziert und
demjenigen mit anderen Erfahrungen und Werthaltungen auch nicht zu explizieren
vermag.

Dagegen nötigt der Kontakt mit Fremden dazu, die eigenen Erfahrungen und gelegentlich auch die eigenen Werthaltungen zu explizieren. Dabei werden sie aber
zumeist überhaupt erst bewußt, begründbar und einer rationalen Argumentation zugänglich. Derartige Erläuterungen dienen damit einer semantischen Differenzierung
der Sprache, wie sie umgekehrt eine einigermaßen differenzierte Syntax voraussetzen. Zwar dürfen diese Möglichkeiten bei dem "small talk", auf den sich die
verbale Kommunikation bei solchen außerfamilialen Sozialkontakten in den höheren
Schichten oft beschränkt, nicht überschätzt werden. Dennoch bestehen aufgrund des
abwechslungsreicheren Sozialkontakts eher für die höheren Schichten als für die
unteren Möglichkeiten zur weiteren Elaborierung ihrer Sprache.

---

**Weiterführende Aufgabe**

Der Unterschied zwischen restringiertem und elaboriertem Kode wurde bisweilen
ausschließlich im Grad der Explizität der Verbalisierung gesehen. Dies bedeutet, daß die kognitiven Vorgänge beide Male gleichartig wären, im Falle
eines restringierten Kodes aber weniger ausführlich sprachlich verschlüs-
selt würden. Ist die unterschiedliche Explizität der Verbalisierung bei
gleichen kognitiven Vorgängen plausibel? Erschöpft sich hierin der Unterschied zwischen einem restringierten und elaborierten Kode? Gehen Sie bei
Ihren Überlegungen davon aus, daß die beiden Kodes hauptsächlich Ausdruck
körperlicher bzw. geistiger Arbeit sind.

---

## 3.4.2.5. Sozialisation in der Familie

Die Formen des Freizeitverhaltens, die Familienstruktur, der außerfamiliale Sozialkontakt und die damit gekoppelten Kommunikationsformen wirken unvermeidlich
ein auf das Sprachverhalten der in den Familien aufwachsenden Kindern. Teilweise
sind die Kinder unmittelbar betroffen, etwa wenn im Zusammenhang mit dem geringe-
ren Außenkontakt der unterschichtlichen Familien zu den Geburtstagen der Kinder
seltener und weniger Kinder aus anderen Familien eingeladen werden. Teilweise
sind sie mittelbar betroffen, indem das durch die entsprechenden gesellschaftlichen Formen eingeübte Sprachverhalten auch ihnen gegenüber verwendet und ihnen
damit auch vermittelt wird.

Es kann kaum ein Zweifel daran bestehen, daß die unter den Erwachsenen vorhandenen Sprachunterschiede zwischen den Schichten an die Kinder weiter gegeben werden; denn der Spracherwerb erfolgt gewöhnlich zu einem erheblichen Teil in der
Familie. Auf eine derartige Weitergabe der Schichtenunterschiede hinsichtlich
der restringierten und elaborierten Kodes verweisen auch einige schichtenspezifische Unterschiede im Erziehungsverhalten.

In den unteren Schichten herrscht ein Erziehungsstil vor, der als i m p e r a -
t i v , in den höheren Schichten dagegen einer, der als p e r m i s s i v
bezeichnet wird. Diese Erziehungsstile umfassen einen ganzen Komplex von für den
Spracherwerb bedeutungsvollen verbalen und außerverbalen Interaktionsformen
zwischen Eltern und Kindern. Sie lassen sich zum Teil an folgendem beobachteten
Beispiel aufzeigen.

> Beim Einkauf in einem Glaswarengeschäft greift ein vierjähriges Kind nach
> einer ausgestellten Glasfigur. Die Mutter, Spinnereiarbeiterin und verhei-
> ratet mit einem Metallarbeiter, nimmt ihm schnell die Figur weg, gibt ihm
> einen Klaps auf die Hand und droht dem Kind mit dem Zeigefinger. Anders
> die Frau eines höheren Verwaltungsbeamten, die als Teilzeitlehrerin arbei-
> tet. Als ihr ungefähr gleichaltriges Kind sich eine Glasfigur greift, sagt
> sie: "Stell's bitte zurück." Als das Kind zögert, fügt sie hinzu: "Sonst
> machst du's kaputt. Dann müssen wir's zahlen." Als das Kind nicht reagiert,
> droht sie: "Ich kauf dir nachher kein Eis". Schließlich nimmt sie dem Kind
> die Figur weg.

Aufschlußreich ist schon der unterschiedliche Sprachaufwand. Die erste Mutter
versucht gar nicht, das Verhalten ihres Kindes sprachlich zu regulieren, sondern
greift sofort körperlich ein. Dies entspricht der Feststellung der Soziologie,
daß in den höheren Schichten die Sozialisation der Kinder insgesamt mehr im
Medium der Sprache erfolgt. Dabei lernen natürlicherweise auch die Kinder mehr
Sprache.

Dieser Schichtenunterschied tritt auch in den Formen der Bestrafung deutlich zutage. Die unteren Sozialschichten wenden häufiger körperliche Strafen an. Die
höheren Schichten bevorzugen dagegen psychische Strafen, etwa die Androhung des
Liebesentzugs, die immer sprachlich vermittelt werden müssen. Ein Bezug dieser
schichtenspezifischen Sozialisationsunterschiede zur Arbeitsweise, einerseits
zur körperlichen, andererseits zur geistigen, liegt nahe. Wird doch im ersten
Fall das Verhalten bei der Arbeit auch primär auf körperlicher, im zweiten Fall
dagegen auf sprachlich-geistiger Ebene reguliert.

In dem Beispiel wird dem Kinde der unteren Schicht das erwartete Verhalten ohne
jede Erklärung einfach aufgezwungen. Ein Sinn der Verhaltenserwartung wird ihm
nicht geliefert. Dem Kind der höheren Schicht wird die Verhaltenserwartung dagegen begründet. Es lernt auf diese Weise einmal überhaupt eher in Zusammenhängen

zu denken. Zum anderen werden ihm Verhaltensnormen auf einem allgemeineren Niveau vermittelt. Im vorliegenden Fall kann es etwa lernen: Was kaputt gehen kann, soll man nicht anfassen, und: Wenn man im Geschäft etwas kaputt macht, muß man es bezahlen. Dem anderen Kind bleiben diese Zusammenhänge und die allgemeinen Verhaltensregeln verborgen. Natürlich lernt das Kind aus der höheren Schicht solche Zusammenhänge und allgemeineren Regeln auch eher formulieren.

Allgemein impliziert der in den höheren Schichten üblichere permissive Erziehungsstil eher die Begründung einer Verhaltenserwartung und deren Einbettung in einen Sinnzusammenhang. Typisch für den in den unteren Schichten häufigeren Erziehungsstil ist dagegen der Befehl ohne Begründung. Dieser Schichtenunterschied wird wiederum zumindest teilweise von der unterschiedlichen Arbeitssituation her verständlich. Sind doch die unteren Schichten am Arbeitsplatz auch ziemlich ausschließlich Empfänger von Befehlen, deren Sinn ihnen kaum erläutert wird.

Dem Denken in Zusammenhängen und der damit verbundenen größeren Konsistenz der Erziehung in den höheren Schichten entspricht wieder eine bestimmte Form der Bestrafung. Im allgemeinen wird bei der Beurteilung des kindlichen Verhaltens dessen Absicht mit berücksichtigt. Bestraft wird also nicht allein die unmittelbare Folge einer Handlung, sondern auch die Intention des Kindes. Dabei lernt das Kind selbst, Absicht und Folge zu unterscheiden. Kinder der unteren Schichten werden dagegen eher nach der bloßen Folge einer Handlung bestraft. Sie haben daher geringere Chancen, abstrakte Denkkategorien wie auch allgemeine Handlungsmaximen zu erlernen. Damit wird zwar einerseits ihre Anpassung an die herrschenden Denkweisen und Werte oberflächlicher und labiler, ihnen aber andererseits auch deren Analyse und Beurteilung erschwert.

Die stärkere sprachliche Regulierung zwischen Eltern und Kindern in den höheren Schichten ist gleichbedeutend mit inhaltlich differenzierten sozialen Beziehungen. Diese ermöglichen eine differenzierte und vielseitigere sprachliche, kognitive und soziale Entfaltung der Kinder. Sie haben mehr Möglichkeiten, ihre eigenen Interessen in Widerrede und Dialog geltend zu machen. Die Vorteile, die den Kindern der höheren Schichten bei dem permissiveren, stärker sprachorientierten Erziehungsstil zukommen, gehen also über den Erwerb umfangreicherer sprachlicher Fertigkeiten weit hinaus.

Schema der für die sprachliche Restringiertheit oder Elaboriertheit
bedeutsamen Schichtenunterschiede

|  | Unterschicht | Höhere Schicht |
|---|---|---|
| Arbeitsweise | körperlich, untergeordnet | geistig, leitend |
| Freizeit-verhalten | nur sprachlich restringierte Massenkommunikation und Lektüre | auch sprachlich elaborierte Massenkommunikation und Lektüre |
| Familienstruktur | statusorientiert | personorientiert |
| Sozialisation in der Familie | imperativ | permissiv |
| Außerfamilialer Sozialkontakt | fester Personenkreis | abwechslungsreich |
| Schulische Sozialisation | kurze Schulbildung (Volksschule, Realschule) | lange Schulbildung (Gymnasium und Hochschule) |

## 3.5.    Die Defizit- und die Differenzhypothese

Die Kategorien der restringierten und elaborierten Kodes, wie sie in der Nachfolge Basil Bernsteins entwickelt und in den vorausgehenden Kapiteln skizziert
wurden, beinhalten eindeutig eine sozial bedingte sprachliche Unterlegenheit der
unteren Schichten. In letzter Zeit hat aber eine ganz andersartige Beurteilung
derartiger sprachlicher Schichtenunterschiede immer mehr um sich gegriffen. Danach soll die Sprache der unteren Schichten derjenigen der höheren Schichten nach
keinen objektiven Kriterien irgendwie unterlegen, sondern nur verschieden, an-
dersartig sein. Diese Auffassung wird folglich als "Differenzhypothese", die herkömmliche dagegen, die eine Unterlegenheit der Sprache der unteren Schichten annimmt, als "Defizithypothese" bezeichnet.

Die Vertreter der Differenzhypothese werfen den bisherigen Sprachschichtenfor-
schern vor, ihre eigene Sprache, nämlich diejenige der höheren Schichten ver-
absolutiert und die davon abweichende Sprache der unteren Schichten, letzten Endes grundlos, abgewertet zu haben. Dabei seien sie nur den gängigen Wertungen gefolgt, nach denen alle Merkmale der höheren Schichten angeblich objektiv besser
seien. Eine derartige Einschätzung der Sprache der höheren Schichten sei demnach
nichts anderes als die mit dem Mantel der Wissenschaft ausstaffierte Reproduktion
eines ungeheuerlichen sozialen Vorurteils.

Die Vertreter der vor allem von der amerikanischen Soziolinguistik begründeten
Differenzhypothese untermauern ihre Auffassung mit Argumenten auf verschiedenen
Ebenen. Hier sollen nun nicht alle überhaupt möglichen E i n w ä n d e   g e -
g e n   d i e   e m p i r i s c h e n   B e w e i s e   d e r   D e f i z i t h y -
p o t h e s e   unterbreitet werden, sondern nur diejenigen Gesichtspunkte, unter denen die Anhänger der Differenzhypothese hauptsächlich ihre Gegenargumente
entwickelten.

64

(1) Datenerhebung

    a) Die Situation der Datenerhebung habe in den meisten Untersuchungen die Kinder der höheren Schichten bevorteiligt, da Situationen geschaffen wurden, die zwar diesen, aber nicht den Kindern der unteren Schichten vertraut gewesen seien. Der amerikanische Soziolinguist William Labov weist beispielsweise nach, daß Kinder der unteren Schichten in formellen Situationen gehemmt sind, in informellen jedoch unbefangen reden.

    b) Die angewandten Tests seien eher auf die Kinder der höheren als der unteren Schichten zugeschnitten gewesen. Nach Hans Bühler ist damit etwa bei allen schriftlichen Tests zu rechnen, da die Kulturtechnik des Schreibens den unteren Schichten weniger geläufig sei.

(2) Operationalisierung der linguistischen Variablen

    a) Die bisherigen Bestimmungen der Satzkomplexität verwendeten überwiegend kein konsistentes Beschreibungsverfahren der Syntax, wie es etwa die generativ-transformationale oder die Dependenzgrammatik darstellen. Sie benützten nur verschiedene isolierte linguistische Variablen wie etwa Anzahl und Grade der Hypotaxe oder die Häufigkeit bestimmter Konjunktionen. Festgestellte Unterschiede anhand solcher isolierter Variablen bewiesen aber noch keinen Komplexitätsunterschied für die Syntax insgesamt.

    b) Die Messungen syntaktischer Komplexität blieben der Oberflächenstruktur verhaftet. Mit Komplexitätsunterschieden anhand von Oberflächenkategorien seien aber nicht notwendig auch solche der syntaktischen Tiefenstruktur verbunden. Wolle man, wie die Vertreter der Defizithypothese es tun, von den Sprachunterschieden auf unterschiedliche kognitive Fähigkeiten, also Denk- und Wahrnehmungsfähigkeiten, schließen, so müsse man die syntaktische Tiefenstruktur einbeziehen. Diesem Argument von Dieter Wunderlich, der hier erwähnt sei, obwohl er nicht ausdrücklich die Differenzhypothese vertritt, hat Gisela Schulz mit einer Untersuchung Nachdruck verliehen. Sie hat festgestellt, daß in den unteren Schichten formal gleiche Partikeln mit ganz unterschiedlichen Bedeutungen verwendet werden. Was bei bloßer Betrachtung der Oberflächenform repetitiv und undifferenziert erscheint, könne sich daher bei tiefergehender Analyse als durchaus differenziert erweisen.

(3) Theoriebildung

    a) Die situative Variation des Sprachgebrauchs sei von der Defizithypothese nicht in genügendem Umfang und mit hinreichender Systematik berücksichtigt. Zugrundegelegt wurden lediglich die sprachlichen Anforderungen und der Sprachgebrauch in einzelnen Situationen. Von diesen einzelnen Situationen dürfe aber noch nicht auf Unterschiede im Sprachvermögen und Sprachgebrauch insgesamt geschlossen werden. Dieses Argument wurde vor allem von Courtney B. Cazden entwickelt.

b) Die Defizithypothese unterscheidet nicht genügend sorgfältig zwischen dem Umfang und dem Inhalt sprachlicher Äußerungen. Von einer größeren Menge von Sprachmaterial wird einfach angenommen, daß sie auch mehr beinhalte. Zwar sei es typisch für die höheren Schichten, sich ausführlicher auszudrücken, die knappere Ausdrucksweise der unteren Schichten übermittle aber nicht unbedingt weniger Information. So hat Hans Bühler in einer Untersuchung gefunden, daß Schulanfänger der unteren Schichten zwar tendenziell weniger Worte benützen, aber damit anscheinend eher mehr sagen als Kinder der höheren Schichten.

An der gesamten Argumentation zugunsten der Differenzhypothese fällt die Nähe zur Empirie auf. Sie abstiniert weitgehend von einer umfassenden gesellschaftstheoretischen Einbettung ihres Gegenstandes. Beispielsweise findet sich nirgends ein Bezug zur Arbeitssituation, zu den sprachlichen Anforderungen bei der Arbeit und deren prägender Wirkung auf Sprachvermögen und Sprachgebrauch. Überhaupt wird k e i n e   s t r i n g e n t e   G e g e n t h e o r i e   entwickelt. Dabei müßten die behaupteten lediglich unterschiedlichen Kodes funktional von Schichtenunterschieden abgeleitet werden, wie es die Defizithypothese geleistet hat. Vielmehr wird nur die Defizithypothese als mit schichtenspezifischen Vorurteilen behaftet und empirisch unhaltbar zurückgewiesen.

Gegen die verhältnismäßig wenigen Versuche, eine objektive Gleichwertigkeit, also die   g l e i c h e   kommunikative und kognitive Tauglichkeit der Sprache der unteren Schichten empirisch nachzuweisen, lassen sich aber nicht weniger Einwände vorbringen als gegen die versuchten Nachweise der Defizithypothese.

William Labov belegt etwa, daß Kinder der unteren Schichten sich in informellen Situationen viel bereitwilliger und ausführlicher äußern als in formellen. Außerdem, daß die Grammatik des Negerenglisch durchaus logisch und regelhaft ist. All dies würde von keinem Anhänger der Defizithypothese in Frage gestellt. Es beweist aber keinesfalls, daß die Sprache der unteren Schichten syntaktisch genauso komplex und semantisch ebenso abstrakt und differenziert ist wie die Sprache der höheren Schichten. Ebenso weist Gisela Schulz nicht die gleiche Komplexität für die Sprache der unteren und der höheren Schichten nach, sondern nur, daß die Sprache der unteren Schichten komplexer ist, als sie bei oberflächlicher Betrachtung erscheint.

Einen stichhaltigeren Beleg zugunsten der Differenzhypothese scheint die Untersuchung von Hans Bühler zu liefern, der eine Stichprobe von 260 Schulanfängern

auf Schichtenunterschiede im Sprachgebrauch hin analysiert. Er findet einmal
keine nennenswerten durchgängigen Schichtenunterschiede hinsichtlich der verwendeten Satzschemata und Wortarten. Zum andern versucht er aber auch den Informationsgehalt der Äußerungen zu bestimmen und kommt dabei zu einem der Defizithypothese entgegengesetzten Ergebnis: Der Informationsgehalt in den Äußerungen der Kinder aus den unteren Schichten ist höher. Leider wird aber der Informationsgehalt der Äußerungen nicht wirklich intersubjektiv verläßlich opera-
tionalisiert. Trotz differenzierter Kriterien bleibt die Einschätzung letzten
Endes ausdrücklich subjektives Ermessen des Autors. Wie problematisch die Bestimmung des Informationsgehaltes ist, zeigt folgendes von Bühler angeführte und
kommentierte Beispiel aus der amerikanischen Sprachschichtenforschung.

> "Eine Mutter will telefonieren. Ihr Kind will auch telefonieren und
> stört sie dabei. Die Unterschichtmutter sagt: "Be quiet". Die Mutter
> aus der Mittelschicht sagt: "Would you keep quiet while I answer the
> phone?" -
> Ich [Bühler! U. A.] stimme der Einteilung in schichtenspezifisches
> Sprachverhalten der beiden Reden bei Hess zu. Nur hat er eben zu beach-
> ten vergessen, wie es um den Informationsgehalt der beiden Reden steht
> und vor allem welche das in dieser Situation sicherlich wichtige Kri-
> terium des ökonomischen Einsatzes von Sprachmitteln erfüllt. Oder betont
> provozierend gesagt: Man sollte sich von einem Konjunktiv nicht blenden
> lassen."[6]

Nur bei einem sehr engen Informationsbegriff kann man aber den beiden Äußerungen
denselben Informationsgehalt zuschreiben. Die zweite Äußerung enthält teilweise
eine Begründung für das vom Kind verlangte Verhalten; zumindest expliziert sie
einen Zusammenhang. Noch bedeutsamer ist es, daß sich in ihr unverkennbar ein
Verhältnis zwischen Mutter und Kind ausdrückt, das dem Kind mehr Eigenrecht und
einen größeren Verhaltensspielraum einräumt. Es wird mitgesagt, daß das Kind nur
während des Telefonats ruhig sein soll. Handelt es sich bei den Müttern um typische
Repräsentanten ihrer Sozialschichten, so spricht das Beispiel aus diesen Gründen
deutlich zugunsten der Defizithypothese. Auf jeden Fall aber erscheint es sehr
schwierig, das Größenverhältnis des Informationsgehalts der beiden Äußerungen
verläßlich zu bestimmen.
Die Vertreter der Differenzhypothese haben zweifellos auf gravierende Ungenauig-
keiten und Mängel in der empirischen Erforschung der schichtenspezifischen Sprachunterschiede aufmerksam gemacht. Außerdem ist die konsequente Enthüllung schichtenspezifischer Sprachvorurteile ihr Verdienst. In der Tat sind die sprachlichen
Eigenheiten der Unterschicht nicht durchweg und keinesfalls als solche defizitär.
Sie werden aber von den höheren Schichten oft pauschal und irrational abgewertet.

---

6 Bühler S. 141.

Dennoch erscheint angesichts der stringenten theoretischen Begründung aus ökonomischen und gesellschaftlichen Zusammenhängen heraus die Hypothese einer sprachlichen Verarmung der unteren Schichten, einer weniger komplexen Syntax und weniger abstrakten und differenzierten Semantik, nach wie vor plausibel. Der ökonomischen scheint durchaus eine sprachlich-geistige Pauperisierung zu korrespondieren.

---

Weiterführende Aufgabe

Lesen Sie den Bericht Oevermanns über seine empirische Untersuchung (s. Literaturhinweise), die zu den qualifiziertesten in der BRD zählt. Sie stellt mit gewissen Einschränkungen einen restringierten Kode bei Schülern der unteren und einen elaborierten bei Schülern der höheren Schicht fest. Stellen Sie alle Mängel in den empirischen Techniken zusammen, durch welche die Aussagekraft dieses Ergebnisses eingeschränkt wird.

---

3.6.  Zu den empirischen Nachweisen schichtenspezifischer restringierter und elaborierter Kodes

Gegenüber der theoretischen Stringenz der Hypothese von den schichtenspezifischen restringierten und elaborierten Kodes fallen ihre empirischen Überprüfungen an Triftigkeit stark ab. Deren entscheidende Mängel wurden gerade von den Anhängern der Differenzhypothese aufgezeigt. Für die BRD wurden sprachliche Schichtenunterschiede, die restringierte und elaborierte Kodes indizieren könnten, vor allem festgestellt von Peter M. Roeder, Regine Reichwein[7] und Ulrich Oevermann. Eine kurze Beschreibung dieser Untersuchungen findet sich unter den betreffenden Titeln in den folgenden Literaturhinweisen. Die Beweiskraft aller drei Untersuchungen leidet vor allem an folgenden Mängeln:
- unrepräsentative Stichproben, vor allem bei Reichwein und Oevermann,
- Beschränkung auf schriftliches Sprachmaterial,
- Operationalisierung der syntaktischen Komplexität nur anhand isolierter Einzelvariablen der herkömmlichen Grammatik anstatt anhand eines konsistenten Grammatikmodells,
- gänzlich unzureichende Einbeziehung der Semantik.

---

7  Reichwein, Regine: Sprachstruktur und Sozialschicht. Ausgleich von Bildungschancen durch ein künstliches Sprachmedium. In: Soziale Welt 18(1967), S. 309-330.

### 3.7. Zur Operationalisierung restringierter und elaborierter Kodes

Restringierte und elaborierte Kodes beziehen sich auf die Sprachgewohnheiten und das Sprachvermögen von Individuen und Gruppen. Vom Verhältnis der Sprachproben zu den typischen Sprachgewohnheiten und zum Sprachvermögen hängt es daher ab, inwieweit sie als Indizien für restringierte und elaborierte Kodes gewertet werden dürfen. Sie müssen also unter Umständen gewonnen werden, wo die typischen Sprachgewohnheiten zutagetreten oder wo die Informanten bis an die Grenzen ihres Sprachvermögens getrieben werden in der Verwendung einer komplexen Syntax und einer abstrakten und differenzierten Semantik. Die folgenden Hinweise auf eine mögliche Operationalisierung setzen derartige Daten voraus.

Eine weithin brauchbare Operationalisierung des Komplexitätsgrades der Syntax wurde entwickelt von Erich Straßner. Sie basiert auf einer Grammatik, die Elemente der Phrasenstruktur und der Dependenzgrammatik koppelt. Sie arbeitet mit Baumdiagrammen. Die Hauptverbgruppe bildet dabei, gemäß der Dependenzgrammatik, stets den zentralen Knoten, von dem der Phrasenstrukturbaum ausgeht. Nominalphrasen werden durch ihren Kasus indiziert (Nominativ = $NP_1$, Akkusativ = $NP_4$), ebenso Präpositionalphrasen (Präposition mit Dativ = $PP_3$, Präposition mit Genetiv = $PP_2$). Dem Satzsubjekt kommt keine ausgezeichnete Stellung im Baumdiagramm zu. Auf derselben Ebene der Zwischensymbole wie die Nominal- und Präpositionalphrasen liegen auch Adverbialphrasen. Bei den nominalen Relationen werden untergeordnete, beispielsweise Genetivattribute, und nebengeordnete Appositionen und konjunktionale Beifügungen unterschieden. In Satzgefügen werden entsprechend untergeordnete und nebengeordnete Nebensätze auseinandergehalten. Nebenordnungen werden im Baumdiagramm mit waagrechten, Unterordnungen mit senkrechten Strichen gekennzeichnet. Die Zwischensymbole werden stets weiter in die Endsymbole syntaktisch bestimmter Wortklassen aufgelöst. Dabei werden die linguistisch konventionellen Symbole verwendet. Alle syntaktischen Relationen werden mit senkrechten oder waagrechten Strichen angezeigt, d. h. daß jede herkömmlich diagonal markierte Relation in zwei Relationen, eine senkrechte und eine waagrechte, zerlegt wird. Dabei ist streng darauf zu achten, daß alle syntaktisch auf derselben Ebene liegenden Einheiten auch im Baumdiagramm auf derselben Höhe liegen. Beachtet man alle diese Vorschriften, so ergeben sich nahezu eindeutige Baumdiagramme, die auf einen Raster gebraucht werden können, mit dessen Hilfe sich ihre syntaktische Komplexität errechnen läßt.

Dies sei an einem Beispielsatz verdeutlicht.

*Der Streik blieb erfolglos, weil manche Arbeiter geringe Solidarität zeigten.*

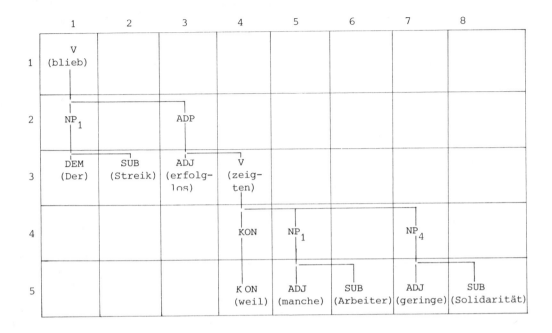

Anhand derartiger auf Raster gebrachter Baumdiagramme läßt sich die syntaktische Komplexität von Sätzen genügend eindeutig bestimmen. Ein einfaches, freilich noch nicht vollständig hinreichendes Maß bildet die Diagonale des Rasters. Sie errechnet sich aus dessen Breite $b_g$ - im vorliegenden Beispiel 8 Rasterschritte - und dessen Tiefe $t_g$ - im vorliegenden Beispiel 5 Rasterschritte - nach der Formel:

$$d_g = \sqrt{t_g^2 + b_g^2}$$

Für das vorliegende Beispiel ergibt sich dabei $d_g = \sqrt{89} = 9,43\ldots$

Zur Präzisierung dieses Komplexitätsmaßes können weitere Maße hinzugezogen werden, vor allem die Zahlen der Unter- und Nebenordnungen, der Verbgruppen, der nominalen Zwischensymbole, der Endsymbole und der Linksrekursionen. Bei der praktischen Anwendung des Verfahrens, vor allem auf gesprochene Sprache, ergeben sich freilich noch beträchtliche Unsicherheiten, insbesondere bei der Definition von Sätzen und in der Behandlung von Ellipsen. Gegenüber den bislang üblichen Operationen mit isolierten Einzelvariablen hat das Verfahren jedoch den entscheidenden Vorteil, daß es die syntaktische Gesamtstruktur der Sätze oberhalb der Wortebene erfaßt und nicht nur kleine Ausschnitte daraus.

Ein auch nur annähernd verläßliches Verfahren zur Operationalisierung der Semantik liegt bislang nicht vor. Bisher verfuhr man zumeist so, daß die Sprachproben von mehreren unabhängigen Kodierern nach ihrem Abstraktionsgrad eingestuft werden. Eine höhere Objektivierung des Verfahrens ist mit enormen Schwierigkeiten verbunden. Beispielsweise kann von benützten Wörtern mit abstrakten Bedeutungen noch keinesfalls auf die tatsächliche Kenntnis der Bedeutungen geschlossen werden. Denn verschiedene Sprecher können über ganz unterschiedliche semantische Differenzierungsgrade ein und desselben verwendeten Wortes verfügen. Derartige Unterschiede lassen sich aus einzelnen kontextgebundenen Verwendungen von Wörtern kaum erschließen. Gängige Wortschatztests, die auch verwendet wurden, erfassen wiederum nur einen so schmalen Ausschnitt zumeist des passiven semantischen Repertoires, daß verallgemeinerte Aussagen über den Abstraktionsgrad und die Differenziertheit der Semantik der Probanden höchst problematisch erscheinen. So stellt eine brauchbare Operationalisierung der Semantik eines der derzeit dringendsten Desiderate der empirischen Forschung zu den restringierten und elaborierten Kodes dar. Interessante Anregungen dazu finden sich in der Arbeit von Eva Neuland.

---

Aufgaben

1) Kreuzen Sie die richtige Antwort an:

   Ein elaborierter Kode ist:
   a) eine Sprache mit einer großen geographischen Reichweite,
   b) die Sprache der herrschenden Klasse,
   c) eine Sprache mit einer abstrakten Semantik und komplexen Syntax,
   d) eine Sprache mit Inhalten von besonders hohem Wahrheitsgrad.

2) In einer empirischen soziolinguistischen Untersuchung in einem Großbetrieb finden sich folgende Arbeitsplatzbeschreibungen:
   α) "Kommunikationsmöglichkeiten: durch Akkordsystem und Lärmbelästigung erheblich eingeschränkt." (S. 134)
   β) "Kommunikationsmöglichkeiten: nach eigenen Angaben sehr umfangreiche Kommunikation am direkten Arbeitsplatz, definiert seine Tätigkeit geradezu mit der Notwendigkeit, sich ständig unterhalten zu müssen, d. h. Notwendigkeit der Informationsübergabe auf sprachlichem Wege." (S. 141)
   (Werner Besch u. Klaus Mattheier (Hg.): Überlegungen und Materialien zur gesprochenen Sprache in einem Industrialisierungsgebiet. Bonn 1973)
   a) Bestimmen Sie, in welchem Fall es sich um den Arbeitsplatz eines angestellten Buchhalters bzw. den eines Produktionsarbeiters handelt.
   b) Versuchen Sie die Kommunikationsanforderungen bei verschiedenen körperlichen Arbeiten einerseits (z. B. Tätigkeit eines Fließband-, Bau- oder Landarbeiters) und geistigen Arbeiten andererseits (z. B. Tätigkeit eines Rechtsanwalts, leitenden Büroangestellten oder Lehrers) zu beobachten. Notieren Sie die Unterschiede:
      α) hinsichtlich der mit der Arbeit unlösbar gekoppelten Kommunikationserfordernisse,
      β) hinsichtlich der neben der Arbeit her möglichen sprachlichen Kommunikation.
      Achten Sie auf die Quantität, die inhaltliche Differenziertheit und

Abstraktheit der Kommunikation und auf die Anzahl und soziale Zugehörigkeit der Kommunikationspartner, die soziale Differenziertheit der
Kommunikation.

3) a) Begründen Sie mithilfe der Warenanalyse, warum körperliche Arbeit sich
im großen und ganzen auf die unteren und geistige Arbeit sich auf die
höheren Sozialschichten verteilt.
   b) Nennen Sie Beispiele, wo diese Verteilung durchbrochen wird und begründen Sie diese gleichfalls mithilfe der Warengesetze (vgl. auch
1.2.1.).

4) Nennen Sie Gründe, warum geistige Arbeit im Vergleich zur körperlichen
eines elaborierten Kodes bedarf.

5) Heinz Rupp hat die Auffassung vertreten, daß die 'angebliche' sprachliche
Restringiertheit der Unterschicht sich weitgehend auf ihre mangelnde Übung
im Schreiben zurückführen lasse. Bezeichnend sei es, daß man sie fast ausschließlich an schriftlichem Material festgestellt habe. (Rupp: Sprachbarrieren: Thesen und Tatsachen. Linguistische Bemerkungen zum Problem
'Soziale Herkunft und Sprachkompetenz". In: nz am Wochenende. Die politisch-
kulturelle Beilage der Nationalzeitung Basel 6. Feb. 1972, S. 1, 6.)
   a) Inwiefern kann die Schriftlichkeit oder Mündlichkeit von Äußerungen
sich auf deren syntaktische Komplexität und semantische Abstraktheit
auswirken?
   b) Stellen Sie Argumente und Gegenargumente im Hinblick auf folgende
Hypothese zusammen: Die Sprache der unteren Schichten (der körperlich
arbeitenden Berufe) ist im Vergleich zu derjenigen der höheren Schichten (der geistig arbeitenden Berufe) sowohl im mündlichen als auch im
schriftlichen Sprachgebrauch restringiert.

6) Die traditionelle Dialektologie hat dem Dialekt eine Reihe typischer Merkmale zugeschrieben. Erstaunlicherweise decken sich diese großenteils mit
denjenigen Merkmalen, die von Basil Bernstein einem restringierten Kode
zugeschrieben wurden. Solche Kennzeichnungen des Dialekts wie des restringierten Kodes sind etwa: geringe Abstraktheit der Semantik; wenig Hypotaxe
und viel Parataxe; zahlreiche Ellipsen, Anakoluthe und Pleonasmen.
   a) Vergegenwärtigen Sie sich nochmals die begrifflichen Bestimmungen
eines Dialekts und eines restringierten Kodes (vgl. notfalls Kap. 2.1.
und 3.1.). Begründen Sie, ob und inwiefern sich die angeführten Merkmale stringenter auf den Begriff des Dialekts oder den Begriff eines
restringierten Kodes beziehen.
   b) Versuchen Sie zu erklären, warum die herkömmliche Dialektologie bei der
Kennzeichnung des Dialekts ähnliche Merkmale gefunden hat, wie sie
später einem restringierten Kode zugeschrieben wurden.

7) Karl Marx hat für die kommunistische Gesellschaft vorausgesagt, daß in ihr
die Trennung von körperlicher und geistiger Arbeit aufgehoben sein werde.
Welche Folgen hätte dies für das Verhältnis von restringiertem zu elaboriertem Kode?

## Weiterführende Aufgaben

8) Erproben Sie verschiedene Operationalisierungsverfahren syntaktischer
Komplexität an diversen schriftlichen und mündlichen Sprachproben. Ge-
eignete schriftliche Texte sind etwa die "Bild-Zeitung" einerseits,
"Die Zeit" andererseits. Mündliche Textproben finden sich etwa in Erika

Runge: Bottroper Protokolle. Frankfurt 1968 (= ed. suhrkamp 271).
Benützen Sie vor allem folgende beide Operationalisierungsverfahren:
α) das von den Mitgliedern eines Seminars in Bochum entwickelte
   Verfahren in: Sprachbarrieren (s. Literaturhinweise),
   S. 121-136,
β) das von E. Straßner entwickelte Verfahren (vgl. 3.7. und s.
   Literaturhinweise). Stellen Sie die dabei auftretenden Schwierig-
   keiten zusammen und entwickeln Sie Lösungsvorschläge.

9) Inwiefern läßt sich geistige Arbeit geradezu als sprachliche Arbeit kennzeichnen? (Sofern dies der Fall ist, wird unmittelbar plausibel, daß für
   diese Art der Arbeit sprachliche Fertigkeiten wichtiger sind als für
   körperliche Arbeit.)

## Literaturhinweise

Ammon, Ulrich, Gerd Simon: Neue Aspekte der Soziolinguistik. Weinheim, Basel
1975 (= Pragmalinguistik 5).

Enthält vor allem eine ausführliche Kritik der Differenzhypothese.

Bernstein, Basil: Studien zur sprachlichen Sozialisation. Düsseldorf 1972
(= Sprache und Lernen 7).

Der Band enthält 12 Abhandlungen des Begründers der Theorie von den restringierten und elaborierten Kodes. Sie umfassen mehrere empirische
Untersuchungen, in denen sprachliche Schichtenunterschiede im Sinne der
Kodetheorie für englische Verhältnisse bestätigt werden. Vielleicht noch
bedeutsamer sind aber die differenzierten theoretischen Darstellungen, von
der soziologischen und sozialpsychologischen Begründung der Theorie bis
hin zu ihren sprachdidaktischen Konsequenzen.

Bühler, Hans: Sprachbarrieren und Schulanfang. Eine pragmalinguistische
Untersuchung des Sprechens von Sechs- bis Achtjährigen. Weinheim 1972
(= Beltz-Monographie, Pragmalinguistik 1).

Anhand einer sorgfältig gezogenen Stichprobe von 260 Schulanfängern wird
die Hypothese der restringierten und elaborierten Kodes überprüft. Zwischen
verschiedenen Sozialschichten ergaben sich keine nennenswerten Unterschiede
in der mündlichen Verwendung von Satzschemata und Wortarten. Bemerkenswert
ist vor allem das der Kodetheorie widersprechende Ergebnis, daß der Informationsgehalt in den mündlichen Äußerungen der Unterschichtkinder höher
ist bei den Kindern höherer Sozialschichten. In die Analyse einbezogen ist
auch die situationsspezifische Variation des Sprachgebrauchs.

Cazden, Courtney B.: Die Situation. Eine vernachlässigte Ursache sozialer
Klassenunterschiede im Sprachgebrauch. In: W. Klein und D. Wunderlich (Hg.):
Aspekte der Soziolinguistik. Frankfurt 1971 (= Schwerpunkte Linguistik und
Kommunikationswissenschaft 1), S. 267-296.

Es wird versucht, die sprachlichen Schichtenunterschiede (nicht Klassen!)
auf die situative Sprachvariation zu reduzieren. Auf diese Abhandlung
stützen sich häufig die Anhänger der Differenzhypothese.

Dittmar, Norbert: Soziolinguistik. Exemplarische und kritische Darstellung
ihrer Theorie, Empirie und Anwendung. Mit kommentierter Bibliographie.
Frankfurt 1973 (= Fischer Athenäum Taschenbücher Sprachwissenschaft 2013)

Hierin ist vor allem eine Fülle insbesondere amerikanischer Literatur aufgearbeitet und bereit gestellt, die differenziert diskutiert wird. Besonders ausführlich dargestellt werden Defizit- und Differenzhypothese schichtenspezifischer Sprache.

Hager, Frithjof, Hartmut Haberland, Rainer Paris: Soziologie + Linguistik. Die schlechte Aufhebung sozialer Ungleichheit durch Sprache. Stuttgart 1973.

Die breiteste deutschsprachige und zudem eine fundiert kritische Darstellung der Kodetheorie. Die wichtigsten Teiltheoreme werden auf ihre theoretischen Grundlagen hin hinterfragt. Dazu werden die relevanten linguistischen, soziologischen, sozialpsychologischen, entwicklungspsychologischen und didaktischen Theorien ausführlich dargelegt.

Jäger, Siegfried, Joseph Huber, Peter Schätzle: Sprache - Sprecher - Sprechen. Probleme im Bereich soziolinguistischer Theorie und Empirie. Tübingen 1972 (= Forschungsberichte des Instituts für deutsche Sprache 8).

Vielseitige und fundierte Erörterung der Theorie restringierter und elaborierter Kodes, besonders auch ihrer wissenschaftstheoretischen Grundlagen. Auch das Verhältnis von restringiertem Kode zum Dialekt wird eingehend diskutiert.

Labov, William: The Logic of Nonstandard English. In J.E. Alatis (Hg.): Report of the Twentieth Round Table Meeting on Linguistics and Language Studies. Washington, D.C.: Georgetown U. Press 1970 (= Monograph Series on Languages and Linguistics 22), S. 1-43. Verkürzte Übers. in W. Klein und D. Wunderlich (Hg.): Aspekte der Soziolinguistik. Frankfurt 1971 (= Schwerpunkte Linguistik und Kommunikationswissenschaft 1), S. 80-98.

Enthält die wichtigsten Argumente gegen die Defizit- und für die Differenzhypothese.

Marx, Karl: Das Kapital. Kritik der politischen Ökonomie, 1. Bd. Berlin: Dietz 1972 (= Marx, Engels: Werke 23), vor allem Abschnitt 4, S. 331-530.

Die ausführliche systematische Begründung und historische Darlegung der Spaltung zwischen körperlicher und geistiger Arbeit, also der Entstehung der Diskrepanz zwischen sprachlich restringierten und elaborierten Arbeitsbedingungen, im Zuge der Entfaltung kapitalistischer Produktionsverhältnisse.

Neuland, Eva: Sprachbarrieren oder Klassensprache? Untersuchungen zum Sprachverhalten im Vorschulalter. Frankfurt 1975 (= Fischer Taschenbuch 6526).

Von der theoretischen Grundlage der Differenzhypothese aus wird sehr differenziert das mündliche Sprachverhalten von Vorschulkindern verschiedener Sozialschichten untersucht, und zwar syntaktisch und semantisch. Sofern bei den verschiedenartigen Sprachtests die Unterschichtkinder schlechter abschneiden (z. B. im Wortschatztest), wird dies einer Einseitigkeit des jeweiligen Tests zugeschrieben. Bedeutungsanalysen ergeben schichtenspezifisch unterschiedliche "Bedeutungsspektren" für gleichlautende Wörter.

Niepold, Wulf: Sprache und soziale Schicht. Darstellung und Kritik der Forschungsliteratur seit Bernstein. Berlin 1970.

Eine leicht verständliche, didaktisch geschickte und doch differenzierte Übersicht über die Theoriebildung und empirische Forschung zu den restringierten und elaborierten Kodes. Als Einstieg in die Problematik gut geeignet.

Oevermann, Ulrich: Sprache und soziale Herkunft. Ein Beitrag zur Analyse schichtenspezifischer Sozialisationsprozesse und ihrer Bedeutung für den Schulerfolg. Frankfurt 1972 (= edition suhrkamp 519).

Anhand einer Stichprobe von 109 Realschülern der 6. Klasse wird die Kode-
hypothese empirisch sorgfältig überprüft. Sie wird im wesentlichen bestätigt. Als Sprachproben dienen Aufsätze. Trotz geringer sozialer Distanz
zwischen den Informanten der unteren und der höheren Schicht in der Stichprobe ergaben sich signifikante Unterschiede hinsichtlich aussagekräftiger
Variablen. Die Schüler der höheren Schicht bedienen sich vor allem einer
komplexeren Syntax und bringen subjektive Intentionen klarer zum Ausdruck.
Die Theorie Bernsteins wird auch theoretisch maßgeblich differenziert.

Roeder, Peter M.: Sprache, Sozialstatus und Bildungschancen. In: Sozialstatus
und Schulerfolg, hg. von P.M. Roeder, A. Pasziery, W. Wolf. Heidelberg
1965, S. 5-32.

An einer Stichprobe von 523 Kindern der 4. Grundschulklasse wird die Kodetheorie anhand schriftlicher Sprachproben überprüft und im wesentlichen
bestätigt. Für die Kinder der höheren Schichten ergaben sich ein deutlich
umfangreicherer Wortschatz und eine komplexere Syntax. Unabhängig von der
Schichtenzugehörigkeit zeigten sich Kinder aus Familien mit einem eigenen
Fernsehapparat in der Formulierungsfähigkeit überlegen.

Schlee, Jörg: Sozialstatus und Sprachverständnis. Eine empirische Untersuchung
zum Instruktionsverständnis bei Schulkindern und Vorschulkindern aus unterschiedlichen Sozialschichten. Düsseldorf 1973 (= Sprache und Lernen 30).

Sorgfältige empirische Untersuchung der sprachlichen Verstehensfähigkeit
von Unter- und Mittelschichtkindern im Vorschulalter - bei Kontrolle des
Alters, Geschlechts und IQs. Mittelschichtkinder konnten syntaktisch komplexe Instruktionen signifikant besser verstehen als Unterschichtkinder,
ein bedeutsamer Befund für die Kodetheorie und die pädagogische Praxis.

Schulz, Gisela: Die Bottroper Protokolle - Parataxe und Hypotaxe. München 1973.

Belegt, daß unscheinbare und repetitive Partikeln differenzierte und
komplexe syntaktische Funktionen übernehmen können. Konsequenz: Von der
sprachlichen Oberflächenstruktur kann nur mit großer Vorsicht auf die
inhaltliche Komplexität geschlossen werden.

Sprachbarrieren. Beiträge zum Thema: "Sprache und Schichten", verfaßt und hg.
von Mitgliedern des Seminars "Soziolinguistik" (Bochum). Hamburg 1970.

Ein ausführlicher Bericht einer Seminarveranstaltung über die Kodetheorie.
Diese ist in für Gruppenarbeit brauchbare Teilkomponenten zerlegt, deren
stringente Integration allerdings fehlt. Enthält viele aufschlußreiche
Gesichtspunkte, auch kritische vor allem von einer marxistischen Position
aus; außerdem ausführliche Sprechproben.

Straßner, Erich u.a.: Textverständlichkeit und Textvergleich. In: deutsche
sprache 1 (1973), H. 2, S. 42-57.

Enthält vor allem das unter 3.7 vorgestellte Operationalisierungsverfahren.

Wunderlich, Dieter: Die Rolle der Pragmatik in der Linguistik. In: Der
Deutschunterricht 22 (1970), H. 4, S. 5-41.

Insbesondere eine umfassende linguistische Kritik an der bisherigen
Operationalisierung der linguistischen Variablen. Vor allem sei dabei
nur mit isolierten Einzelvarianten statt einer konsistenten grammatischen
Beschreibungsverfahrens gearbeitet und nur die Oberflächen und nicht die
Tiefenstruktur berücksichtigt worden.

## 4.1.    Allgemeine Bestimmung der Begriffe Fachsprache und Gemeinsprache

Fachsprache und Gemeinsprache bilden wiederum ein komplementäres Begriffspaar. Als Gemeinsprache werden diejenigen Teile des Gesamtsprachrepertoires der Gesellschaft bezeichnet, die in den für alle Gesellschaftsmitglieder einigermaßen ähnlichen Lebensbereichen gebräuchlich sind und sich auf allgemein bekannte Gegenstände, Sachverhalte und Vorstellungen beziehen. Als Fachsprache dagegen diejenigen Teile der Sprache, die in den zwischen den Gesellschaftsmitgliedern deutlich differenzierenden Lebensbereichen gebräuchlich sind und sich auf die dafür spezifischen Gegenstände, Sachverhalte und Vorstellungen beziehen. Differenziert ist die Gesellschaft aber vor allem in der Arbeitssphäre. In ihr ist folglich die Fachsprache hauptsächlich verankert. Für alle Gesellschaftsmitglieder einigermaßen gleichartige Bereiche finden sich dagegen primär in der Konsumtionssphäre, auf die sich die Gemeinsprache in erster Linie bezieht. Allerdings gibt es auch Spezialisierungen und Differenzierungen in der Konsumtionssphäre, beispielsweise die Vielfalt der Hobbywelt. Bei den dafür spezifischen Sprachinhalten und Formen handelt es sich ebenfalls um Fachsprache. Aufgrund ihrer ungleich größeren gesellschaftlichen Bedeutung sollen hier aber die Fachsprachen der Arbeitssphäre, die beruflichen Fachsprachen, im Vordergrund der Betrachtung stehen.

---

Weiterführende Aufgabe

Der Terminus Fach s p r a c h e  ist verschiedentlich in Frage gestellt worden, da der fachspezifische Teil der Sprache sich stets auf die Lexik beschränke, und keine eigene Syntax bilde. Überprüfen Sie am Beispiel der Fachsprachen der höheren Mathematik und der formalen Logik, ob es auch eine fachsprachliche Syntax gibt.

---

4.2.    Zur Entwicklung der Fachsprachen

Die Fachsprachen sind ein Resultat der A r b e i t s t e i l u n g . Diese ist
auf zwei Ebenen vor sich gegangen: einmal als A r b e i t s t e i l u n g
i n n e r h a l b   d e r   G e s e l l s c h a f t ; damit ist die Aufteilung
der Gesamtarbeit auf verschiedene Institutionen und Betriebe gemeint; zum andern
als A r b e i t s t e i l u n g   i n n e r h a l b   d e r   I n s t i t u -
t i o n e n   u n d   B e t r i e b e .
Die Arbeitsteilung innerhalb der Gesellschaft (auf verschiedene Institutionen
und Betriebe) hat sich schon in einem sehr frühen Stadium der gesellschaftlichen
Entwicklung herausgebildet und war beispielsweise in der römischen Sklavenhaltergesellschaft schon weit vorangeschritten. Wichtige Stationen sind dabei die
Herausbildung des Staates, die Arbeitsteilung zwischen Stadt und Land und
zwischen Agrikultur, Handwerk und Handel. Im deutschsprachigen Gebiet setzte
diese gesellschaftliche Arbeitsteilung ein im frühen Mittelalter mit der Verselbständigung des Staates, der im weiteren Verlauf des Mittelalters die Arbeitsteilung zwischen Handwerk und Agrikultur, Stadt und Land, und die Verselbständigung des Handels folgten. Mit der Zeit wurde die Arbeitsteilung innerhalb
der Gesellschaft, vor allem durch die Spezialisierung des Handwerks, immer
differenzierter.
Die zweite Phase der Arbeitsteilung, innerhalb der Institutionen und Betriebe,
setzte erst in größerem Umfang ein, als die Arbeitsteilung innerhalb der Gesellschaft schon ziemlich weit vorangeschritten war. Den wichtigsten Ausschnitt
dieser Entwicklung bildet die Arbeitsteilung innerhalb der materiellen Produktionsstätten. Diese erfolgte beim Übergang vom Handwerk zur Manufaktur, beginnend ab dem 16. Jahrhundert (vgl. 3.3.). Die damit einsetzende Entwicklung
wirkte auch zurück auf die Arbeitsteilung innerhalb der Gesellschaft, die weiter
differenziert wurde. Beispielsweise entstanden beim späteren Übergang von der
Manufaktur zur Industrie zahlreiche neue Arbeitsbereiche, in denen die industrielle Maschinerie entwickelt und angefertigt wurde. So haben sich die Arbeitsteilung innerhalb der Gesellschaft und diejenige innerhalb der Betriebe und Institutionen gegenseitig vorangetrieben. Der fortschreitenden Arbeitsteilung in
den Produktionsstätten ist diejenige in anderen Institutionen teils vorausge-
gangen, teils gefolgt, beispielsweise in den überwiegend staatlichen Institutionen der Verwaltung, des Militärs, der Bildung, der Justiz oder in den Institutionen des Handels und des Geldwesens.
Als Ergebnis dieser Entwicklung ist die gegenwärtige Gesellschaft in außerordentlich zahlreiche spezialisierte Arbeitsbereiche zergliedert, die in sich

selbst wiederum vielfältig unterteilt sind. Beispielsweise nennt das "Schlüssel-
verzeichnis für die Angaben zur Tätigkeit" der Bundesanstalt für Arbeit von 1973
über 13 000 verschiedene Arbeitsfelder (Berufe).

Die Vielfalt der Zergliederung wird freilich dadurch eingeschränkt, daß die
Arbeitsweise in vielen der Bezeichnung und dem hergestellten Produkt nach differenzierten Berufen sich nur wenig unterscheidet. Die ins Extrem getriebene Arbeitsteilung gleicht nämlich viele Einzelarbeiten einander wieder an. Indem sie
den Umfang einzelner Arbeitsfelder immer stärker einschränkt, im Extremfall auf
wenige sich stets wiederholende Handgriffe, hebt sie den Unterschied zwischen
ihnen weitgehend auf. Auf diese Weise erzeugt die fortschreitende Differenzierung auch wiederum eine Nivellierung zahlreicher Arbeitsfelder.

Dies gilt vor allem für die unmittelbare Produktionsarbeit, die beim Übergang
vom Handwerk zur mechanisierten Industrie immer mehr vereinfacht und eingeschränkt wird und damit auch ihre fachliche Spezifität verliert. Was sie an Spezifischem bewahrt, ist darüberhinaus sinnlich wahrnehmbar und zeigbar und braucht
daher nicht unbedingt in Sprache gefaßt zu werden. Wie sehr die Fachsprache in
der Produktionsarbeit der mechanisierten Industrie entbehrlich ist, zeigt sich
daran, daß ausländische Arbeiter nicht selten anhand von Bildfolgen eingearbei-
tet werden. Auch für die Entwicklung der Fachsprachen erweist sich damit die
Abspaltung der geistigen von der körperlichen und die Vereinfachung der körperlichen Arbeit als bedeutsam (vgl. 3.3.).

Auf der anderen Seite sind infolge dieser Arbeitsteilung zunehmend komplexere
Bereiche geistiger Arbeit entstanden, die auch immer differenziertere und umfangreichere fachsprachliche Repertoires entwickelt haben. Dabei wurden nicht
nur zahlreiche neue fachsprachliche Ausdrücke geschaffen und metaphorisch aus
anderen Bereichen übernommen, sondern der tradierte Fachwortbestand wurde auch
durch Ableitung und Zusammensetzung differenziert und erweitert. Auf diese Erweiterung deutet schon die Tatsache hin, daß immer längere Fachwörter gebildet
wurden. In der Fachsprache der chemischen Färbetechnik beispielsweise wies im
18. Jahrhundert das längste Fachwort noch 18 Buchstaben auf, im 20. Jahrhundert
dagegen schon 33 Buchstaben bei einer großen Anzahl von Wörtern mit über 20
Buchstaben.[1]

4.3.    Fachsprachen und Teilung der Arbeit zwischen verschiedenen
        Institutionen

Die Gesamtarbeit der Gesellschaft gliedert sich hauptsächlich in 3 große Arbeitsbereiche, die sich folgendermaßen weiter unterteilen lassen:

---

1  Möhn, S. 336.

| (1) Die Warenproduktion: | (2) Die Warendistribution: | (3) Der staatliche Sektor: |
|---|---|---|
| a) Agrikultur, | a) Handel, | a) Regierung und Verwaltung, |
| b) extraktive Industrie, | b) Banken. | b) Rechtswesen, |
| c) verarbeitende Industrie, | | c) Militär, |
| d) Transportwesen. | | d) Ausbildungssektor. |

Diese größeren Arbeitsbereiche, die freilich nicht alle Arbeitsfelder komplett einschließen und sich außerdem teilweise überschneiden, zergliedern sich weiter in eine Vielfalt untergeordneter Sektoren. Sie können nach verschiedenen Kriterien geordnet werden.

Dies sei am Beispiel der verarbeitenden Industrie ((1)c)) verdeutlicht. Diese läßt sich nach Maßgabe des bearbeiteten Materials unterteilen in Metall-, Leder-, holzverarbeitende, Kunststoffindustrie usw.; nach Maßgabe des hergestellten Produkts in Maschinenbau, Schuh-, Papier-, Kunstfaserindustrie usw.; nach Maßgabe der Fertigungsweise in mechanische und chemische Industrie; nach Maßgabe des technischen Entwicklungsstandes in handwerkliche, mechanische industrielle und automatisierte industrielle Produktion. Durch diese Unterteilungen entsteht eine enorme Anzahl kleinerer Arbeitsbereiche. Sie alle haben mehr oder weniger umfangreiche eigene Fachsprachen.

Die kleineren Arbeitsbereiche zerfallen dann wieder in einzelne relativ selbständige Betriebe und Institutionen.

Arbeitsteilung bedeutet nun freilich nicht nur eine Trennung sondern auch die Kooperation zwischen den getrennten Teilen. In dieser arbeitsteiligen Kooperation zwischen den einzelnen Betrieben und Institutionen kommt der Fachsprache eine besondere Bedeutung zu. Die Kooperation wird nämlich weitgehend sprachlich reguliert. Soll diese Regulierung reibungslos verlaufen, so muß die sprachliche Kommunikation genügend eindeutig sein. Diese eindeutige Kommunikation gewährleistet nur die Fachsprache. Dies sei am Beispiel einer Kooperationskette verdeutlicht.

Eine Kleiderfabrik beauftragt eine Weberei mit der Lieferung bestimmter Stoffe; Die Weberei beauftragt ihrerseits eine Spinnerei mit der Lieferung der erforderlichen Garne, und die Spinnerei wiederum die chemische Industrie mit der Lieferung von Chemikalien für die Kunstfasern. Die chemische Industrie schließlich fordert von der extraktiven Industrie die Rohstoffe für ihre aufbereiteten Chemikalien. Zwischen all diesen Stationen muß die sprachliche Kommunikation, insbesondere die Bezeichnung der jeweils gewünschten Rohstoffe, eindeutig sein,

um den ineinandergreifenden Produktionsmechanismus nicht zu hemmen. Mißlingt
die eindeutige Verständigung auch nur an einer Stelle, so kommt der gesamte ver-
zahnte Mechanismus ins Stocken.

Je weiter fortgeschritten die Arbeitsteilung innerhalb der Gesellschaft ist,
desto differenzierter und umfangreicher werden die Fachsprachen, die der kommunikativen Verknüpfung zwischen den kooperierenden Institutionen und Betrieben
dienen. Es ist leicht vorstellbar, welche Zeitverluste, Material- und Transport-
kosten bei nicht genügend differenzierten und präzisen Fachsprachen entstehen
würden. Daraus schon erhellt die enorme ökonomische Bedeutung der Fachsprachen.

Die Verbindung zwischen den arbeitsteiligen Betrieben besteht von der Sicht des
zuliefernden Betriebs aus immer nur hinsichtlich des Fertigprodukts, von der
Sicht des belieferten Betriebs aus hinsichtlich eines Produktionsmittels, also
eines Rohstoffs (Arbeitsmaterials), Arbeitsmittels oder Verfahrens. Für die betreffenden Gegenstände muß daher eine zwischen den Betrieben gemeinsame Fachsprache bestehen, die als A u ß e n f a c h s p r a c h e  bezeichnet werden
kann. Für die einzelnen Fertigungsstufen einer Ware von Roh- zum Fertigprodukt
innerhalb eines Betriebs kann es dagegen eine B i n n e n f a c h s p r a c h e
geben, die für den Betrieb oder die Betriebe der betreffenden Branche spezifisch
sein mag.

Dabei entwickelt sich nicht selten auch ein betriebs- oder branchenspezifischer
Binnen j a r g o n .  Beispielsweise wird in Färbereibetrieben für *Oxydianil-
schwarz* gelegentlich *Ochsenschwarz*, für *Q-Säure* (1,5 - Naphtholsäure) *Kuhlauge*
gesagt. Oder heißt in den Farbwerken Hoechst der *Kolbenkompressor I* scherzhaft
*Sultan*.[2] Diese Bezeichnungen werden natürlicherweise in der Außenkommunikation
gegenüber anderen Branchen und Betrieben, also als Außenfachsprache, kaum verwendet.

Bezüglich der Außenfachsprachen und der kommunikativen Verbindung zwischen den
Betrieben können Kommunikationsstörungen und entsprechende zeitliche und materielle Verluste unter zwei Bedingungen eintreten. Einmal, wenn die Bedeutungen
fachsprachlicher Termini oder Formulierungen nicht genügend eindeutig sind und
zu Verwechslungen führen. Zum andern, wenn die Personen, die die Kooperation
regulieren, die betreffenden Fachsprachen nicht sicher beherrschen. Im Bemühen

---

2   Möhn, Dieter: Die Industrielandschaft - ein neues Forschungsgebiet der
    Sprachwissenschaft. In: Festgabe Karl Winnacker zum sechzigsten Geburtstag,
    hg. von G. Heilfurth und L.E. Schmitt. Marburg 1963.
    (= Marburger Universitätsbund, Jahrbuch 1963), S. 303-343, s.S. 336, 341.

um genügend eindeutige Bedeutungen der Fachsprachen spielt daher einmal die
institutionelle Normung eine wichtige Rolle (vgl. 4.7.). Zum andern ist die
sichere Beherrschung der Fachsprache ein wichtiges Qualifikationskriterium
vieler Berufe (vgl. 4.5.).

---

**Weiterführende Aufgabe**

Fachsprache hat hauptsächlich gruppenpsychische Funktionen. Sie dient dem
Zusammenhalt einer Gruppe, als Symbol ihrer Identität, zur Abgrenzung nach
außen hin, und dem einzelnen Gruppenmitglied als Abzeichen seiner Zugehörigkeit. Inwiefern ist diese immer wieder geäußerte Auffassung falsch und inwiefern richtig? Versuchen Sie in diesem Zusammenhang auch den Begriff des
Jargons zu bestimmen und von Fachsprache abzugrenzen.

---

## 4.4.    Fachsprachen und Teilung der Arbeit innerhalb der Institutionen

Analog zur Außenfachsprache zwischen den Betrieben und Institutionen dient die
Binnenfachsprache der reibungslosen Kommunikation innerhalb derselben. Auch dabei verbindet sie die arbeitsteilig kooperierenden Elemente.

Sie vermittelt dabei einmal zwischen direkt miteinander kooperierenden Personen.
Die Verwendung von Fachsprache in der direkten Kooperation läßt sich übrigens
auch außerhalb von Betrieben beobachten, etwa zwischen Zahnart und Gehilfin
oder zwischen Maurer und Handlanger. Die Fachsprache dient dabei der eindeutigen und ökonomischen Verständigung.

Außer zwischen unmittelbar kooperierenden Personen vermittelt die Fachsprache
auch zwischen den örtlich getrennten Teilen von Institutionen, in Betrieben
beispielsweise zwischen kaufmännischem Büro und Versandabteilung oder zwischen
wirtschaftlicher, technischer und Produktionsabteilung.

Dabei werden innerhalb dieser einzelnen Abteilungen die Fachsprachen noch einmal nach dem jeweiligen Kommunikationsbedürfnissen modifiziert. Es können also
nicht nur innerhalb von Betrieben, sondern sogar innerhalb einzelner Betriebs-
abteilungen Binnenfachsprachen entstehen. Bei den Modifikationen in den einzelnen Abteilungen herrscht ein Ö k o n o m i e p r i n z i p  in dem Sinne, daß
in der Regel nicht mehr Information in Sprache gefaßt wird, als um einer eindeutigen Kommunikation willen erforderlich ist. Generell braucht umso weniger
Information sprachlich gebunden zu werden, je mehr Sachverhalte unmittelbar
sinnlich wahrnehmbar sind und je begrenzter die Zahl der in Frage kommenden
Gegenstände ist.

Am stärksten reduziert ist die Fachsprache aus diesen Gründen in der Sphäre der unmittelbaren Produktion. Dort reicht es um einer eindeutigen Kommunikation willen vollkommen aus, wenn statt *kaltfließpressen* nur *pressen*, statt *Trapezgewinde-Schleifmaschine* nur *Maschine*, statt *Punktschweißzange* nur *Zange* gesagt wird. In der Produktionssphäre eines petrochemischen Großbetriebs wurde ein Überwiegen ganz unspezifischer Adjektive und Verben festgestellt, die sich freilich jeweils auf ganz spezifische Sachverhalte bezogen. Sehr häufig fanden sich Adjektive wie *wenig, ziemlich, gut* und ähnliche, und Verben wie *abstellen, auffahren, kontrollieren, prüfen.*[3] Demnach besteht in der Produktionssphäre kaum eine in den anderen Abteilungen des Betriebs unbekannte, spezifische Binnenfachsprache.

Am weitesten ausgebaut und differenziert ist die Binnenfachsprache dagegen in den Forschungsabteilungen. Dort müssen alle Bestandteile, Entwicklungsstufen und Eigenschaften der Produkte analysiert und auch benannt werden. Beispielsweise müssen in den Forschungsabteilungen chemischer Betriebe auch die chemischen Strukturformeln der Produkte bekannt sein, in den übrigen Abteilungen dagegen kaum.

## 4.5.   Fachsprache und Qualifikation der Arbeitskraft

Die Relation zwischen der Qualifikation der Arbeitskraft und dem Umfang des erforderlichen fachsprachlichen Repertoires ist nicht linear. Um dies zu verstehen, ist es notwendig, verschiedene Arten von Qualifikationen auseinander zu halten, nämlich körperliche Qualifikationen, die als f a c h l i c h e   F e r t i g - k e i t e n , und geistige, die als f a c h l i c h e   K e n n t n i s s e oder F a c h w i s s e n bezeichnet werden können.

Es gibt körperliche Fertigkeiten, die eine lange Ausbildung erfordern, was einer hohen Qualifikation entspricht (vgl. 1.2.2.). Mit diesen Fertigkeiten braucht aber unter Umständen nur ein sehr schmales fachsprachliches Repertoire verbunden zu sein. Ein Beispiel hierfür sind manche Berufssportler oder Zirkusartisten, die eine lange Ausbildung und hohe Qualifikation benötigen, aber in aller Regel nur sehr begrenzte fachsprachliche Kenntnisse. Die körperlichen Fertigkeiten brauchen sprachlich nicht gebunden zu werden, sofern sie unmittelbar sinnlich erfahrbar sind. Die Qualifikation körperlicher Arbeit steht daher nicht im Zusammenhang mit dem Umfang des dafür erforderlichen fachsprachlichen Repertoires.

---

3   Möhn, Dieter: Zur Sprache der Arbeit im industriellen Großbetrieb. In: Arbeit und Volksleben. Deutscher Volkskundekongreß 1965 in Marburg, hg. von G. Heilfurth. Göttingen 1967, S. 216-222, s.s. 220.

Anders ist dies bei geistiger Arbeit. Sie ist nur symbolisch und sprachlich erfahrbar und mittelbar; außerdem vollzieht sie sich weitgehend im Medium der Sprache. Für sie gilt, daß die Ausbildungszeit und Qualifikation einigermaßen proportional ist zum Umfang des erforderlichen fachsprachlichen Repertoires. Es handelt sich bei diesem ja um nichts anderes als um das sprachlich gebundene Fachwissen. Wie umfangreich die Fachsprachen der hochqualifizierten geistigen Arbeit sind, verrät schon die Rückenbreite entsprechender Fachwörterbücher, etwa der Medizin, Literaturwissenschaft usw.

Bei genauer Betrachtung erweist sich freilich die Relation von der Qualifikation der Arbeitskraft zum Umfang des fachsprachlichen Repertoires auch bei rein geistigen Arbeiten als diffiziler. Es ist zu berücksichtigen, daß das tatsächliche f a c h s p e z i f i s c h e   R e p e r t o i r e   auch bei hoch komplexen und hoch qualifizierten geistigen Arbeiten recht beschränkt sein kann. Beispielsweise bedarf ein Chemiker, der sich gewöhnlich auf einen ziemlich engen Bereich spezialisiert, auch nur eines entsprechend schmalen spezifischen fachsprachlichen Repertoires. Darüber hinaus benötigt er ein breites Repertoire der   a l l -
g e m e i n e r e n   chemischen   F a c h s p r a c h e .   Schließlich braucht er gewisse Kenntnisse der mathematischen und physikalischen Fachsprachen. Diese Fachsprachen gehen dann wiederum fließend über in die   G e m e i n -
s p r a c h e .

Alle diese Schichten der Fachsprache muß sich der spezialisierte Chemiker im Zuge seiner Ausbildung aneignen. Dabei konstituiert nicht das für seine Arbeit spezifische, sondern das allgemeinere fachsprachliche Repertoire, das er mit den anderen Chemikern oder sogar mit allen Naturwissenschaftlern gemein hat, die Hauptmasse der erforderlichen fachsprachlichen Kenntnisse.

Das allgemeinere fachsprachliche Repertoire bzw. das daran gebundene Fachwissen ist vor allem aus vier Gründen wichtig:

(1) Es dient teilweise als unmittelbares logisch-begriffliches Fundament für das spezifische fachsprachliche Repertoire. So lassen sich etwa - um ein einfaches Beispiel zu nehmen - spezielle Aminosäuren, wie *Aminosalicylsäure* ($H_2N$ - $C_6H_3$ (OH) - COOH) oder *Sulfanilsäure* ($H_2N$ - $C_6H_4$ - $SO_3H$) ohne Grundkenntnisse der chemischen Symbolsprache und der Fachsprache der organischen Chemie nicht begreifen.

(2) Breitere fachsprachliche Kenntnisse und ein breiteres Fachwissen gestatten eine flexiblere Anpassung an die vorhandenen Arbeitsmöglichkeiten. Eine zu schmalspurige Ausbildung bedeutet eine Festlegung auf ganz wenige Arbeitsfelder, in denen dann möglicherweise keine Arbeitskräfte benötigt werden. Die breiteren Kenntnisse gewährleisten dagegen eine elastischere Abstimmung

von Arbeitsangebot und Nachfrage. Hierbei handelt es sich um ein bedeutsames bildungsökonomisches Problem.

(3) Das allgemeinere fachsprachliche Repertoire und Fachwissen gewährleistet eine anhaltend größere Flexibilität der Arbeitskräfte. Damit sind größere Fähigkeiten zur verhältnismäßig raschen Umschulung auf andere Spezialgebiete und zum Nachvollziehen von Veränderungen innerhalb eines breiteren Fachgebiets gemeint. Allgemeinere fachsprachliche Repertoires und Fachkenntnisse, die über den jeweiligen engen Arbeitsbereich hinausragen, gehören daher zu den Voraussetzungen des technologischen Fortschritts.

(4) Allgemeinere fachsprachliche und fachliche Kenntnisse sind erforderlich zur kommunikativen Verknüpfung des speziellen Arbeitsfeldes mit kooperierenden anderen Arbeitsfeldern. Hierher gehört auch die Kooperation zwischen verschiedenen wissenschaftlichen Disziplinen. Dazu ist es unumgänglich, daß die beteiligten Personen auch das fachsprachliche Repertoire der kooperierenden Nachbardisziplinen einigermaßen beherrschen.

4.6.    Zur Bedeutung der Fachsprachen für die wissenschaftliche
        Entwicklung

Für die Entwicklung der Wissenschaften sind die Fachsprachen von hervorragender Bedeutung. Sie ermöglichen:
- die Bildung von Begriffen,
- die Verwandlung von Wahrnehmung in Wissen (Erkenntnis),
- die Fixierung von Wissen,
- die Akkumulation von Wissen,
- die Kommunikation von Wissen,
- die Operation mit Begriffen (abstrakte Erweiterung des Wissens).

---

Weiterführende Aufgaben

1) Könnte man statt von der Bedeutung der Fachsprachen für die wissenschaftliche Entwicklung auch einfach von ihrer Bedeutung für die Entwicklung geistiger Arbeit sprechen?

2) Manchmal erschöpft sich der wissenschaftliche Fortschritt darin, daß neue Ausdrücke für kaum veränderte Begriffe eingeführt werden. Überprüfen Sie daraufhin die neuere Geschichte der Linguistik. Falls sich diese Behauptung bestätigt, versuchen Sie die Motivation solchen Sprachwandels und wissenschaftlichen Scheinfortschritts aus gesellschaftlichen Hintergründen zu erklären.

## 4.7.    Naturwüchsigkeit und Normung der Fachsprachen

Auf einer frühen handwerklichen Produktionsstufe entwickelten sich die Fachsprachen naturwüchsig, ohne institutionelle Lenkung. Die sprachlichen Unregelmäßigkeiten wie Homonymie und Synonymie, die dabei immer wieder entstanden, wurden auf diesem Entwicklungsstand ziemlich leicht verkraftet. Einmal waren die fachsprachlichen Repertoires, entsprechend der geringen Anzahl von Arbeitsmaterialien, Verfahren und Produkten, recht begrenzt; dadurch waren Verwechslungen nicht leicht möglich. Zum andern war die sprachliche Kommunikation im Umfeld der Fachsprachen noch kaum gelöst von der sinnlichen Wahrnehmung; dadurch waren Mißverständnisse ziemlich ausgeschlossen. Der Warentausch vollzog sich nämlich weitgehend unter den Augen der Beteiligten; Planung und Ausführung der Arbeit waren räumlich noch nicht getrennt. Daher ergänzte sich die verbale Kommunikation zumeist vom anschaulichen Kontext her. Aus Gründen der Kommunikationsökonomie entstand freilich auch unter diesen Bedingungen eine bis zu einem gewissen Grad verbindliche fachsprachliche Norm. Sie entwickelte und veränderte sich jedoch unter wechselnden Einflüssen ohne einen übergreifenden, einheitlichen Plan. Daher fanden sich konkurrierende Bezeichnungen, von denen sich nur verhältnismäßig langsam einzelne dauerhafter durchsetzten. Da Ausdrücke und Bedeutungen nicht verbindlich festgelegt wurden, waren nahezu beliebige Übertragungen und Erweiterungen möglich.

Diese Entwicklungsbedingungen spiegeln sich in der b u n t e n   V i e l f a l t   d e r   ü b e r k o m m e n e n   h a n d w e r k l i c h e n   F a c h s p r a c h e n .  Ihre unsystematische, anthropomorphe und metaphorische Struktur machte sie zu einem besonders beliebten Forschungsgegenstand vor allem der volkskundlich orientierten traditionellen Sprachwissenschaft.

In weit höherem Maße wurden von Anfang an die Fachsprachen der Wissenschaften in ihrer Entwicklung kontrolliert. Dies entsprach den ganz anderen Kommunikationsbedingungen, unter denen sie entstanden. Entscheidend ist dabei, daß sie von der Ebene der sinnlichen Wahrnehmung weit stärker abstrahierten. Die fachsprachlichen Bedeutungen konnten im Zweifelsfall nicht mehr anhand konkreter Gegenstände gesichert werden. Daher gab es in den Wissenschaften schon in frühester Zeit, seit der griechischen Antike, Bemühungen um die eindeutige Festlegung fachsprachlicher Bedeutungen. Dabei wurde vor allem die Methode der Definition entwickelt. Unter diesen Bedingungen verlief die E n t w i c k l u n g   d e r   w i s s e n s c h a f t l i c h e n   F a c h s p r a c h e n   i n s g e s a m t   s y s t e m a t i s c h e r  und kontrollierter als die der handwerklichen.

Mit dem Übergang vom Handwerk zur Industrie entstanden im Bereich der materiellen Produktion selbst ähnliche Kommunikationsbedingungen wie im Bereich der

Wissenschaft. Einmal dadurch, daß sich die materielle Produktion verwissenschaft-
lichte. Die Technologien abstrahierten ebenso von der sinnlichen Wahrnehmung wie
die traditionellen Wissenschaften. Hinzu kam, daß der Warenaustausch immer stärker sprachlich geregelt wurde und sich immer weniger unter den Augen der Beteiligten vollzog. Außerdem wuchs die Anzahl der Arbeitsmaterialien, Arbeitsmittel,
Verfahren und Produkte enorm und damit auch der Umfang der fachsprachlichen
Repertoires. Alle diese Bedingungen vergrößerten die Verwechslungsmöglichkeiten
ganz beträchtlich. Anders als bei den traditionellen Wissenschaften bedeuteten
derartige Verwechslungen nun aber unter Umständen erhebliche materielle Verluste.
Daher waren nicht nur Definitionen der fachsprachlichen Bedeutungen erforderlich,
sondern mußten diese Definitionen darüber hinaus allgemein verbindlich gemacht
werden. Daher ging man über zu einer Normung der Fachsprachen.
In Deutschland wurde allerdings erst im 20. Jahrhundert eine Institution ge-
gründet, die außer mit der Produktennormung auch mit der fachsprachlichen Normung betraut wurde. Unter vereinter Initiative des Militärs und der Privatin-
dustrie entstand 1917 der "Normalienausschuß für Maschinenbau", der 1926 in den
"Normenausschuß der Deutschen Industrie" umgewandelt wurde. Er wurde nach dem
2. Weltkrieg, 1949, als "Deutscher Normenausschuß" (DNA) in Berlin, mit Zweig-
stellen in der BRD und DDR neu konstituiert. Dieser Normenausschuß ist eine
formell gegenüber dem Staat und der Industrie eigenständige Organisation. Er
spricht juristisch nur Empfehlungen aus, die keine gesetzliche Verbindlichkeit
haben. Verbindlich sind sie freilich kraft ihrer letztlich ökonomischen Zweck-
mäßigkeit. Außerdem verleiht der Staat einzelnen besonders wichtigen Empfehlungen
Gesetzeskraft.
Die Normung umfaßt nicht alle linguistischen Ebenen der Fachsprache, sondern nur
die Lexik. Es handelt sich also um die Festlegung der Terminologie. Der Normung
der Terminologie geht ihre Erarbeitung voraus. Diese bedient sich der traditionellen wissenschaftlichen Methoden der Definition und der Einordnung in Systeme.
Allerdings spielen bei der Erarbeitung der Normen noch andere Gesichtspunkte eine
Rolle, und zwar vor allem:
- Rücksichten auf den gängigen Sprachgebrauch,
- leichte Sprechbarkeit des Terminus,
- leichte Einprägsamkeit,
- Einfügsamkeit in das eigensprachliche linguistische System,
- Eignung zur Bildung von Ableitungen,
- inhaltliche und formale Abstimmung auf andere Sprachen zwecks Übertragung,
- ein regelmäßiges Verhältnis von Lautform zu Schriftform.

"Benennung einiger Keil- und Federarten vor und nach der Normung

| Nach der Normung | Vor der Normung | | | | | |
|---|---|---|---|---|---|---|
| *Treibkeil* | *Keil* | *Einlegekeil* | *Federkeil* | *Nutenkeil* | *Achskeil* | *Versenkter Keil* |
| *Paßfeder* | *Keil* | *Einlegekeil* | *Federkeil* | *Flachkeil* | *Feder* | *Einlegfeder* |
| *Gleitfeder* | *Keil* | *–* | *Federkeil* | *Flachkeil* | *Feder* | *Führungskeil* |
| *Flachkeil* | *–* | *–* | *–* | *Flachkeil* | *–* | *Flächenkeil* |

Die waagerechten Reihen zeigen die Synonyme, die senkrechten Reihen Homonyme."[4]

Die Richtlinien zur Erarbeitung geeigneter fachsprachlicher Normen wurden 1961 als DIN 2330 selbst normativ festgelegt. Diese Richtlinien wie die gesamte normierende terminologische Arbeit ist innerhalb des deutschen Sprachgebiets maßgeblich geprägt vom Werk Eugen Wüsters.

Die Erarbeitung der Norm wird jeweils einem zuständigen Fachausschuß übertragen, der mit den unmittelbar interessierten Kreisen aus der Industrie in Verbindung steht. Jeder fertige Normvorschlag muß sodann die Normenprüfstelle passieren. Damit erhält er seinen normativen Charakter. Die Norm wird danach als Empfehlung publiziert und dann innerhalb der einzelnen Betriebe und Institutionen mittels Erlaß durchgesetzt. Bei besonders großer Bedeutung wird die Norm vom Staat gesetzlich festgelegt.

Die Empfehlungen des deutschen Normenausschusses sind nur im nationalen Rahmen verbindlich.


## 4.8. Regionale Erstreckung der Fachsprachen

Die regionale Erstreckung der Fachsprachen hängt ab von der Weite des regelmäßigen direkten Kommunikationszusammenhangs, in den sie eingefügt sind. Dementsprechend erstreckte sich schon im Mittelalter eine einigermaßen einheitliche lateinische wissenschaftliche Fachsprache über ganz Europa. Auch die kaufmännische Fachsprache des Fernhandels reichte seit dem Spätmittelalter teilweise über mehrere Sprachgebiete hinweg.

Die meisten Fachsprachen der materiellen Produktion hatten dagegen, entsprechend ihrer kleinräumigen Verflechtung lange Zeit nur eine verhältnismäßig geringe regionale Ausdehnung. Dies gilt vor allem für die t r a d i t i o n e l l e n  F a c h s p r a c h e n  d e r  A g r i k u l t u r  u n d  d e s  H a n d - w e r k s . Sie sind noch heute d i a l e k t a l  g e g l i e d e r t . Dabei handelt es sich oft nicht nur um sprachliche sondern auch um sachliche Unterschiede zwischen den Landschaften, hinsichtlich der Produktionsmittel und Produkte.

---

4  Wüster, S. 97

Erst die Industrialisierung schuf einen beständigen nationweiten Markt und zugleich eine nationale Vereinheitlichung in den Produktionsmitteln und Produkten.
Demgemäß sind auch die i n d u s t r i e l l e n  F a c h s p r a c h e n
nicht mehr dialektgebunden, sondern  e i n h e i t s s p r a c h l i c h .
Die Industrie hat sich zur führenden Produktionsweise entwickelt und sowohl die
Agrikultur als auch das Handwerk von sich abhängig gemacht und maßgeblich umgewandelt. Als die Agrikultur und das Handwerk industrielle Erzeugnisse als Rohstoffe und Arbeitsmittel zu verwenden begannen, übernahmen sie auch weitgehend
die betreffenden einheitssprachlichen Fachausdrücke. In ihren Fachsprachen lassen sich daher zwei Schichten unterscheiden:

(1) eine aus vorindustrieller Zeit stammende, dialektale;

(2) eine im Verlauf der Industrialisierung entstandene, einheitssprachliche.

In der landwirtschaftlichen Fachsprache sind Beispiele für (1) etwa folgende
Lexeme des schwäbischen Dialekts: *Hommel* 'Stier', *Sugga* 'Mutterschwein', *Zoena*
und *Gredda*, beides bestimmte Korbformen; oder die sieben verschiedenen Bezeichnungen für die Bremse am Bauernwagen in Hessen: *Schraube, Leier, Hemme, Mick,
Bremse, Winne.*[5]

Beispiele für (2) sind dagegen: *Mähdrescher, Futterschneidemaschine, Melkmaschine,
Heuwender.* Diese jüngeren Lexeme erhalten zwar zum Teil noch eine dialektale
Phonemik - im Schwäbischen heißt es etwa: *fuədəršneidmašə, melkmašə, haewendər* -;
dialektale Lexeme dafür gibt es aber nicht mehr.

In der Fachsprache der Bauhandwerker sind Beispiele für (1) die fünf verschiedenen Lexeme für das Gerät zum Mischen des Mörtels, die sich allein in der Pfalz
finden: *Schpaishack, Schpaisbiggel, Schpaiskratz* oder *-krätz, Schpaiskitz,
Schpaisschipp.* Mit den lexikalischen Unterschieden verbanden und verbinden sich
zum Teil gewisse Unterschiede in der Geräteform.[6]

Beispiele für (2) sind dagegen: *Bagger, Schaufellader, Stahlbeton.*

Mit der Einführung industrieller Arbeitsgeräte wurden nicht nur die Bezeichnungen
für die Geräte selber, sondern oft auch für die damit modifizierten Arbeitsvorgänge übernommen. Schwäbisches *zackern* und hessisches *dinsen* begannen ungefähr
zu dem Zeitpunkt durch einheitssprachliches *pflügen* ersetzt zu werden, als
Traktoren an die Stelle von Zugtieren traten. Allerdings mag die veränderte Bezeichnung des Arbeitsvorgangs nicht nur durch das veränderte Arbeitsgerät sondern
auch durch den allgemein vermehrten Kontakt mit der Einheitssprache bedingt sein.
Generell besteht die Tendenz, daß die Proportion des einheitssprachlichen gegen-

---

5    Maurer, Friedrich: Sprachschranken, Sprachräume und Sprachbewegungen im Hes-
     sischen. In: Maurer: Sprachgeographie. Gesammelte Abhandlungen. Düsseldorf
     1972 (= Beihefte zur Zeitschrift "Wirkendes Wort" 21), S.37-92 u. Karte S.78
6    Krebs, Friedrich: Die Fachsprache des Maurers in der Pfalz. Erlangen 1934
     (= Fränkische Forschungen 3), S. 29-30 u. Karte 10.

über dem dialektalen Anteil in den landwirtschaftlichen und handwerklichen
Fachsprachen wächst. Dies hat die schon genannten Gründe der allgemein intensiveren Berührung mit der Einheitssprache und der Übernahme industrieller Arbeitsmaterialien und Mittel. Dann wirkt aber dahingehend auch die zunehmende
Technologisierung der Landwirtschaft und des Handwerks und die überregionale
Vereinheitlichung der fachlichen Ausbildung vor allem in den Berufs-
schulen.

Im Zuge der Industrialisierung haben sich die Verflechtungen der materiellen
Produktion auch über die nationalen Grenzen hinweg ausgedehnt. Die Arbeitsteilung wurde international, der Markt zum Weltmarkt. Diese Entwicklung verlangte
nach einer internationalen Koordinierung der betreffenden Fachsprachen. Diese
Aufgabe konnten die einzelnen Nationen nicht für sich allein bewältigen. Eine
von den Industrieländern für die internationale technische Normung geschaffene
Behörde, die "International Organisation for Standardization" (ISO), setzte
daher 1937 ein für die Terminologienormung zuständiges Komitee ein, das "ISO/TC
37", das seinen Sitz in Österreich hat.

In Verbindung mit diesem Komitee entstanden für die einzelnen Fachrichtungen
mehrsprachige Definitionswörterbücher, die verläßliche Übersetzungen von einer
Sprache in die andere ermöglichen.

Darüber hinaus entstanden innerhalb der enger integrierten multinationalen
Wirtschaftsblöcke Europas, der EWG und des COMECON, Ansätze zu einer fachter-
minologischen Vereinheitlichung. Innerhalb der EWG ist diese Vereinheitlichung
bislang noch Aufgabe der nationalen Normungsbehörden. So ist im DNA die Koordination mit dem Sprachgebrauch anderer Nationen ein maßgebliches Kriterium der
Terminologienormung.

In der Fachsprache ist auf diese Weise das Rudiment einer Weltsprache entstan-
den, die allerdings nach der sozialen Seite hin auf einen kleinen Kreis von
Experten, nach der linguistischen weitgehend auf die grammatische Ebene der
Lexik eingeschränkt ist.

---

**Weiterführende Aufgabe**

Die Fachsprache der Elektronik bedient sich weitgehend der englischen Sprache;
häufig sind es auch Abkürzungen englischer Ausdrücke. Erklären Sie die Dominanz des Englischen. Untersuchen Sie, inwiefern für Volksschulabsolventen ohne
Englischkenntnisse in der Lehrausbildung dieser Fachrichtung sprachliche
Schwierigkeiten entstehen und wie die Ausbildungsinstitutionen diesen Schwierigkeiten begegnen.

## 4.9.    Zur Verbindung zwischen Fachsprache und Gemeinsprache

Die verschiedenen Fachsprachen haben eine unterschiedliche Entfernung oder Nähe zur Gemeinsprache. Dies hängt maßgeblich von der Entfernung oder Nähe der betreffenden Arbeitsbereiche zu dem der Gesamtgesellschaft gemeinsamen Bereich ab. Bei diesem Bereich handelt es sich, grob gesprochen, um die Konsumtionssphäre. Hinsichtlich der Distanz zur Konsumtionssphäre lassen sich vor allem folgende große Arbeitsbereiche auseinanderhalten, die sich freilich einerseits teilweise überlappen und andererseits nicht sämtliche Arbeitsbereiche einschließen:

(1) Der Bereich, in dem die Produktionsmittel hergestellt werden, das sind Arbeitsmaterialien, Arbeitsmittel und Verfahren. Diesem Bereich darf hier auch die Distribution der fertigen Produktionsmittel zugeordnet werden.

(2) Der Bereich, in dem die Konsumtionsmittel im weiten Sinn hergestellt werden. Zu diesen Konsumtionsmitteln zählt alles, was in die Konsumtionssphäre eingeht und dort verbraucht wird.

(3) Der Distributionsbereich für die Konsumtionsmittel. Über ihn werden die Konsumtionsmittel auf die Konsumtionssphäre verteilt. Er vermittelt also zwischen dem 2. Bereich und der Konsumtionssphäre.

(4) Der staatliche Sektor, der das gesamtgesellschaftliche Leben reguliert.

Die Produkte des Bereiches (1), die Produktionsmittel, dienen nur der weiteren Produktion entweder wiederum von Produktionsmitteln oder von Konsumtionsmitteln. Sie verbleiben also stets in der Produktionssphäre und werden dort aufgebraucht. Daher hat dieser Arbeitsbereich keine direkte Verbindung zur Konsumtionssphäre. Folglich bedarf es auch nicht der kommunikativen Vermittlung zwischen diesem Bereich und der Konsumtionssphäre. Ebenso wenig brauchen die Fachsprachen dieses Bereichs mit der Gemeinsprache vermittelt zu werden. Sowohl der Aufbau als auch die fachsprachlichen Bezeichnungen von Werkzeugmaschinen und ähnlichem sind daher den nicht in diesem Bereich Arbeitenden unbekannt; sie haben gewöhnlich auch kein Bedürfnis, diese kennen zu lernen.

Der Bereich (2), in dem die Konsumtionsmittel hergestellt werden, steht der Konsumtionssphäre näher; denn seine Produkte münden in sie ein.

Allerdings münden sie zumeist nicht direkt ein, sondern über den Bereich (3) der Distribution. Der Distributionsbereich ist teilweise mit dem Bereich, in dem die Konsumtionsmittel hergestellt werden, institutionell und personell eng verbunden. Dies gilt beispielsweise für manche Handwerker wie Bäcker und Metzger, die Konsumtionsmittel sowohl herstellen als auch an die Endverbraucher verkaufen. Überwiegend bildet der Distributionsbereich jedoch einen institutionell und personell eigenständigen Sektor, der sogar mehrere Stationen zwischen

Konsumtionsmittelherstellung und Endverbraucher umfassen kann, etwa über den Groß-, Zwischen- und Einzelhandel.

Der Distributionsbereich reicht unmittelbar hinein in die Konsumtionssphäre. Ebenso der Bereich der Produktionsmittelherstellung an denjenigen Stellen, wo kein eigenständiger Distributionsbereich dazwischen geschaltet ist. Folglich greifen auch die Fachsprachen dieser Bereiche und die Gemeinsprache ineinander. Sie treffen an einem theoretisch genau bestimmbaren Punkt aufeinander und gehen ineinander über, nämlich bei den Bezeichnungen für die fertigen Produkte, wie sie vom Bereich der Distribution und der Konsumtionsmittelherstellung eingehen in die Konsumtionssphäre. Die Bezeichnungen für diese Produkte gehören sowohl den Fachsprachen der betreffenden Bereiche als auch der Gemeinsprache an.

Dies gilt für Autotypen wie *VW 1303*, *Fiat 128* oder *Opel Admiral* ebenso wie für Wurstsorten, beispielsweise *Thüringer Rotwurst*, *Pfälzer Leberwurst* oder *Gelbwurst*. Die entsprechenden Termini sind vom Blickwinkel des Metzgers oder des Autohändlers Bestandteile ihrer Fachsprachen, vom Blickwinkel des Konsumenten Bestandteile der Gemeinsprache.

Allerdings werden von beiden Blickwinkeln aus verschiedene Aspekte profiliert. Der Konsument betrachtet das Gesamtprodukt im Hinblick auf sein Konsumbedürfnis. Der Verkäufer bzw. der Hersteller sieht den Aufbau und die einzelnen Bestandteile differenzierter. Entsprechend verfügt er auch über die fachsprachlichen Bezeichnungen für die Struktur und die Einzelteile des Produkts. Da der Konsument das Produkt in der Regel nur als Ganzes konsumiert, interessieren ihn die Einzelteile weniger. Daher kennt er in der Regel auch nicht deren fachsprachliche Bezeichnungen.

Generell berühren sich die Fachsprache und die Gemeinsprache daher vor allem in den Bezeichnungen für die ganzen, fertigen Konsumtionsmittel. Klar geschieden von der Gemeinsprache sind dagegen auch in den Bereichen der Konsumtionsmittelherstellung und Distribution die fachsprachlichen Bezeichnungen für die Rohstoffe, Arbeitsmittel und Verfahren.

Ein bemerkenswertes Verhältnis besteht zwischen den Fachsprachen des staatlichen Sektors und der Gemeinsprache. Insofern staatliche Politik, Justiz, Finanzen und Verwaltung alle Gesellschaftsmitglieder angehen, müßten die Fachsprachen dieser Bereiche im Grunde zugleich Bestandteile der Gemeinsprache sein. Faktisch ist es aber so, daß die Fachsprachen dieser Bereiche zum Teil als von der Gemeinsprache besonders weit entfernt erscheinen. Sie werden, auch in sprachwissenschaftlichen

Abhandlungen nicht selten als besonders typische Fachsprachen der Gemeinsprache gegenübergestellt. Diese Diskrepanz zwischen staatlichen Fachsprachen und Gemeinsprache verweist auf eine Entfremdung und Verselbständigung des Staates gegenüber den breiten Massen der Gesellschaftsmitglieder.

Durch diese Nahtstelle zwischen Fachsprachen und Gemeinsprache schimmert also unverkennbar ein gesellschaftlicher Mißstand hindurch. Am Verhältnis von Fachsprachen zur Gemeinsprache werden freilich noch weitere gesellschaftliche Mißstände erkennbar. Von ihnen sollen einige im folgenden Kapitel skizziert werden.

## 4.10.    Mängel in der Vermittlung zwischen Fachsprache und Gemeinsprache

### 4.10.1. Zur Fachsprache staatlicher Organe

Bei empirischen Untersuchungen zum Verständnis von Rundfunknachrichten wurde festgestellt, daß außenpolitische Themen von allen Sozialschichten allgemein nur sehr unvollkommen verstanden werden. Vor allem von Angehörigen der unteren Sozialschichten werden auch innenpolitische Themen nur sehr unzureichend aufgenommen. Dagegen werden Sensationsmeldungen und ähnliches allgemein gut verstanden.[7]

Es ist ein naheliegender Schluß, daß die Verständnisschwierigkeiten bei den politischen Themen hauptsächlich auf mangelnde Kenntnisse der politischen Fachsprache zurückzuführen sind. Hierauf weisen auch unsystematische Beobachtungen hin, die jeder anstellen kann, daß schon ganz rudimentäre politische Fachausdrücke wie *Opposition, Quorum, Föderalismus* und ähnliche vielen Gesellschaftsmitgliedern in ihren Bedeutungen unbekannt sind. Die politischen Parteien haben sich hierauf zum Teil eingestellt, etwa in ihrer Plakatpropaganda, in der nicht selten alle politische Fachsprache und, damit zusammenhängend, oft auch jede politische Aussage überhaupt fehlen. Mit "Laßt Vernunft walten" empfahl sich etwa die F.D.P., mit "Wir kommen" die hessische CDU den Wählern.

Mag das Fehlen der politischen Fachsprache nur ein Akzidenz derartiger Parteislogans sein (vgl. 5.3.); daß solche nichtssagenden Slogans überhaupt möglich sind, hängt letztlich doch auch mit den mangelnden Kenntnissen der politischen

---

7    Böhm, Stefan u.a.: Rundfunknachrichten. Sozio- und psycholinguistische
     Aspekte. In: Sprache und Gesellschaft, hg. von A. Rucktäschel. München 1972
     (= Uni-Taschenbücher 131), S. 153-187.

Fachsprache in der Bevölkerung zusammen. Dies gilt insofern, als die mangelhaften Kenntnisse der politischen Fachsprache Ausdruck mangelnder politischer Kenntnisse in der breiten Bevölkerung sind. Zugleich bilden die sprachlichen Unkenntnisse eine starke Informationsbarriere. Wenn politische Nachrichten aufgrund der Fachsprache nicht verstanden werden, kann auch der politische Wissensstand kaum erweitert werden.

Freilich ist nicht nur auf höchster politischer Ebene die Fachsprache staatlicher Organe ein Problem. Dies beginnt vielmehr schon auf den untersten Ebenen der Ämter. Es ist bekannt, daß zahlreiche, insbesondere kleine Lohnempfänger keinen Lohnsteuerjahresausgleich beantragen. Mögen nun andere Gründe als die Unkenntnis der amtlichen Fachsprache hierfür direkter maßgeblich sein. Indirekt dürfte die durch die Fachsprache errichtete Kommunikationsbarriere doch eine beträchtliche Rolle spielen. Einmal werden schon deshalb die Informationen über solche Geldquellen nicht aufgenommen. Zum andern gründet die verbreitete tiefe Abneigung vor dem Gang auf irgendein Amt nicht zuletzt in der Hilflosigkeit, die sich vieler angesichts der unbekannten Fachsprache bemächtigt.

Dieses Gefühl läßt sich nachvollziehen anhand einiger Sätze aus einem Antragsformular zum Lohnsteuer-Jahresausgleich. Es muß betont werden, daß es sich hierbei nicht um das auszufüllende Formular selbst handelt, das weit schwieriger verständlich ist, sondern um die beigelegte Erläuterung des Formulars. In dieser Erläuterung, "die beim Ausfüllen des Formulars helfen" soll, heißt es etwa:

> "Die *geltend gemachten Aufwendungen* kürzen sie um die Beträge, die der *Arbeitgeber* als *steuerfreie Trennungsentschädigung* oder *Auslösung* gezahlt hat".

Oder:

> "Haben Sie sich von der *gesetzlichen Sozialversicherung* befreien lassen, so können Sie hier die *"gleichgestellten Aufwendungen"* einsetzen. Den *gesetzlichen Sozialversicherungsbeiträgen* gleichgestellt sind *Aufwendungen* für *befreiende Lebensversicherungen*, für die *freiwillige Weiterversicherung* in der *gesetzlichen Rentenversicherung* und für eine *öffentlich-rechtliche Versicherungs-* oder *Versorgungseinrichtung* ihrer *Berufsgruppe*. Ausgezahlte *Gewinnanteile* und die *steuerfreien Zuschüsse* Ihres *Arbeitgebers* ziehen Sie bitte vorher ab".

Es ist insbesondere die Häufung der hier kursiv gedruckten Fachterminologie, die diese Sätze recht undurchdringlich macht. Sie dürfte vor allem die Angehörigen der unteren Sozialschichten darin behindern, ihr Recht auf eine Steuerrückerstattung wahrzunehmen, woraus diesen unmittelbare ökonomische Nachteile erwachsen.

4.10.2. Zur Fachsprache der Warendistribution

Vorausgehend wurde festgestellt, daß die Fachsprache der Warendistribution im
Grunde mit der Gemeinsprache zusammenfällt in der Kennzeichnung und Bezeichnung
der fertigen Waren, die in die Konsumtionssphäre einmünden (vgl. 4.9.). Diese
Feststellung bezog sich auf hypothetische vernünftige gesellschaftliche Verhältnisse. In der gesellschaftlichen Wirklichkeit finden sich jedoch wiederum krasse
Diskrepanzen zwischen der Gemeinsprache und der in die Konsumtionssphäre einmün-
denden Fachsprache des Distributionsbereichs.

Die sprachliche Kennzeichnung von Waren müßte allgemein verständlich sein, also
mittels der Gemeinsprache erfolgen, wenn sie den Zweck haben sollte, daß die
Konsumenten eine ihren Bedürfnissen entsprechende Auswahl treffen können. Daß
dies nicht der Fall ist, belegen folgende typische Beispiele von Warenkennzeich-
nungen:

> Birkin Haarwasser: "*fungizid* und *bakterizid*";
> Tütenmilch: "*kurzzeiterhitzt* und *rahmhomogenisiert*";
> Philips Heimsonne: "Der *Heliol-Quarzfilter* blockiert die ganz *kurz-
> welligen hautreizenden UV-Strahlen*".[8]

Hier drückt man sich zum Teil unverkennbar fachsprachlicher aus als notwendig.
Statt *fungizid* und *bakterizid* ließe sich etwa allgemeinverständlicher sagen:
"hemmt Pilzerkrankungen der Haut und tötet Bakterien". Immerhin handelt es sich
in diesen Beispielen noch um Sachaussagen, deren Bedeutungen mittels bestimmter
Lexika feststellbar sind.

Dagegen liefern folgende Kennzeichnungen überhaupt keinen sachlichen Aufschluß
mehr über die Warenqualität:

> Kunert Feinstrumpfhosen: "aus *Chinchillan*";
> Ghitana Schaumbad: "Der hochwirksame *Neo-PCL-Extrakt*";
> Tasmin Intimspray: "mit dem sanften *Euzerit*".

Diese scheinbar fachsprachlichen Ausdrücke haben keinerlei Eigenbedeutung.
Es kann also dabei nicht mehr um die Warenkennzeichnung gehen, sondern um das
genaue Gegenteil: Die wahre Warenqualität wird unter nichtssagenden Ausdrücken
verborgen. Die fachsprachliche Form suggeriert dabei fachliche Qualität. Da
die konkrete Warenqualität verborgen bleibt, ist den Konsumenten eine Auswahl
nach ihren Bedürfnissen unmöglich. Dabei ist der vernünftige Sinn von Waren-
kennzeichnungen in sein genaues Gegenteil verkehrt.

---

8  Beispiele aus Römer, Ruth: Die Sprache der Anzeigenwerbung. 2. Aufl. Düsseldorf 1971 (= Sprache der Gegenwart 4), S. 119. Dort weitere Beispiele
   S. 115-123.

Offenbar hat sich hier - analog zum vorweg besprochenen Staat - die Warendistribution verselbständigt gegenüber den Konsumenten. Sie dient nicht mehr in erster Linie den Konsumenten, sondern hat sie bis zu einem gewissen Grad zu ihren Objekten gemacht, die ihren Verkaufstricks ausgeliefert sind. Diese Perversion ist aber ein immanentes Entwicklungsgesetz der kapitalistischen Warenwirtschaft. Der Produktion und Distribution geht es primär darum, den Tauschwert der hergestellten Waren im Verkauf zu realisieren. Sekundär ist dagegen der Gebrauchswert der Waren für die Konsumenten (vgl. Kap. 1.2.1.). Er kann daher bei der Kennzeichnung der Waren verschleiert werden. Dem entspricht es, daß die inhaltsleere fachsprachliche Formel keine konkrete Qualität ausdrückt. Sie scheint nur auszudrücken, daß eine beträchtliche Quantität von Arbeit, nämlich wissenschaftlicher Arbeit, aufgewandt wurde zur Herstellung der Ware. Sie ist damit ein scheinbarer Ausdruck des Tauschwerts. Indem aber die Waren mehr nach ihrem Tauschwert oder gar nur dessen Schein als nach ihrem Gebrauchswert gekennzeichnet und gekauft werden, verformen sich bis zu einem gewissen Grad auch die Bedürfnisse der Konsumenten. Sie richten sich auf den Tauschwert oder scheinbaren Tauschwert der Waren, der allmählich als ihr Gebrauchswert erscheint.

---

Aufgaben

1) Nennen Sie Gründe, warum für die Arbeit in der Produktionssphäre oft nur geringe fachsprachliche Kenntnisse erforderlich sind.

2) Welche Parallelen sehen Sie in der Verteilung von Dialekt, restringiertem Kode und Fachsprache auf die sozialen Schichten? Begründen Sie die festgestellten Parallelen.

3) Warum zeigt die Fachsprache des Handwerks dialektale Unterschiede, die Fachsprache der Industrie dagegen kaum?

4)

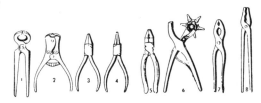

1 Beißzange, 2 Hebelvorschneider, 3 Flachzange, 4 Rundzange, 5 Kombinationszange, 6 Revolver-Lochzange,
7 Gasrohrzange, 8 Schmiedezange

   a) Die Benennung obiger Werkzeuge erfolgte offenkundig unter verschiedenen Aspekten. Unter welchen?

   b) Welche der obigen Werkzeugnamen sind Bestandteile der Gemeinsprache, welche der Fachsprache? Begründen Sie ihre Zuordnung.

5) Werkzeuge lassen sich systematisch zusammenstellen unter folgenden Aspekten:
   α) unter gegenstands- und sachlogischen,
   β) unter sprachlogischen,
   γ) nach gemeinsamen Arbeitsbereichen, in denen sie gebraucht werden.

   a) Stellen Sie einige Zangen unter den Aspekten α) und β) zusammen.
   b) Suchen Sie einen Arbeitsbereich, wo Zangen verwendet werden, und nennen Sie einige andere Werkzeuge dieses Arbeitsbereichs (Aspekt γ).
   c) Nennen Sie Arbeitsbereiche und Institutionen, für die eine Systematisierung nach α) bzw. nach β) oder γ) besonders relevant sein dürfte.

## Weiterführende Aufgaben

6) Gewöhnlich unterscheidet man zwischen "allgemeinbildenden" und "berufsbildenden" Schulen. Ist es richtig, daß in ersteren die Gemeinsprache und in letzteren die Fachsprachen vermittelt werden?

7) Nach einer Schätzung des Deutschen Mieterbundes nutzen 500 000 bundesrepublikanische Haushalte nicht ihren Anspruch auf Wohngeld. Stellen Sie einen Antrag auf Wohngeld, und versuchen Sie zu ermitteln, an welchen Stationen die Fachsprache hierfür eine Barriere bilden könnte. Legen Sie ein Antragsformular auf Wohngeld, vor allem die "Erläuterungen zum Antrag", einer Stichprobe von Angehörigen der unteren Sozialschichten vor und prüfen Sie die Verständlichkeit. Formulieren Sie gegebenenfalls Reformvorschläge.

8) In einer Bundestagsdebatte äußerte MdB Willy Könen die Hoffnung, daß sich einmal eine Gesetzessprache finden lasse, die "der Volksschüler mit durchschnittlicher Bildung begreifen kann". Die philologische Leiterin des amtlichen Redaktionsstabs meinte dazu:"[...] das ist ein Ding der Unmöglichkeit. Das scheitert einfach an der Materie [...] die Welt heute ist so verzahnt und so kompliziert geworden, das kann man nicht mehr einfach ausdrücken." (Der Sprachspiegel 17 (1973), H. 5, S. 67).
   a) Inwiefern handelt es sich bei dem von Könen angesprochenen Sachverhalt um einen reformbedürftigen Mißstand?
   b) Welche sprachlichen, sprachdidaktischen, aber auch sachlichen und politischen Möglichkeiten zur Verringerung dieses Mißstandes gibt es?

9) Gehen Sie aus von einigen an Ihrer Universität verteilten politischen Flugblättern. Stellen Sie die verwendeten wissenschaftlichen Fachtermini zusammen. Überlegen Sie, inwiefern diese Fachtermini Verständnisbarrieren bilden und wie solche Verständnisbarrieren verringert werden könnten? Überlegen Sie dabei auch, inwiefern der Verzicht auf Fachsprache einen Informationsverlust darstellt.

## Literaturhinweise

Bausinger, Hermann: Deutsch für Deutsche. Dialekte, Sprachbarrieren, Sondersprachen. Frankfurt 1970 (= Fischer Bücher des Wissens 6145), darin: Expertendeutsch, S. 66-76.

Leicht verständliche und aspektreiche Einführung in die Thematik der Fachsprache.

Die Deutsche Sprache. Kleine Enzyklopädie in 2 Bdn. Hg. von E. Agricola u.a. Leipzig 1969, Bd. 1, S. 567-579.

Leicht verständliche Einführung in die Problematik der Fachsprachen und skizzenhafter Überblick über den bisherigen Forschungsstand.

Fluck, Hans-Rüdiger: Fachsprachen. Einführung und Bibliographie. München 1976 (= UTB 483).

Unter soziolinguistischer Perspektive werden die wichtigsten Forschungsprobleme und -ergebnisse im Bereich von Fachsprache und Gemeinsprache ausführlich dargestellt, v. a. Begriffsbestimmungs- und Abgrenzungsversuche, die historische Entwicklung von Fachsprachen, ihre Funktion in der Gegenwart, ihre sprachliche Charakteristik, Probleme ihrer Normung sowie mit ihnen verbundene didaktische Fragen und erkenntnistheoretische Probleme. Außerdem enthält das Buch eine gute und umfangreiche Auswahlbibliographie.

Hoffmann, Lothar: Kommunikationsmittel Fachsprache. Eine Einführung. Berlin (Ost) 1976.

Ausführliche Darstellung der kommunikativen Funktionen von Fachsprachen, ihrer sprachlichen Merkmale sowie möglicher Methoden zur Ermittlung ihrer sprachlichen Spezifik. Enthält eine umfangreiche Bibliographie.

Ischreyt, Heinz: Studien zum Verhältnis von Sprache und Technik. Institutionelle Sprachlenkung in der Terminologie der Technik. Düsseldorf 1965 (= Sprache und Gemeinschaft. Studien, 4).

Ausführliche Erörterung einer Vielzahl von Fragen im Zusammenhang mit den technischen Fachsprachen, insbesondere der Geschichte und Systematik der fachsprachlichen Normung.

Maurer, Friedrich: Zur deutschen Handwerkersprache. In: Maurer: Volkssprache. Gesammelte Abhandlungen. Düsseldorf 1964 (= Beiheft zur Zeitschrift "Wirkendes Wort" 9), S. 37-52.

Beispiel einer der recht zahlreichen in volkskundlicher Tradition stehenden Abhandlungen über Fachsprache, die zugleich die wichtigsten Ergebnisse der Forschungen zu den Fachsprachen einzelner Handwerke referiert.

Möhn, Dieter: Fach- und Gemeinsprache. Zur Emanzipation und Isolation der Sprache. In: Wortgeographie und Gesellschaft. Hg. von W. Mitzka. Berlin 1968, S. 315-348.

Skizze der vorausgehenden fachsprachlichen Forschung. Erörterung des Verhältnisses von Fachsprache zur Gemeinsprache, der unterschiedlichen Ausprägungen der Fachsprachen in verschiedenen Betriebssektionen und deren Funktion für die Arbeit in diesen Sektionen.

Wagner, Hildegard: Die deutsche Verwaltungssprache der Gegenwart. Eine Untersuchung der sprachlichen Sonderform und ihrer Leistung. Düsseldorf 1970 (= Sprache der Gegenwart 9).

Die grammatischen Eigenheiten der Verwaltungssprache werden unter Einbeziehung quantitativer Verfahren bestimmt. Sie werden dann funktional von den Kommunikationsanforderungen in der Verwaltung her gedeutet.

Wüster, Eugen: Internationale Sprachnormung in der Technik, besonders in der Elektrotechnik. (Die nationale Sprachnormung und ihre Verallgemeinerung). 2. Aufl. Bonn 1966 (= Sprachform, Beiheft 2).

Grundlegende und umfassende Darstellung der sprachwissenschaftlichen Fragen im Zusammenhang mit der Normung der technischen Fachsprachen.

5.     IDEOLOGISCHE SPRACHE

## 5.1.     Zur begrifflichen Bestimmung ideologischer Sprache

Ideologische Sprache hat einen andersartigen gesellschaftlichen Bezug als die in
2 - 4 erörterten sprachlichen Dimensionen. Waren diese weitgehend formal auf die
Gesellschaft bezogen, so die ideologische Sprache inhaltlich. Sie umfaßt denjenigen Teil der Sprache, in denen die Auffassungen und Vorstellungen von der
Gesellschaft aufbewahrt sind, also die Sprachinhalte, sofern sie sich auf gesellschaftliche Sachverhalte beziehen.
Die Auffassungen von der Gesellschaft wandeln sich mit der Gesellschaft selbst.
Sie weisen aber auch innerhalb ein und derselben Gesellschaft soziale Divergenzen auf. Diese Divergenzen leiten sich von objektiven Unterschieden der politisch-ökonomischen Stellung her. Von verschiedenen politisch-ökonomischen Positionen aus ergeben sich
nämlich notwendigerweise unterschiedliche Auffassungen von der Gesellschaft,
insbesondere vom Standort verschiedener sozialer Klassen aus. Innerhalb der
Klassen können sich dann von den Positionen verschiedener sozialer Schichten
und Gruppen aus weitere Unterschiede ergeben.
Im Verlauf der Geschichte haben sich verschiedene soziale Klassen in der Herrschaft über die Gesellschaft abgelöst. Die Ablösung war letzten Endes bedingt
durch Veränderungen in der Produktionsweise, die andere Produktionsverhältnisse
mit jeweils spezifischen herrschenden sozialen Klassen mit sich brachten. Die
zur Herrschaft drängenden oder gerade zur Herrschaft gelangten Klassen haben
ihre Auffassungen von der Gesellschaft, ihre eigene Ideologie, gegenüber derjenigen der überlebten herrschenden Klasse stets als die rationalere darstellen
können. Dies entsprach den jeweils objektiv rationaleren neuen Produktionsverhältnissen, unter denen sich die Produktivkräfte, die Möglichkeiten der Güterproduktion, besser als unter den alten Verhältnissen entfalten konnten. Die
Ideologie hat der neuen Klasse dabei stets als Mittel der geistigen Auseinandersetzung mit der überlebten Klasse gedient, um ihre Herrschaftsübernahme vor
allen Gesellschaftsmitgliedern zu rechtfertigen. Umgekehrt hat die bedrohte
überlebte Klasse stets versucht, die Aufrechterhaltung ihrer Herrschaft mittels

ihrer Ideologie zu legimitieren. In der L e g i t i m a t i o n   v o n
H e r r s c h a f t s a n s p r ü c h e n  besteht daher eine wichtige Funktion
von Ideologie.

Ideologien wurden auf unterschiedlichem rationalem Niveau entfaltet. Sie errei-
chen als philosophisch fundierte Gesellschaftstheorien eine wissenschaftliche
Stringenz. Sie sind dann hauptsächlich Gegenstand der Philosophie und Soziologie, insbesondere der Wissenssoziologie. Auch auf diesem Niveau sind die Ideologien freilich an Sprache gebunden und folglich dem Bereich ideologischer Sprache
zugehörig. Da sich jedoch bereits traditionell bestimmte Disziplinen mit ihnen
befassen, bieten sie sich weniger als Gegenstand der Soziolinguistik an.

Auf philosophisch-wissenschaftlichem Niveau werden die Ideologien entwickelt
und gehandhabt von professionellen Ideologen, Philosophen und Sozialwissenschaft-
lern. Aber auch die übrigen Bevölkerungsschichten und Gruppen verfügen über
Ideologien, an denen sie ihr soziales Handeln und ihre Auffassungen von und Einstellungen zur Gesellschaft orientieren. Diese I d e o l o g i e n   d e r
b r e i t e n   M a s s e n   i n   i h r e r   s p r a c h l i c h e n   G e -
b u n d e n h e i t  zeichnen sich als relevanter Gegenstandsbereich der Soziolinguistik ab. Sie können freilich ohne Bezug auf die philosophisch-wissenschaft-
lichen Ideologien, von denen sie beeinflußt sind, nicht in ihren Entstehungsbedingungen begriffen werden. Ein Verständnis ihrer Entstehungsbedingungen wie
auch ihrer sozialen Funktionen setzt außerdem eine politisch-ökonomische Analyse
der Gesellschaft und der Situation ihrer Trägergruppen voraus.


5.2.    Schematik der großen politisch-ökonomischen Epochen und Notizen
        zu ihren Ideologien und ihrer ideologischen Sprache

Im Veränderungsprozeß der Gesellschaft, der Ideologien und der ideologischen
Sprache sind zwei Dimensionen auseinanderzuhalten:
(1) Die durchgängigen und übergreifenden Merkmale ganzer politisch-ökonomischer
    Epochen. Sie beziehen sich auf die Grundstruktur eines Produktions- und
    Klassenverhältnisses und bestehen, solange diese erhalten bleibt.
(2) Deren ständige historische Modifikationen. Sie vollziehen sich im Rahmen
    der politisch-ökonomischen und ideologischen Grundstruktur einer Epoche.
    Deshalb sind sie freilich nicht ohne Rückwirkung auf die Stabilität dieser
    Grundstruktur.

Die Grundstruktur eines Produktions- und Klassenverhältnisses ergibt sich aus
einer politisch-ökonomischen Analyse, die für ein umfassendes Verständnis ideologischer Sprache unerläßlich ist.

### 5.2.1. Feudalismus

Im Feudalismus, der sich im deutschsprachigen Gebiet im frühen Mittelalter her-
ausbildete und bis ins 19. Jahrhundert hineinreichte, war die Agrikultur die
vorherrschende Produktionsweise. Dementsprechend war der Grund und Boden das
wichtigste Produktionsmittel. Die Klassenherrschaft der Feudalaristokratie grün-
dete auf der Verfügung über dieses wichtigste Produktionsmittel. Die beherrschte
Klasse bildeten die den Grund und Boden bewirtschaftenden Bauern. Sie erarbeiteten dabei ihren eigenen Lebensunterhalt und in Fronarbeit und durch Abgaben auch
den der Feudalaristokratie. Die Feudalaristokratie war in sich wiederum hierar-
chisch gegliedert, im Mittelalter im Lehensverhältnis, später in anderen Ab-
hängigkeitsverhältnissen.

Die dem feudalen Produktionsverhältnis gemäße Ideologie erhielt ihre besondere
Prägung durch die Variante des Christentums, wie sie von der römischen Kirche
ausgebildet wurde. Diese Lehre bildete für die Feudalaristokratie einen wichtigen Bestandteil des sozialen Selbstverständnisses und der Legitimation ihrer
Herrschaft. Sie erhielt eine geschlossene Form in den scholastischen Philoso-
phien des Mittelalters, deren begriffliche Grundbestandteile wie auch sprachlichen Ausdrucksformen mit gewissen Modifikationen während des gesamten Feudalismus, und als Überbleibsel sogar bis zur Gegenwart, erhalten bleiben.

Die Gesellschaft wurde aufgefaßt als *Ordo*, in dem jeder von Geburt an seinen
festen sozialen Ort, seinen *Stand* hatte. Der hierarchische Ordo reichte
bis in den *Himmel*, wo *Gott* als oberster *Herr* dessen Spitze bildete. Die soziale Ungleichheit und Herrschaftstruktur erschien von *Gott geschaffen, gott-
gewollt* und von *Gott geschützt*.

Auch die Vorstellungen vom Staat waren bestimmt vom Gedanken des Ordos. Ihm ent-
entsprachen der erbliche Herrscher, König und Kaiser, von *Gottes Gnaden*. Bekanntlich beriefen sich die als Überbleibsel des Feudalismus bis 1918 thro-
nenden Monarchen bis zuletzt auf das *Gottesgnadentum* ihrer Herrschaft. Ferner
war eine Teilnahme der Bauern an der staatlichen Politik oder eine Verant-
wortung der Herrschenden vor ihnen vom Gedanken des Ordos her ausgeschlossen.

Da die Herrschaft und materielle Ausbeutung im Feudalismus - anders als dann im
Kapitalismus (vgl. 5.2.2.) - unverhüllt und offenkundig waren, bedurfte es einer
gewichtigen und möglichst unangreifbaren Legitimation. Beides war durch die Einbeziehung eines imaginären Gottes in die Gesellschaftsvorstellung gewährleistet.
Wer gegen den gottgeschaffenen Ordo verstieß, provozierte angeblich Gottes Zorn.

Die strenge Aufrechterhaltung der Herrschaft geschah in seinem Namen; auf die harte irdische Bestrafung jedes Ordnungsverstoßes folgte angeblich noch die weit grausamer ausgemalte im Jenseits.

Die Sozialbeziehung der unmittelbaren Herrschaft und Abhängigkeit fand ihr Pendant in entsprechenden Tugendvorstellungen.[1] *Treue* (mhd. *triuwe*), *Demut* (mhd. *diemuot*), *Beständigkeit* (mhd. *staete*), *Dienstbeflissenheit* (mhd. *dienst*) und vor allem *Glaube* (mhd. *geloube*) galten als Kardinaltugenden. Die Tugenden der Unterordnung wurden durch die übergeordnete Tugend des Glaubens vor jedem In-Frage-Stellen gesichert. Der rationale Zweifel (mhd. *zwîfel*) galt als zutiefst verwerflich. Dieser Tugendkanon findet sich in der mittelalterlichen Literatur zwar vor allem als Empfehlung der großen Feudalherrn an die belehnten und abhängigen kleinen Feudalaristokraten. Er galt aber besonders rigoros für die Bauern.

Dem Feudalherren ziemte dagegen *Gnade* (mhd. *genâde*), *Freigiebigkeit* und *Maß* bei den abverlangten Diensten (mhd. *milte*) sowie *Würde* (mhd. *werdeheit*) und hohes *Ansehen* (mhd. *êre*). Produktive *Arbeit* galt als eines Aristokraten unwürdig; mhd. *arebeit* hatte in aristokratischen Kreisen die Bedeutung bloßer Mühsal. Dieses Tugendsystem diente der sozialpsychischen Einfügung der Individuen in das bestehende Gesellschaftssystem. Indem es zu dessen Stabilisierung beitrug, nützte es vor allem der vom System privilegierten herrschenden Klasse; seine Entwicklung und Aufrechterhaltung lag daher in deren Interesse.

Freilich begnügte man sich nicht mit bloßen Vorstellungen von der Gesellschaft und diesen entsprechenden Tugenderwartungen, sondern fixierte das Gesellschaftsgebäude rechtlich und schützte das Recht mit Waffengewalt. So entsprach etwa der Treueerwartung gegenüber den Bauern deren rechtliche Bindung an den Feudalherrn durch *Seßhaftigkeit* und *Leibeigenschaft*. Damit konnte das der Treuetugend gemäße Verhalten notfalls auch mit Gewalt erzwungen werden.

In der Regel ließ es die Bevölkerung aber darauf verständlicherweise nicht ankommen, sondern hielt sich weitgehend an die sprachlich vermittelten und sprachlich gebundenen Gesellschafts- und Tugendauffassungen. Sie wurden internalisiert und dienten zur Orientierung ihres sozialen Handelns. Erst vor dem Hintergrund tiefgreifender politisch-ökonomischer Wandlungen wurden sie allmählich unhaltbar.

---

1   S. dazu Bayer, Hans: Soziale struktur - sprache - ethos. Zur soziologie der sozialethischen begriffswelt des deutschen mittelalters. In: Wirkendes Wort 26 (1976), H. 5, S. 334-355.

## 5.2.2. Kapitalismus

Das kapitalistische Produktionsverhältnis entwickelte sich innerhalb des feudalistischen infolge der Abspaltung des Handwerks von der Agrikultur und der Entstehung von Städten. Zwischen den Vertretern der am kapitalistischen Produktionsverhältnis beteiligten beiden sozialen Klassen besteht nicht mehr wie im Feudalismus eine offenkundige soziale Ungleichheit. Vielmehr vollzieht sich das kapitalistische Klassenverhältnis als Warentausch von Lohn gegen Arbeitskraft zwischen scheinbar gleichberechtigten und autonomen Tauschpartnern (vgl. 1.2.1.). Insofern der Schein von Autonomie und Gleichberechtigung der Tauschpartner konstitutiv ist für das kapitalistische Klassenverhältnis, steht es im Widerspruch zum feudalistischen Klassenverhältnis, das auf offenkundiger sozialer Ungleichheit beruht. Vom Standort der am kapitalistischen Produktionsverhältnis beteiligten Klassen erschien daher das feudalistische Postulat der gottgewollten Ungleichheit unhaltbar.

Diese gottgewollte Ungleichheit zwischen Feudalaristokratie und Nicht-Aristokraten wurde im Zuge der Entfaltung kapitalistischer Produktionsverhältnisse zusätzlich dadurch in Frage gestellt, daß allmählich mehr und mehr nicht-adlige Kapitaleigner große Teile der Feudalaristokratie ökonomisch überholten.

Von daher wird es verständlich, daß die Gesellschaftsvorstellung des Ordo und der gottgewollten Ungleichheit trotz aller scholastischen Beweisführungen allmählich immer nachhaltiger angezweifelt und mit einer Gegenvorstellung von einer anderen Gesellschaft konfrontiert wurde. Deren Schlüsselbegriff war die letztendliche *Gleichheit* aller Menschen von Geburt an.

Diese Gleichheit wurde anfänglich hauptsächlich mit einem Bestandteil der feudalen Ideologie selbst, nämlich dem Christentum, begründet, und zwar als die urchristliche *Gleichheit aller Menschen vor Gott*. Überhaupt spielte sich die Auseinandersetzung zwischen Kapitalismus und Feudalismus anfänglich großenteils auf religiöser Ebene zwischen Reformatoren und römischer Kirche ab. Später wurde die Gleichheit aller Menschen von Geburt an naturrechtlich, als *natürliche Gleichheit*, begründet. Wie immer philosophisch untermauert, fand die Parole der grundsätzlichen Gleichheit aller Menschen von Geburt an mit zunehmender Entfaltung kapitalistischer Produktionsverhältnisse immer breitere Resonanz. Sie wurde differenziert und konkretisiert in zahlreichen Einzelforderungen wie der *Gleichheit vor dem Gesetz*, der *Aufhebung adliger Privilegien*, insbesondere in der Besteuerung, des allgemeinen *Rechts auf Bildung* und anderen.

Die Tauschform des kapitalistischen Klassenverhältnisses (Arbeit gegen Lohn)
implizierte des weiteren eine gewisse Ungebundenheit und Entscheidungsfreiheit
in der Wahl des Tauschpartners. Diese Ungebundenheit stand aber im Widerspruch
zur feudalen Leibeigenschaft. Die dem voll entwickelten kapitalistischen Produktionsverhältnis entsprechende Ungebundenheit beinhaltet dabei nicht nur die
Wahlmöglichkeit des Produktionsmittelbesitzers sondern auch des Arbeits- und
Wohnorts durch den Lohnabhängigen. Diese Wahlmöglichkeit widersprach aber der
feudalen Seßhaftigkeit. Außerdem war die Entfaltung kapitalistischer Produktionsverhältnisse, die eines möglichst offenen Marktes bedürfen, durch die Grenzen
der zahlreichen feudalen Oberhoheiten behindert. Schließlich hemmten die re-
glementierenden Zunftordnungen des ursprünglich stark vom Feudalismus geprägten Handwerks die freie Kapitalinvestition.

Gegenüber diesen Fesseln wurde *Freiheit* zum zentralen Losungswort der kapitalistischen Ideologie. Diese Forderung wurde konkretisiert als *Zollfreiheit*
statt der Vielzahl der Zollschranken, *freie Wahl des Wohnorts* statt der Seßhaftigkeit, *freie Wahl des Arbeitsplatzes* statt der Leibeigenschaft.

Allerdings wurden und sind andere Freiheitsforderungen teilweise geläufiger,
vor allem die Forderungen nach *Gedankenfreiheit* oder nach *Press(e)freiheit*.
Angesichts der Bedrohung ihrer Herrschaft unterdrückte die Feudalaristokratie
nämlich auch die bloße verbale Äußerung und Verbreitung der kapitalistischen
Ideologie. Gegen diese Unterdrückung richteten sich jene Forderungen. In einer offenen, rationalen Auseinandersetzung mußte aber die feudalistische
Ideologie der kapitalistischen als der rationaleren und der ökonomischen Entwicklung angemesseneren letzten Endes unterliegen. Indem sie die Legitimation der feudalen Ordnung erschütterten, trugen auch jene sich scheinbar ausschließlich im Reich des Geistes bewegenden Forderungen indirekt bei zur politisch-ökonomischen Ablösung des Feudalismus durch den Kapitalismus. Mit den
Freiheitsforderungen hängen andere eng zusammen, beispielsweise der Gedanke
der *nationalen Einigkeit* - ihm entspricht die Freiheit von Zollgrenzen, der
offene nationweite Markt.

Zu der kapitalistischen Vorstellung der Freiheit und grundsätzlichen Gleichheit
aller Gesellschaftsmitglieder paßte auch nicht mehr die absolutistische, erb-
rechtliche monarchische Staatsform des Feudalismus. Vielmehr sollten alle Gesellschaftsmitglieder auf die Gestaltung der staatlichen Politik einwirken und
darin ihre Interessen zur Geltung bringen können. Dies schien gewährleistet in
einer *Republik*. Als deren Form hat sich die parlamentarische Demokratie
schließlich durchgesetzt.

Auch der kapitalistischen Ideologie entsprechen bestimmte Tugendvorstellungen.
Anstelle des feudalistischen Glaubens treten rationalere Einstellungen: *Verstand* und *Vernunft*; anstelle der Treue eine gewisse *Freiheit*, soziale Bindungen
herzustellen und zu lösen; anstelle der Demut das *Selbstbewußtsein*. Die vom
Feudaladel verachtete produktive Arbeit gewinnt allgemein eine positive Bewertung. Generell wird die Vorstellung allseitiger Bindungen ersetzt durch die
von der *Autonomie des Individuums*.

Diese Ideologie kennzeichnet den Kapitalismus in der Frontstellung gegen den
Feudalismus, also ehe er sich als herrschendes Produktionsverhältnis durchgesetzt hatte und ehe auf staatlicher Ebene die ihm gemäßen Reformen durchgesetzt
waren. Sie findet sich - mit zahlreichen Modifikationen im einzelnen - in der
großen Literatur und Philosophie der Aufklärung, des Sturm und Drangs, der
Klassik, eines Teils der Frühromantik und des Jungen Deutschlands. Der Enthusiasmus und die weitgespannten Hoffnungen jener Zeit entsprangen nicht zuletzt
daraus, daß vor der Fassade der Herrschaftsverhältnisse und der sozialen Ungleichheit des Feudalismus der aufkommende Kapitalismus gar nicht als Klassenverhältnis erschien, sondern als das Ende aller Ungleichheit und Unterdrückung
unter den Menschen.

## 5.2.3. Sozialistische Kritik am Kapitalismus

Nach der im Verlauf des 19. und 20. Jahrhunderts ökonomisch und politisch erzwungenen Durchsetzung vieler kapitalistischer Forderungen, trat für die Lohnabhängigen immer deutlicher der Klassencharakter der neuen kapitalistischen Produktionsverhältnisse zutage. Die in der Frontstellung gegen die feudale Ständegesellschaft geforderte Freiheit und Gleichheit erwiesen sich als unvollkommen.
Ihre Gleichheit mit dem Kapitaleigner bestand zwar juristisch beim Abschluß des
Arbeitsvertrags und hinsichtlich der rein rechtlichen Genehmigung politischer
und ökonomischer Aktivitäten; sie hörte aber auf in der Arbeitssphäre, wo sich
die Lohnabhängigen, nachdem sie als scheinbar gleichberechtigte Tauschpartner
ihre Arbeitskraft verkauft hatten, der Befehlsgewalt des Kapitaleigners unterwerfen mußten. Auch in den meisten übrigen Bereichen hat sich für die Lohnabhängigen die Gleichheit weitgehend als Formalie erwiesen. Ihre Möglichkeiten politischer Einflußnahme auf der staatlichen Ebene waren beispielsweise weit begrenzter als diejenigen der Kapitaleigner. Auch die Bildungsmöglichkeiten sind insbesondere für die körperlich arbeitenden Lohnabhängigen sehr eingeschränkt geblieben. Schließlich waren die enormen Vermögens- und Einkommensunterschiede zwischen
Kapitaleignern und Lohnabhängigen offenkundig.
Auch die einst enthusiastisch geforderte Freiheit erwies sich nach der Überwindung der Feudalordnung vor allem für die Lohnabhängigen nicht nur als Vorteil.

Die Freiheit des Vertragsabschlusses zwischen Kapitaleignern und Lohnabhängigen
implizierte auch die Freiheit der Aufkündigung des Arbeitsvertrages. Somit be-
kamen viele Lohnabhängige in wirtschaftlichen Rezessionen die Kehrseite der
Freiheit als Arbeitslosigkeit zu spüren; daher hat sich für die Lohnabhängigen
das Freiheitsgefühl gemischt mit der Furcht vor dem Verlust des Arbeitsplatzes
und mit Existenzangst.

War die Freiheit für die Lohnabhängigen ohnehin beschränkt auf die Sphären außerhalb der Arbeitswelt, so blieb sie auch dort durch ökonomische Schranken stark
eingeengt. Beispielsweise konnten und können schon die vordergründigen Freiheiten im Lebensmittelkonsum von der Mehrzahl der Lohnabhängigen mangels des nötigen Geldes nur in sehr begrenztem Umfang wahrgenommen werden.

Noch mehr waren andere rechtliche Freiheiten realiter eingeschränkt, beispielsweise in ständig zunehmendem Maße die Gewerbefreiheit. Ein wichtiger Teil derselben, nämlich die Freiheit, den Sprung vom Lohnabhängigen zum Kapitaleigner
zu tun, wurde vor allem deshalb immer begrenzter, weil im Zuge der Technisierung
aller Arbeitsbereiche das für ein eigenes Unternehmen erforderliche Startkapital
ein von einem Lohnabhängigen nicht mehr akkumulierbares Volumen erreicht
hat.

Angesichts der Diskrepanz zwischen den realen Zuständen und einer Gesellschafts-
konzeption, die den Interessen der Lohnabhängigen entspräche, formierten sich deren Forderungen zu einem systematischen *sozialistischen* Konzept,[2] das auf eine
tiefgreifende Umgestaltung der Gesellschaft, insbesondere der Produktionsverhältnisse, abzielt.

Die Konzeption des Sozialismus nimmt die Gleichheitsforderung des Kapitalismus
gegenüber dem Feudalismus auf und konkretisiert sie. Innerhalb des Kapitalismus bleibt ihrer Auffassung nach die soziale Gleichheit notwendigerweise *formal*
und beschränkt. Soziale Gleichheit oder Ungleichheit sieht sie wesentlich ökonomisch begründet. Als Grundvoraussetzung *realer sozialer Gleichheit* fordert
sie daher eine im Produktionsverhältnis selbst angelegte ökonomische Gleichheit. Diese läßt sich ihrer Auffassung nach nur verwirklichen durch die Aufhebung der Grundlage der kapitalistischen Klassenverhältnisse selbst, nämlich
alles Privateigentums an den Produktionsmitteln. Deren Überführung in Gemein-

---

2   Nach Marx handelt es sich dabei nicht mehr um Ideologie, die er nur als
    scheinhaftes, partikulares Gesellschaftsverständnis begreift. Sozialistisches
    Bewußtsein hebt sich davon ab, da es den gesellschaftlichen Schein durchstößt.
    Daneben gibt es einen anderen Ideologiebegriff von Karl Mannheim, der jede von
    einem bestimmten sozialen Standort aus getroffene Sicht der Gesellschaft als
    partikular und ideologisch auffaßt. S. hierzu Jakubowski, Franz: Der ideologi-
    sche Überbau in der materialistischen Geschichtsauffassung. 3. Aufl. Frankfurt
    1971 (= Archiv sozialistischer Literatur 9)

eigentum, die *Vergesellschaftung der Produktionsmittel*, bildet daher eine zentrale sozialistische Forderung.

Indem jeder gleichermaßen teilhat an den Produktionsmitteln, soll auch jeder die Gestaltung der Produktion im weitesten Sinne mitbestimmen können. An die Stelle der Unterordnung der Lohnabhängigen unter den Kapitaleigner oder von ihm bevollmächtigte Angestellte soll die ökonomisch fundierte gleichberechtigte Entscheidungsmöglichkeit aller treten.

Mit einer derartigen Aufhebung einseitiger Herrschaft wäre nach sozialistischer Auffassung zugleich die alte Forderung nach größtmöglicher Freiheit für alle verwirklicht. Diese *reale (soziale) Freiheit* des Einzelnen hätte genau dort ihre Grenzen, wo ein anderer durch sie unterdrückt würde. Nur mit dieser allgemeinen Beschränkung der Freiheit wäre ein Maximum an Freiheit für jeden gesichert.

Die allgemeine reale Gleichheit, Autonomie und Freiheit, die die allgemeine Teilhabe an den Produktionsmitteln gewährleistete, würde sich nach sozialistischer Auffassung keineswegs auf die Produktionssphäre beschränken, sondern sich auch auf die staatliche Ebene, den Ausbildungssektor und die Konsumtionssphäre ausdehnen. Auf einer gleichgewichtigen ökonomischen Basis bestünden für alle Gesellschaftsmitglieder auch sozial gleiche Chancen, auf die staatliche Politik einzuwirken, die Bildungsmöglichkeiten wahrzunehmen und am Konsum der gemeinsam hergestellten Güter teilzunehmen. Zwar gilt es als vorrangig, die Produktionsverhältnisse zu verändern, den dort verankerten Klassenunterschied zwischen Lohnabhängigen und Kapitaleignern aufzuheben. Jedoch beschränken sich die sozialistischen Forderungen nicht hierauf. Sie zielen vielmehr ab auf die Aufhebung aller sozialen Ungleichheit und Unterdrückung. Dabei wird gezeigt, daß andere soziale Ungleichheiten und Unterdrückungen im Innern mit dem kapitalistischen Klassenunterschied zwischen Lohnarbeit und Kapital zusammenhängen. Einige besonders wichtige weitere Gleichheits- und Freiheitsforderungen sind: die *Gleichheit der Nationen* und die *Aufhebung nationaler Unterdrückung*, die *Gleichheit der Geschlechter*, die *Aufhebung der sozialen Ungleichheit von Stadt und Land* und die *Aufhebung der Trennung von geistiger und körperlicher Arbeit*.

Auch der sozialistischen Konzeption entsprechen bestimmte Tugendvorstellungen. Gegenüber der Überbetonung der Autonomie des Individuums im Kapitalismus, die teilweise als Legitimation der Willkür des Kapitaleigners gegenüber den Lohnabhängigen verstanden wird, betont sie die Orientierung des Einzelnen an den *kollektiven* Interessen der lohnabhängigen Klasse. Das handlungsleitende

Losungswort einer derartigen Einstellung ist die *Solidarität*, und zwar nicht nur mit den unmittelbar Lohnabhängigen, sondern mit allen gesellschaftlich unterdrückten Gruppen und Schichten. Diese Solidarität gilt schon innerhalb der kapitalistischen Gesellschaft als zentrale sozialistische Tugend, da sich Einzelaktionen der Lohnabhängigen zur Durchsetzung ihrer Interessen immer wieder als wirkungslos erwiesen haben.

## 5.3.    Zur ideologischen Sprache im Spätkapitalismus

Im Spätkapitalismus, der unter anderem dadurch gekennzeichnet ist, daß seine Legitimation durch die sozialistische Konzeption in ihren verschiedenen Varianten nachhaltig in Frage gestellt wird, ist die ideologische Sprache auf allen gesellschaftlichen Ebenen maßgeblich g e p r ä g t   v o m   I n t e r e s s e n - g e g e n s a t z   z w i s c h e n   L o h n a r b e i t   u n d   K a p i - t a l . Sie kann jedoch hier nur auf einer Ebene einigermaßen kohärent skizziert werden, nämlich auf der Ebene staatlicher Politik. Abschließend und als Ausblick, der zur Weiterarbeit anregen soll, wird dann noch auf einige Merkmale ideologischer Sprache innerhalb der Arbeiterschaft hingewiesen.

### 5.3.1.    Einige bestimmende Faktoren ideologischer Sprache auf der Ebene staatlicher Politik

Die Regierungen der kapitalistischen Gesellschaft beziehen ihre Legitimation nicht mehr wie die feudalistischen von einem angeblichen Gottesgnadentum. Vielmehr der Idee nach daher, daß sie die Interessen der Mehrheit der Gesellschaftsmitglieder auf staatlicher Ebene vertreten. Sie werden daher als Interessenvertreter gewählt. Als solche müssen sie sich ausweisen durch die Öffentlichkeit der Staatsgeschäfte, die vor allem durch das Parlament gewährleistet sein soll. Der Übergang vom Feudalismus zum Kapitalismus vollzieht sich daher auf staatlicher Ebene als Übergang von der verschlossenen Kabinetts- zur öffentlichen Parlamentspolitik. Historisch begann dieser Übergang in Deutschland, sieht man von vereinzelten ephemeren Vorläufern ab, mit der Revolution von 1848, erlitt aber mehrere langandauernde Rückschläge.
Schon diese Rückschläge und die zeitweise Rückkehr zu feudalistischen monarchischen Regierungsformen waren maßgeblich bedingt durch die Ansprüche der Lohnabhängigen gegenüber der an die Staatsmacht gelangten Klasse der Kapitaleigner. Um sich diesen Ansprüchen zu entziehen, die letztlich an das ökonomische Fundament ihrer Privilegien rührten, verbündeten sich die Kapitaleigner

mit der zuerst von ihr gestürzten Feudalklasse und traten die staatspolitische
Macht teilweise wieder an sie ab.

Aber auch die etablierte parlamentarische Staatsform bleibt im Kapitalismus zutiefst von dem angedeuteten Klassengegensatz bestimmt. Er zeigt sich vor allem
als Widerspruch zwischen der Wirklichkeit des Parlamentarismus und seinem Anspruch. Auf der Basis ihrer ökonomischen Macht haben die Kapitaleigner bei jeder
Regierungsform direkt und indirekt maßgeblichen Einfluß auf die staatliche Politik. Dies gilt auch für die parlamentarische Demokratie. Die Übermacht der Ka-
pitalinteressen bringt die parlamentarische Demokratie aber in einen Gegensatz
zu ihrem eigenen Anspruch, nämlich die Interessen der Wählermehrheit zu vertreten. Die Mehrheit der Wähler und Gesellschaftsmitglieder besteht nämlich aus
Lohnabhängigen, deren Interessen denen der Kapitaleigner entgegengesetzt sind.
Die Abgeordneten, die zu einem nicht geringen Teil selbst der Klasse der Kapitaleigner angehören oder von ihr abhängig sind, stehen nun vor der S c h w i e -
r i g k e i t , einen A u s g l e i c h zu finden z w i s c h e n
i h r e n k l a s s e n s p e z i f i s c h e n I n t e r e s s e n und
der L e g i t i m a t i o n i h r e s H a n d e l n s v o r d e r
W ä h l e r m e h r h e i t .

Diese hier krass vereinfacht dargestellte Schwierigkeit drückt sich aber unweigerlich aus in der Sprache, der sie sich zu ihrer Legitimation bedienen. Sie muß
einmal anknüpfen an den Bedürfnissen der lohnabhängigen Massen, darf aber andererseits deren Interessen nicht zu vollem Bewußtsein kommen lassen. Der Erfolg
dieses Vorgehens kann nicht unabhängig von der ähnlich verfahrenden Massenkommunikation und Kulturindustrie gesehen werden, ohne daß dieser Zusammenhang
freilich im vorliegenden Rahmen erörtert werden könnte.

Maßgeblich geprägt wird die parlamentarische Demokratie im Kapitalismus weiterhin von dem Mißverhältnis zwischen ihrem Anspruch und dem Niveau der politischen
Mündigkeit der Bevölkerungsmehrheit. Deren geringes Niveau ist zum Teil zurückzuführen auf den skizzierten Mechanismus der Interessenverschleierung durch die
parlamentarische Praxis selbst. Jedoch ist diese Praxis überhaupt nur möglich
aufgrund der bereits vorgängigen politischen Unmündigkeit und fungiert hauptsächlich als deren Verstärker. Die massenhafte politische Unmündigkeit ist einmal die Folge einer langen Tradition politischer Unterdrückung. Zum andern wird
sie durch fortbestehende Bedingungen ständig reproduziert. Zu diesen Bedingungen
zählen das ganz unzureichende Angebot der Schulen an politischer Bildung, wo
Politik dazuhin zumeist ohne die für ein Verständnis erforderlichen ökonomischen
Hintergründe abgehandelt wird, ferner der übermächtige Einfluß von Kapitalinter-
essen auf allen gesellschaftlichen Ebenen, insbesondere auch auf die Bildungs-

institutionen, und schließlich die ständige Arbeitsbelastung der breiten Massen.
Es ist freilich nicht nur diese Arbeitsbelastung, die kaum Energie für eine
politische Weiterbildung übrig läßt. Ebenso entscheidend ist der nahezu vollkommene Mangel an institutionalisierten politischen Bildungsmöglichkeiten,
selbst für die hierzu Motivierten.

Es versteht sich, daß die massenhafte politische Unmündigkeit der Bevölkerung
mit dem Anspruch der parlamentarischen Demokratie einigermaßen unverträglich
ist. Sie schafft gravierende Vermittlungsschwierigkeiten gerade auch für solche
Parteien und Abgeordneten, die in der Tat rückhaltlos die Interessen der Lohnabhängigen vertreten möchten. Sie erleichtert andererseits die massenhafte
politische Irreführung, wie sie mit besonders verheerenden Folgen dem Faschismus
gelungen ist.

## 5.3.2. Zur Sprache des Faschismus

In der Zeit der Weimarer Republik erreichten die Bestrebungen der lohnabhängigen
Klasse, die Gesellschaft nach ihren Interessen zu formen, eine in Deutschland
zuvor nicht gekannte Wucht. Sie wurden vor allem gefördert durch die erfolgrei-
che sozialistische Oktoberrevolution in Rußland, die relative Liberalität der
Weimarer Verfassung, die Monopolisierung des Kapitalismus und seine damit zu-
sammenhängende schwere ökonomische Krise. Diese Bestrebungen endeten aber nicht
in einer Überwindung des Kapitalismus, sondern nur in der Ablösung seiner par-
lamentarisch-demokratischen Regierungsform durch die faschistische Diktatur.

Wie sehr gerade die deutsche Variante des Faschismus bezogen blieb auf den
Gegensatz zwischen Kapitalismus und Sozialismus verrät schon der Name
*National-Sozialismus*. In ihm werden Grundbestandteile der gegensätzlichen
Auffassungen zusammengezwungen und scheinbar in einer höheren Einheit auf-
gehoben. Diese scheinbare Aufhebung bildet ein Grundmerkmal faschistischer
Ideologie und Sprache. Die Aufhebung des Klassengegensatzes vollzieht sich
freilich nur im Bereich der Sprache und Gedanken. In der gesellschaftlichen
Wirklichkeit blieben die kapitalistischen Produktionsverhältnisse unangetastet.
Ja, gerade im Schutz ihrer scheinhaften gedanklich-sprachlichen Aufhebung
können sie ungehemmter zum Vorteil der Kapitaleigner gestaltet werden.
Aufgehoben erscheinen die Klassengegensätze in den für den Faschismus zentralen
Begriffen *Volk, Führer* (des ganzen Volkes), *Volksgemeinschaft* und den davon
gebildeten Kompositionen und Derivaten: *Volksgenosse, Volkswille, Volksseele,
Volksgeist, Volksaufmarsch* bis hin zum *Volkswagen,* in *volkhaft, völkisch*
usw.

Entscheidend ist, daß *Volk* dabei nicht in erster Linie soziologisch, sondern biologisch aufgefaßt wird, die Zugehörigkeit ist *blutmäßig* bestimmt. Mit den auf gesellschaftliche Tatbestände sich beziehenden Begriffen wird also zuerst einmal eine in der gesellschaftlichen Wirklichkeit nicht vorhandene Einheitlichkeit, Geschlossenheit und Harmonie suggeriert, was einem tiefen Bedürfnis der von Krieg und Gewalt gequälten Bevölkerung entsprach. Sodann werden diese Begriffe dem Bereich soziologischen Verständnisses vollständig entrückt. Die offenkundige Zerrissenheit der Gesellschaft erscheint damit nicht mehr bedingt durch den Gegensatz der sozialen Klassen, sondern der *Rassen*. Als Kontrahent erscheint den breiten Massen nicht mehr das schwierig bestimmbare und übermächtige Monopolkapital, sondern die leichter faßbare und überwindliche Rasse, die Juden. Gegen sie gilt es, über alle ökonomischen Gegensätze hinweg eine völkisch-rassische Einheitsfront zu bilden.

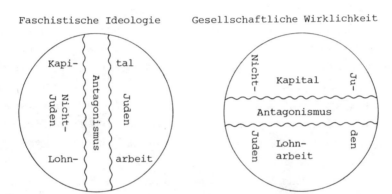

Nach der Verschiebung sozialer Tatbestände in den biologischen Bereich wird ein weiterer Schritt hinweg von der Wirklichkeit damit getan, daß man den politischen Gegner aller menschlichen Eigenschaften beraubt. Er wird als *Ungeziefer, Parasit, Bazillus, Wanze, Pestilenz, Krankheit, Geschwulst, Geschwür, Seuche, Giftstrom* bezeichnet, der Kontakt mit ihm als *Massenvergiftung der Nation, Verjudung des Seelenlebens, Versyphilitisierung des Volkskörpers, Vergiftung der Seele*. Sprachlich neuartig sind hier weniger die Wörter an sich, abgesehen von Einzelfällen wie *Verjudung, Versyphilitisierung*. Neu ist vielmehr deren Verwendung zur Kennzeichnung des politischen Gegners.

Mit der Biologisierung wird eine wichtige Differenzierung preisgegeben, an der die durchaus gleichfalls kämpferische sozialistische Auffassung festhält, sofern

sie nicht pervertiert ist, nämlich daß die unmenschlichen Verhältnisse im Spätkapitalismus - Krieg, Arbeitslosigkeit und Massenelend - durch das politisch-
ökonomische System bedingt sind. Die darin lebenden Menschen sind nach sozialistischer Auffassung nur insofern selbst unmenschlich, als sie Objekte dieses
Systems sind, nicht aber ihren natürlichen Anlagen nach. Die Beseitigung der Unmenschlichkeit wird folglich erreicht durch die Veränderung des politisch-ökonomischen Systems. Der Faschismus und die faschistische Sprache schreibt dagegen
die Unmenschlichkeit dem ohnehin falsch bestimmten politischen Gegner als natürliche Eigenschaft zu. Hieraus kann nicht die Notwendigkeit gesellschaftlicher
Veränderungen abgeleitet werden, sondern letztlich nur die physische Unterdrückung oder Vernichtung des politischen Gegners.
Zwar werden alle politisch anders Orientierten denunziert. Der Parlamentarier
wird etwa als *politischer Strauchdieb, Schieber, Zuhälter, Schuft, Parteihyäne*
und *politischer Kleptomane* beschimpft. Dabei werden nicht nur Wörter wie *par-
lamentarisch* und *Parlament* sondern auch *demokratisch* und *Demokratie* zu regelrechten Schimpfwörtern gemacht.
Am heftigsten begegnet man aber den entschiedenen Sozialisten. Die Marxisten
werden nicht nur als *Straßenstrolche, Wegelagerer, internationale Gauner* und
vieles ähnliche bezeichnet, sondern auch als *Ungeziefer* und *Volksmörder*, der
Marxismus als *giftige Umarmung, pazifistisch-marxistische Lähmung unseres Volkskörpers, internationale Schlange* und *Judenkrankheit*. Auf diese Weise wird der
Marxismus in eine Fluchtlinie gebracht mit der angeblich feindlichen Rasse. Die
den Interessen der breiten lohnabhängigen Massen entsprechende Ideologie wird
auf diese Weise als ihr genaues Gegenteil, nämlich ihm zutiefst feindlich dargestellt.
Bezeichnend ist nun, daß auch der Gegner des Marxismus, das Großkapital, ähnlich
charakterisiert wird. Es ist die Rede von *blutsaugerischer Tyrannei, Ausplünde-
rung und Menschenausbeutung* des *jüdischen Blutegels*. Scheinbar mit demselben
politischen Gegner, der nur anders, nämlich biologisch und rassisch, bestimmt
wird, präsentiert sich der Faschismus nicht nur als Widersacher, sondern zugleich als Alternative des Marxismus. Auf diese Weise bindet er auch einen Teil
der kapitalismusfeindlichen lohnabhängigen Massen an sich. Indem er sich gleichermaßen als Gegner des entschiedenen Sozialismus, insbesondere des Marxismus,
wie des Kapitalismus ausgibt, erscheint er als dritter Weg zwischen Kapitalismus und Sozialismus.
Hier zeigt sich nun aber besonders deutlich, wie sehr Sprache und Wirklichkeit
auseinanderklaffen können. Während die Marxisten und Sozialisten in Überein-

stimmung mit der Sprache brutal verfolgt und ermordet wurden, blieb das Großkapital, mit Ausnahme des jüdischen, unbehelligt.

Die Kennzeichnung des Gegners als bar jeglicher menschlichen Eigenschaften, nur
auf Schädigung des Volks bedacht, eröffnet Möglichkeiten des Vorgehens gegen
ihn, wie sie zuvor in dieser Weise zumindest nicht offen propagiert wurden. Es
gilt, ihn zu *zertrümmern, vernichten, beseitigen, vertilgen*, und zwar *rück-
sichtslos, brutal, unerbittlich, mitleidslos, unbarmherzig, unduldsam* und *fana-
tisch*. Wiederum handelt es sich hierbei nicht um neue Wörter, sondern nur um
deren neuartige Verwendung. Einstellungen und Verhaltensweisen, die zuvor als
unmenschlich gegolten hatten, wurden im Faschismus zu regelrechten Tugenden im
Umgang mit dem politischen Gegner. Wie sehr diese sprachlich vollzogene Umorien-
tierung handlungsleitend wurde, beweist Auschwitz.

Dieser Kanon faschistischer Tugenden verrät zugleich den tiefen Gegensatz faschistischer Ideologie zu Vernunft und Besonnenheit. Ihnen rigoros abzuschwören, war
Voraussetzung für den breiten Erfolg dieser Ideologie. Anstatt logischer und
empirischer Beweisführungen werden immer wieder die *heilige Überzeugung*, die
*Überzeugungskraft bedingungslosen Glaubens*, die *innerste Überzeugung*, der *politische Glaube*, der *blinde Glaube*, das *politische Glaubensbekenntnis*, die *heilige
Mission* und die *missionshafte Idee* beschworen.

Die hier explizit eingestandene und geforderte Irrationalität findet ihre Ent-
sprechung in der Methode der Vermittlung der Ideologie an die Massen. Sie bedient sich ausdrücklich nicht des rationalen Arguments, sondern des Einhämmerns
beschwörender und tautologischer Formeln. Von Hitler selbst werden die "Konzen-
tration auf wenige Punkte, immerwährende Wiederholung desselben, selbstsichere
und selbstbewußte Fassung des Textes in den Formen einer apodiktischen Behauptung"[3] als Richtlinien für die politische Propaganda aufgestellt.

Noch in der Logik der Syntax hat Lutz Winkler die Irrationalität faschistischer
Sprache aufgezeigt. Beschreibung, Kritik und Gegenprogramm werden ohne weiteres
in einen einzigen Satz gefaßt, etwa: "Eine von infernalischer Unduldsamkeit er-
füllte Weltanschauung wird aber nun zerbrochen werden durch eine vom gleichen
Geist vorwärtsgetriebene, vom gleichen stärksten Willen verfochtene, dabei aber
in sich reine und durchaus wahrhaftige neue Idee"[4].

Auffallend ist freilich die formale Elaboriertheit derartiger Sätze. Sie ist
ebenso charakteristisch wie die formallogischen Satzverknüpfungen wie

---

3    A. Hitler: Mein Kampf. 190-194. Aufl. 1936, S. 402.
4    Ebd., S. 506-7.

*wenn – dann, so – wie, je – um so, nicht – sondern* usw. Mit dieser Logik der
Syntax kontrastiert freilich eine vage und leere Begrifflichkeit der inhalts-
tragenden Lexeme und Idiome.

"Er [der Jude! U.A.] will aber auch *kein gesundes, stämmiges Geschlecht* vor
sich haben, sondern eine morsche, unterjochungsfähige Herde"[5].

Elaboriertheit und formallogische Formel verleihen der Irrationalität der Aussagen den Schein wissenschaftlicher Fundiertheit. Hierein fügt sich auch der
durchaus bewußte Fremdwortgebrauch.

Mit dieser Staffage konnte angeknüpft werden an einen weitgehend formal gewordenen Begriff von Bildung und Wahrheit, dem ein inhaltlich bestimmter gesellschaftlicher Sinn abhanden gekommen war. Auch darin erweist sich die faschistische
Sprache und Ideologie nur als eine besondere Ausprägung der spätkapitalistischen,
die ihre inhaltliche Wahrheit und gesellschaftlich vorwärtsweisende Funktion
mehr und mehr verloren hatte und zum mit formaler Elaboriertheit verbrämten Irra-
tionalismus tendierte.

Diese Merkmale faschistischer Sprache verweisen auf die sozialen Schichten, in
denen der Faschismus seine Massenbasis hatte. Es waren vor allem die qualifizierten Lohnabhängigen und die kleineren Kapitaleigner, die sich in einer Mittellage der gesellschaftlichen Hierarchie befanden, freilich in einer labilen
Mittellage. Ihren Interessen entsprach der scheinbare Antikapitalismus des Faschismus, da ihnen in einem unreglementierten, liberalen Kapitalismus ein Absinken in die unteren Schichten drohte. Andererseits schreckten sie aus Furcht,
ihre geringen Privilegien zu verlieren, vor einem entschiedenen sozialistischen
Antikapitalismus zurück.

---

Weiterführende Aufgabe

Ausgehend von der Theorie der restringierten und elaborierten Kodes wurde verschiedentlich der Anspruch erhoben, mit einer Elaborierung der Sprache der
unteren Schichten deren gesellschaftliche Emanzipation herbeizuführen. Erör-
tern Sie vor dem Hintergrund der Sprache in Hitlers "Mein Kampf", ob und inwiefern die Vermittlung einer komplexen Syntax und abstrakten Semantik (elaborierter Kode) emanzipatorisch wirkt bzw. was bei einer emanzipatorischen
Wirkung hinzukommen müßte.

---

5   A. Hitler: Mein Kampf. 190–194. Aufl. 1936, S. 49.

5.3.3.  Zur ideologischen Sprache in der Bundesrepublik

5.3.3.1.Einige gängige affirmative Kennzeichnungen der bundesrepubli-
        kanischen Gesellschaft

Die bundesrepublikanische Gesellschaft ist unter anderem maßgeblich geprägt von
den beibehaltenen kapitalistischen Produktionsverhältnissen auf der einen und
der wieder errichteten parlamentarischen Demokratie auf der anderen Seite. Von
großer Bedeutung für die Legitimationsbemühungen der Befürworter der bundesrepublikanischen Verhältnisse ist ferner der Bestand der DDR, in der bekanntlich
einerseits sozialistische Produktionsverhältnisse hergestellt wurden, andererseits das parlamentarische Prinzip, insbesondere die Wählbarkeit der Regierung,
eingeschränkt ist.

Die Legitimationsbemühungen kristallisieren sich unter anderem in den Ausdrücken
und Begriffen der öffentlichen staatspolitischen Sprache. Von diesen werden hier
einige besonders geläufige herausgegriffen. Sie werden auf verschiedene Bereiche
der bundesrepublikanischen gesellschaftlichen Wirklichkeit bezogen, um die
Differenziertheit ihrer semantischen Struktur anzudeuten. Erst eine derartige
Differenzierung erlaubt eine realistische Einschätzung solcher oft pauschal zur
Kennzeichnung der bundesrepublikanischen Gesellschaft verwendeten Ausdrücke.

*Freiheit*

Der viel berufenen Freiheit sind durchaus auf verschiedenen Ebenen Grenzen
gesetzt. Rechtlich hat jeder weitgehend die Freiheit, zu arbeiten oder nicht,
zu konsumieren, was er mag, oder zu reisen, wohin er will. Ökonomisch bestehen jedoch für die überwiegende Mehrheit ziemlich begrenzte Möglichkeiten,
diese rechtlich kaum begrenzten Freiheiten wahrzunehmen. Geldmangel zwingt
die meisten zu täglicher Arbeit, zu Einschränkungen im Konsum und im Reisen.
Alle diese Freiheiten liegen überdies außerhalb der Arbeitssphäre. Innerhalb
derselben bestehen, insbesondere für die Lohnabhängigen, auch rechtlich starke
Einschränkungen, sie haben sich den Vorgesetzten und zahlreichen Vorschriften
zu beugen. Auch hinsichtlich der politischen Betätigung gibt es deutliche
Grenzen der Freiheit. Dies zeigen vor allem die Verbote und Verbotsdrohungen
gegenüber kommunistischen Parteien. Schließlich reichen die Freiheitsbe-
schränkungen in die intimste persönliche Sphäre hinein. Beispiele sind das
Pornographieverbot, die Strafbarkeit der Homosexualität oder Pädophilie oder
der § 218.

*Demokratie*

Sie besteht hinsichtlich der periodischen Wählbarkeit von politischen Vertretern, Parteien und Kandidaten, auf den verschiedenen politischen Ebenen des
Staates. Die politischen Entscheidungen der Parteien und Kandidaten im Verlauf der Legislaturperiode sind dann freilich der Kontrolle der Gesellschaftsmitglieder entzogen. Selbst deren Beobachtung ist weitgehend ausgeschlossen,
da sich große Teile des Regierungsgeschäfts unter Ausschluß der Öffentlichkeit
abspielen. Die durch die Wahl formal mögliche Teilhabe an der staatlichen
Herrschaft ist teilweise eingeschränkt durch die mangelnde politische Mündig-

keit großer Bevölkerungsteile, teilweise durch die unklare Zieldarstellung der
Parteien und Kandidaten (vgl. 5.3.3.2.). Außerdem ist die Wahlmöglichkeit beschränkt auf die staatspolitische Ebene. Die Teilhabe an der Wirtschaftslei-
tung auf betrieblicher Ebene, von der das Schicksal des Einzelnen elementar
abhängt, ist weitgehend erbrechtlich festgelegt, nämlich durch ererbten Besitz an Produktionsmitteln bzw. durch Delegation von Leitungsaufgaben seitens
der Kapitaleigner an Manager.

*Pluralismus*

Er entspringt einerseits aus der durch die Arbeitsteilung hervorgebrachten
Vielfalt der Arbeitsfelder, andererseits aus dem Umfang des Warenangebots.
Daß die Vielfalt ersterer teilweise durch einen Verlust an Spezifischem im
einzelnen Arbeitsfeld eingeschränkt ist, wurde andernorts dargelegt (vgl.
4.2.). Aber auch die Vielfalt des Warenangebots ist zum Teil nur scheinhaft.
Oft bestehen die Unterschiede mehr in der Verpackung als im Inhalt, oder wird
durch die Mode eine Nivellierung erzwungen. Auf der Ebene staatlicher Politik
läuft dem Pluralismus die Tendenz zum Zweiparteiensystem zuwider. In der Konsumtionssphäre scheint einerseits eine Vielfalt der Hobbys gewährleistet,
andererseits verweist die Massenhaftigkeit der Rezeption von Fernsehen und
nivellierter Produkte der Kulturindustrie eher auf Einheitlichkeit als auf
Pluralität.

*Soziale Marktwirtschaft*

Dieser Ausdruck hat als legitimierende Kennzeichnung des bundesrepublikanischen Wirtschaftssystems die vor der Rezession von 1966 gebräuchlichere
*freie Marktwirtschaft* weitgehend verdrängt. Sachlich hat sich in dieser
Zeit vor allem die Einflußnahme des Staats auf den Wirtschaftsprozeß ver-
stärkt, was etwa in den sogenannten 'konzertierten Aktionen' zutage trat.
Gerade freilich hierdurch, aber auch durch die weitgehende Monopolisierung der Produktion, wurde die traditionelle Legitimation der Marktwirtschaft
untergraben. Nach ihr entspringt nämlich deren Segen aus der freien Konkurrenz.
Wie sehr das Prinzip der Konkurrenz und damit der Marktwirtschaft überhaupt
faktisch eingeschränkt ist, haben auch die jüngst aufgedeckten Preisabsprachen
riesigen Maßstabs in der Bauindustrie gezeigt. Wäre die Wirtschaft andererseits sozial, so dürften die Werktätigen nicht mehr den Marktgesetzen unterliegen (vgl. 1.2.1.), sondern allenfalls noch die Sachgüter. Insofern die
lohnabhängig Arbeitenden diesen jedoch nach wie vor unterliegen, entstehen
für sie Härten, die schwerlich zu einer sozialen Wirtschaft passen. Beispiele
sind die Zurückstufung und Entlassung älterer Arbeiter und Angestellter, die
Benachteiligung der Frauen oder die hohe Zahl der Arbeitsunfälle und Frühin-
validitäten. Die sogenannte soziale Marktwirtschaft ist also sowohl nach ihrer
marktwirtschaftlichen als auch nach ihrer sozialen Seite hin erheblich eingeschränkt.

Diese besonders häufig benützten Kennzeichnungen dienen neben vielen anderen vor
allem zur Abhebung des bundesrepublikanischen Gesellschaftssystems von demjenigen
der DDR, teilweise auch von der ehemaligen faschistischen Diktatur. Sie werden
dabei oft ohne Präzisierung verwendet. Man operiert also mit ihren allgemeinen
lexikalischen Bedeutungen. Diese sind aber einerseits vage und unscharf. Daß sie
andererseits außerordentlich komplex, vielschichtig und in sich teilweise wider-
sprüchlich sind, bleibt bei einer pauschalen, unspezifischen Verwendung dieser

Kennzeichnungen weitgehend verborgen. Ihre semantische Komplexität, Vielschich-
tigkeit und Widersprüchlichkeit entspricht dabei der Struktur der Gesellschaft,
auf die sie sich beziehen.

Um überhaupt feststellen zu können, was mit derartigen Kennzeichnungen konkret
gemeint ist, bedarf es in jedem Fall der kontextuellen Präzisierung. Fehlt diese,
so bleiben sie inhaltlich derartig unbestimmt, daß der Rezipient solcher Kennzeichnungen notgedrungen von deren begrifflicher Bedeutung weitgehend abstra-
hiert. Rezipiert werden dann nur noch ihre emotiven Bestandteile. Aufgrund einer
langen Funktion als politische Losungsworte im Kampf um eine bessere Gesellschaft sind aber Wörtern wie *Freiheit* und *Demokratie* positive Konnotationen zugewachsen, Wörtern wie *Pluralismus* und *Marktwirtschaft* durch ihre in jüngster Zeit
ständig erfolgte Einbettung in positive Kontexte. Auf die Rezeption dieser positiven Wertungen beschränkt sich also weitgehend die politische Kommunikation,
sofern diese Kennzeichnungen ohne kontextuelle Präzisierung verwendet werden.
Sie besteht dann hauptsächlich in der Auslösung angenehmer Gefühlsregungen.
Dies ist charakteristisch für die Kommunikation mit politischen S c h l a g -
w ö r t e r n .

Mit ihrer Hilfe kann sich die staatliche Politik auch einer rationalen Legitimation teilweise entziehen. Andererseits sind durch einen in einer solchen Weise
eingeübten politischen Kommunikationsstil alle diejenigen gehandikapt, die sich
um eine rationale Argumentation mittels präzisierter Begriffe bemühen.

Einer Kommunikation mit politischen Schlagwörtern läßt sich argumentativ mit
präzisierenden Fragen begegnen. Dabei werden Klarstellungen folgender Art verlangt: *Demokratie*, *Freiheit* welcher Art, für wen, in welcher Hinsicht, unter
welchen Umständen, wann, warum? In einem Schulbuch für Sozialkunde, das vor
allem von seiten der CDU heftige Kritik erfahren hat, wurde am Begriff der Freiheit ein Beispiel einer solchen Präzisierung gegeben. Statt pauschal die Freiheit der BRD gegenüber der DDR zu beschwören, wurden beide Gesellschaftssysteme
auf verschiedenen Ebenen hinsichtlich der vorhandenen Freiheit kontrastiert

| BRD | DDR |
|---|---|
| - Gewerbefreiheit | - Freiheit von Furcht um den Arbeitsplatz |
| - Freiheit der öffentlichen Kritik | - Freiheit von Furcht vor Mietwucher |
| - Freiheit zwischen zwei Kanzlerkandidaten und mehreren Parteien zu wählen | - Freiheit von Dauerinflation, d.h. die Preise steigen nicht dauernd |
| - Reise- und Auswanderungsfreiheit | - Freiheit von beruflicher Benachteiligung für Frauen |

| | |
|---|---|
| – Freiheit von Versorgungs-<br>schwierigkeiten, d.h. man<br>kann alles kaufen wofür<br>man Geld hat | – Studienfreiheit für Arbeiter-<br>kinder |
| – Freiheit von aufdringlicher<br>Propaganda | – Freiheit von aufdringlicher<br>Reklame[6]. |

Diese Differenzierung zielt nur auf das begriffliche Niveau von Schülern der 5.
und 6. Klassenstufe und bedürfte mancher Modifikation und Ergänzung. Dennoch be-
sagt sie weit mehr als jede pauschale Verwendung des Freiheitsbegriffs zur Kennzeichnung der beiden Gesellschaftssysteme.

Nur derartige Differenzierungen erlauben überhaupt einen Bezug gesellschaftlicher Strukturmerkmale auf konkrete Interessen. Sie erst eröffnen auch die Einsicht, daß bestimmte Freiheiten, etwa die *Gewerbefreiheit* und die *Freiheit vor
Furcht um den Arbeitsplatz*, sich gegenseitig ausschließen. Bei einem derartig
differenzierten Freiheitsbegriff müßte sich eine politische Partei entscheiden,
welcher dieser gegensätzlichen Teilfreiheiten sie sich verpflichten wollte,
beide zusammen könnte sie kaum vertreten.

Erst eine solche Differenzierung der Begriffe erlaubte daher den Gesellschaftsmitgliedern eine ihren spezifischen gesellschaftspolitischen Interessen gemäße
Parteienwahl. Dies aber ist eine Grundvoraussetzung einer ihrem Anspruch gerech-
ten parlamentarischen Demokratie.


5.3.3.2. Zur Sprache der politischen Parteien am Beispiel
zweier Reden

Am Beispiel der programmatischen Reden der Fraktionsvorsitzenden hat Hans D.
Zimmermann Gemeinsamkeiten und Unterschiede in der Sprache der bundesrepublika-
nischen politischen Parteien aufgezeigt. Es handelt sich dabei jeweils um die
Reden auf den letzten Parteitagen vor der Bundestagswahl von 1965. Die folgenden
Bemerkungen stützen sich auf einige der Ergebnisse Zimmermanns.

(1) Kennzeichnung der bundesrepublikanischen Gesellschaft

Sowohl der Fraktionsvorsitzende der CDU, Barzel, als auch derjenige der SPD,
Erler, benützen das Wort *Freiheit* am häufigsten zur Kennzeichnung der
bundesrepublikanischen Gesellschaft, der CDU-Vorsitzende noch häufiger als
der SPD-Vorsitzende.
In der Rede des CDU-Vorsitzenden wird diese Freiheit an keiner Stelle näher
bestimmt. Unter den verschiedenen einzelnen Freiheiten, von denen die Rede

---

6   S. hierzu betrifft: erziehung 5 (1972), H. 10, S. 41.

sein könnte, wird nur eine einzige ausdrücklich genannt, nämlich die *unternehmerische Freiheit*. Bis zu einem gewissen Grad scheint sie für den CDU-Vorsitzenden die Freiheit der bundesrepublikanischen Gesellschaft schlechthin zu repräsentieren. Zumindest scheint diese spezifische Freiheit von der SPD, gegen welche die programmatische Rede vor der Bundestagswahl gerichtet ist, am stärksten bedroht zu sein. Die CDU versucht sich also offenbar einerseits für die Regierung vor allem als Garant der unternehmerischen Freiheit zu legitimieren. Da jedoch Freiheit überhaupt nur an einer Stelle der Rede als unternehmerische präzisiert wird, entsteht andererseits der Eindruck, als gehe es der CDU um die Sicherung von Freiheit überhaupt, also aller Arten von Freiheiten. Damit wird auch der spezifische Interessenbezug der an einer Stelle näher bestimmten Freiheit wieder verwischt. Die CDU kann letztlich allen Bevölkerungsgruppen als Interessenvertreterin erscheinen, denen es um irgendeine Freiheit geht.

Der SPD-Vorsitzende verwendet das Wort *Freiheit* etwas weniger häufig. Außerdem erläutert er an einer Stelle, was er hauptsächlich darunter versteht: "die Chance des Wechsels der Regierung", also die parlamentarische Regierungswahl. Diese Spezifizierung von Freiheit erklärt sich wohl zum Teil taktisch als Aufforderung an die Wählerschaft, einen Regierungswechsel herbeizuführen und die SPD an die Stelle der CDU zu befördern. Ansonsten wird auch hier Freiheit nicht näher spezifiziert, im Gegensatz zur CDU auch nicht als unternehmerische Freiheit. Letzteres deutet darauf hin, daß die SPD auf eine Wählerschaft abzielt, der die unternehmerische Freiheit weniger am Herzen liegt, also mehr auf die Lohnabhängigen. Andererseits wird freilich auch nichts gegen die unternehmerische Freiheit vorgebracht. Dies läßt sich vordergründig entweder damit erklären, daß die Kapitaleigner durchaus auch als potentielle SPD-Wähler angesehen werden, oder daß die unternehmerische Freiheit als eine Art Inbegriff der bundesrepublikanischen Freiheit überhaupt einigermaßen sakrosankt ist.

Fast ebenso häufig wie Freiheit findet sich in den Reden der beiden Partei-Vorsitzenden das Wort *Demokratie* zur Kennzeichnung der bundesrepublikanischen Gesellschaft, beim CDU-Vorsitzenden etwas weniger häufig als beim SPD-Vorsitzenden. Während es bei ersterem ganz unbestimmt bleibt, wird es von letzterem - ähnlich wie die Freiheit - auf die parlamentarische Staatsform bezogen.

(2) Darstellung der DDR und der Sowjetunion

Die Wörter, die einerseits zur positiven Kennzeichnung der Bundesrepublik benützt werden, dienen andererseits zur negativen Kennzeichnung der DDR und der Sowjetunion. Deren Gesellschaften mangeln angeblich genau die *Freiheit* und *Demokratie*, die in der bundesrepublikanischen Gesellschaft verwirklicht sein sollen. In dieser Kennzeichnung stimmen CDU- und SPD-Vorsitzender grundsätzlich überein.

Vom CDU-Vorsitzenden wird die DDR außerdem als *Polizeistaat* und *Diktatur*, ihre Regierung als *Zwingherren* bezeichnet. Der SPD-Vorsitzende spricht von der DDR als einer *Kolonialherrschaft auf deutschem Boden* und von ihrer Regierung als *Kolonialregime*. Allerdings finden sich derartige Abwertungen oder Beschimpfungen in seiner Rede weniger häufig als in derjenigen des CDU-Vorsitzenden. Dies mag mit den in beiden Parteien unterschiedlichen Plänen der praktischen Politik zusammenhängen. Der CDU-Vorsitzende hebt hinsichtlich der Sowjetunion hervor, daß "unsere Bundeswehr inzwischen eine der besten Armeen der Welt ist", und ruft im Hinblick auf die DDR aus, die er als *Besetzung eines Teiles Deutschlands* charakterisiert: "Es ist Zeit, das zu liquidieren!" Die militärische Drohung bleibt dadurch teilweise verborgen und abgemildert, daß - vielleicht als Projektion der eigenen Haltung - immer die außerordentliche *Aggressivität der Sowjetunion und des*

*Kommunismus* beschworen wird. Demgegenüber sucht der SPD-Vorsitzende mit der Sowjetunion, wie er sagt, *das große Gespräch über Deutschland*.
Keiner der beiden Parteivorsitzenden findet ein positiv zu beurteilendes Detail in der DDR oder in der Sowjetunion. Die in den verwendeten Wörtern enthaltene totale Abwertung versperrt geradezu eine differenziertere Einschätzung. In einem *Polizeistaat* oder einem *Kolonialregime* findet man schon von vornherein nicht Dinge wie größere Chancengleichheit im Bildungssystem oder eine gute medizinische Versorgung der Bevölkerung, die es in der DDR bekanntlich gibt.

(3) Darstellung der eigenen Partei

Der CDU-Vorsitzende kennzeichnet seine Partei einmal mit inhaltlich wenig besagenden Attributen wie *solide, fest gefügt, erfahren*. Dann auch als *Anwalt des Humanum*. Hiermit knüpft er an große geistesgeschichtliche Traditionen an, freilich ohne auszuführen, was er damit genauer meint.
Vor allem aber betont er den *christlichen* Charakter seiner Partei. Dabei wird er ausführlicher. Er sagt, die CDU handle aus *christlicher Erkenntnis* und stehe *im Gewissen vor Gottes Wort und Gebot*. Ihre moralischen Grundsätze und ihre Handlungen werden damit als überirdisch legitimiert ausgegeben. Konsequenterweise wird die CDU dann gekennzeichnet als *Ort der Geborgenheit und des mehr als politischen Vertrauens*. Hierin ist impliziert, daß eine rationale Überprüfung ihrer Politik zumindest unzulänglich, wenn nicht überhaupt verkehrt sei. Eine Entscheidung für die CDU soll offenbar eine irrationale des blinden Vertrauens sein, nicht eine aufgrund eines nüchternen und sorgfältigen Vergleichs der eigenen Interessen mit dem Programm der sich zur Wahl stellenden Partei. In der Kennzeichnung seiner eigenen Partei durch den SPD-Vorsitzenden fehlt der transzendente Bezug. Stärker in den Vordergrund treten die nüchternen Merkmale überlegter, harter und zuverlässiger Arbeit. Die SPD sei *stetig und besonnen, vorausschauend, selbstbewußt und eigenständig*, sie zeichne sich aus durch *Beharrlichkeit, Klarheit* und *geleistete Arbeit*. Eine rationale Prüfung des Programms und der Politik der Partei wird durch diese Selbstdarstellung nicht zurückgewiesen.

(4) Darstellung der Gegenpartei

Auffällig in der Kennzeichnung der SPD durch den CDU-Vorsitzenden ist schon die Benennung. Er spricht von ihr fast durchgängig als vom *Sozialismus*. Hiermit bringt er sie zumindest in die Nähe derjenigen Staaten, die sowohl von der CDU als auch von der SPD so vernichtend und pauschal verurteilt und abgewertet werden, nämlich der DDR und der Sowjetunion. Ausdrücklicher tut er dies auch mit Bemerkungen wie die SPD "vermag nicht vor der *Gefahr des Kommunismus* zu schützen". Mit dieser Zuordnung werden die negativen Wertungen und Emotionen auf die SPD gelenkt, die in einer langen Tradition des blinden und radikalen Antikommunismus gegen alles aufgebaut wurden, was *sozialistisch* heißt. An diese Tradition knüpft der CDU-Vorsitzende schon damit an, daß er vom Kommunismus nur als Gefahr spricht. Diese Beschwörung von Gefahr löst unweigerlich Ängste aus. Diese werden gegen die SPD mobilisiert. Sie wird als gefährlich dargestellt, indem sie in die Nähe des Kommunismus gerückt oder ihr zumindest die Fähigkeit abgesprochen wird, dessen angebliche Gefahren abzuwehren. Als gefährlich erscheint sie damit, ohne ausdrücklich so bezeichnet zu werden. Es handelt sich hier um ein Beispiel derjenigen Redetechnik, die Walter Dieckmann als D i f f a m i e r u n g d u r c h A s s o z i a t i o n bezeichnet hat. Die diffamierende Wirkung ist nahezu dieselbe wie bei der direkten Aussage; jedoch sind die Möglichkeiten, sie der Unwahrheit zu überführen, weit begrenzter. In der Rede des CDU-Vorsitzenden ist implizit gesagt, daß die SPD alle die seit langem beschworenen angeblichen Nachteile des Kommunismus mit sich bringe; jedoch kann der Redner nicht auf diese Behauptung festgelegt werden.

Der Beschwörung von Gefahren und Auslösung von Ängsten entspricht die Abwertung der SPD in Bausch und Bogen. Nicht einmal implizit wird ihr ein Positivum zugebilligt. Das wird deutlich, wenn von ihr gesagt wird: "man kann ihr *nur mißtrauen*", und sie sei *opportunistisch* und *unzuverlässig*. Damit kommt sie auch als ernst zu nehmender Diskussionspartner im Grunde nicht mehr in Frage; denn allgemein kann damit dem, was sie sagt, angeblich nicht getraut werden. Ihr Programm erscheint ebenfalls unglaubwürdig. Unausdrücklich beinhaltet also diese Kennzeichnung der SPD letztlich noch eine Selbstrechtfertigung des CDU-Vorsitzenden dafür, daß auf eine sorgfältige Auseinandersetzung mit einzelnen Punkten ihres Programms verzichtet wird.

In der Kennzeichnung der CDU durch den SPD-Vorsitzenden wird nicht jene Angst vor einer unberechenbaren Gefahr mobilisiert. Das Konzept der CDU wird einmal als überholt dargestellt, als *rückständig, konservativ, der Vergangenheit verhaftet*. Mit der Kennzeichnung als *müde, gelähmt, handlungsunfähig* und in einer *Führungskrise* befindlich wird auf personeller Ebene das Bild der Überlebtheit ergänzt. Die SPD bietet sich demgegenüber – weitgehend implizit – als jünger, unverbrauchter, vitaler an. Indem hieraus für die CDU eine "verdiente Ruhepause" gefolgert wird, unterbleibt jedoch die vollständige und restlose Abwertung, welche die SPD von Seiten des CDU-Vorsitzenden erfährt. Vergangene Verdienste der CDU werden vom SPD-Vorsitzenden unausdrücklich anerkannt.

Auf die Schwierigkeit der Diskussion mit der CDU wird mit ihrer Kennzeichnung als *dogmatisch* ebenfalls hingewiesen. Jedoch schließt diese Charakterisierung ein Gespräch nicht so vollständig aus wie die angebliche völlige Vertrauenswürdigkeit, die der SPD vom CDU-Vorsitzenden vorgeworfen wird.

Die negative Kennzeichnung der CDU als *unsozial* wird inhaltlich genauer belegt mit Hinweisen auf Kohlepreiserhöhungen nach den letzten Wahlen, gesetzlicher Verringerung des Mieterschutzes und anderem. In der Alternative dazu bezieht sich die SPD auch deutlich auf die Interessen der ökonomisch schlechter gestellten Bevölkerungsschichten.

## Zusammenfassung

In dieser Beziehung des eigenen Programms auf bestimmte gesellschaftliche Interessengruppen besteht der objektive Sinn der Selbstdarstellung der Parteien im Parlamentarismus. Dieser Interessenbezug bleibt in der Darstellung der beiden Parteivorsitzenden insgesamt einigermaßen unklar, bei der CDU noch unklarer als bei der SPD. Gefördert wird diese Unklarheit in der Rede des CDU-Vorsitzenden vor allem dadurch, daß er besonders häufig undifferenziert im gemeinsamen Interesse aller Deutschen zu sprechen vorgibt.

Zu fragen ist nach den Bedingungen und Folgen eines solch unklaren Interessenbezugs. Es ist anzunehmen, daß vor allem eine Partei, deren Wählerschaft bei einer klaren Darstellung der von ihr vertretenen Interessen keine Mehrheit erhalten könnte, zu solcher Unklarheit neigt. Dadurch kann sie nämlich unter Umständen Wähler hinzugewinnen, deren Interessen sie in Wirklichkeit gar nicht vertritt. Aus diesem Bestreben ist geradezu eine Technik der W ä h l e r w e r b u n g , der p o l i t i s c h e n  R e k l a m e geworden. So wie der

Warenwerbung geht es auch ihr nicht mehr um die Wahrnehmung der Interessen und um die Befriedigung der Bedürfnisse ihrer Adressaten, sondern darum, möglichst viele Abnehmer zu gewinnen. Wie die Warenwerbung den realen Gebrauchswert der Waren mit dem Schein von Gebrauchswert verschleiert (vgl. 4.10.), so die Wählerwerbung den realen Interessenbezug mit deren Schein. Ebenso wie die Warenwerbung den objektiven Sinn der Produktion und Konsumtion von Gebrauchsgütern pervertiert, so diese Art der Wählerwerbung den objektiven Sinn der parlamentarischen Demokratie. Ihre Folgen sind ein allgemeiner A b b a u   d e r   p o l i t i s c h e n   V e r n u n f t ,  der sich unter anderem äußert in der Personalisierung und Emotionalisierung politischer Vorgänge.

Als Medium der Wählerwerbung dient aber in erster Linie die Sprache. Deren bloß formale Analyse ist zwar für eine angemessene Diagnose von politischer Irreführung und Manipulation unzureichend. Der Bezug auf die realen Interessen der betroffenen Bevölkerungsgruppen muß stets gewahrt bleiben, und dies ist nur möglich auf der Grundlage einer politisch-ökonomischen Analyse. Jedoch können die Techniken der politischen Irreführung ohne eine sorgfältige Sprachanalyse nicht detailliert aufgezeigt und damit auch nicht differenziert und stichhaltig kritisiert werden. Gerade die stringente V e r b i n d u n g   v o n   p o l i t i s c h - ö k o n o m i s c h e r   u n d   s p r a c h l i c h e r   A n a l y s e  ist bisher noch wenig entwickelt.

Zimmermann hat in einer jüngeren Abhandlung die nachfolgend etwas verkürzt wiedergegebenen besonders häufigen formalen Sprachmerkmale der politischen Werbung zusammengestellt. In der konkreten Analyse ist dabei freilich jeweils zu fragen: W e r  benützt  w e l c h e   S p r a c h t e c h n i k e n   g e g e n ü b e r   w e m   z u   w e l c h e m   Z w e c k ? Die Verwendung ganz gleichartiger Sprachtechniken kann ganz unterschiedliche Funktionen haben. Sie kann in einem Fall der Irreführung und Interessenverschleierung dienen, im andern Fall die Zuhörer auf ihre realen Interessen hinlenken. Gerade zur Bestimmung dieser für eine adäquate Einschätzung erforderlichen funktionalen Unterschiede muß in jedem Fall ein politisch-ökonomischer Bezug hergestellt werden.

Häufige formale Sprachtechniken der politischen Werbung (nach Zimmermann)
A u f w e r t u n g
- Günstige Seite hervorheben, ungünstige abschwächen oder verschweigen;
- positive Attribute für Wir-Gruppe;
- dynamisches Wortfeld für Wir-Gruppe;
- Koppelung mit positiven Werten;
- aufgrund von zwei/drei konkreten Beispielen positive Verallgemeinerung;

- eigennützige Ziele als uneigennützig ausgeben;
- Übersteigerung eigener Verdienste;
- Fehler anderen zuschieben;
- Einladung der Zuhörer zur Identifikation mit Wir-Gruppe;
- wer anderer Meinung ist, dem gegnerischen Lager zuschlagen;
- unverfängliche Zeugen aufrufen.

A b w e r t u n g
- Ungünstige Seite hervorheben, günstige abschwächen oder verschweigen;
- Häufung negativer Attribute;
- Koppelung des Gegners mit negativen Werten;
- aufgrund von zwei/drei konkreten Beispielen negative Verallgemeinerung;
- uneigennützige Ziele des Gegners als eigennützig ausgeben;
- Fehler des Gegners ins Maßlose vergrößern;
- Fehler dritter Gruppen dem Gegner zuschieben;
- Erfolge dem Gegner absprechen;
- Deformation gegnerischer Argumente: ins Absurde übersteigern;
- Verzerrung gegnerischer Zitate, um sie leichter widerlegen zu können;
- Gegner verrät eigene Grundsätze;
- Gegner ist von Geschichte längst widerlegt;
- gegnerische Forderungen halb anerkennen, doch: sie wurden längst von Wir-Gruppe erfüllt bzw. vor dem Gegner von Wir-Gruppe aufgestellt;
- Diffamierung durch Assoziation;
- Neudefinition gegnerischer Schlagworte;
- Parzellierung des Gegners: Teil auf eigene Seite ziehen;
- innenpolitischen Gegner mit außenpolitischem Feind koppeln;
- unverfängliche Zeugen aufrufen.

B e s c h w i c h t i g u n g
- Verständnis bekunden;
- auf Gemeinschaft hinweisen;
- als Vertreter einer Gruppe sich zum Sprecher einer anderen machen: Vermittlerrolle;
- alle Interessen als berechtigt anerkennen, Widersprüche verschweigen;
- auf "unabwendbares Schicksal" hinweisen;
- allgemeine Weisheiten;
- Formulierungen, die für jede Interpretation offen sind;
- wenn eine Interessengruppe belastet wird: "alle müssen Lasten tragen";
- Tabuisierung von Problemen, so daß deren Erörterung unmöglich wird.[7]

7   Zimmermann, Hans D.: Der allgemeine Barzel. Zum politischen Sprachgebrauch. In A. Rucktäschel (Hg.): Sprache und Gesellschaft. München 1972 (= Uni-Taschenbücher 131), S. 115-138, s.S. 135-137.

---

Weiterführende Aufgabe

"Wahlverhaltensrelevante Loyalitäten suchen die Parteien u.a. mittels solcher Praktiken zu erhalten und zu erweitern, auf deren bewährtem Einsatz die moderne Massenreklame basiert. Im Vordergrund steht dabei der Mechanismus der Persuasion mittels "öffentlichkeitswirksamer" Wörter und Slogans. [...]
Die Frage, ob sich solche Werbepraktiken noch mit dem GG, Art. 21, Abs. 1: Die Parteien wirken bei der politischen Willensbildung des Volkes mit, vertragen, kann hier nur noch rhetorisch gestellt werden." (Badura, Bernhard: Sprachbarrieren. Zur Soziologie der Kommunikation. Stuttgart 1971 (=problemata), S. 95-96).
Stellen Sie die hier angesprochenen Werbepraktiken der Parteien so sorgfältig zusammen, wie es eine diesbezügliche Verfassungsklage erfordern würde. Stellen Sie dagegen die möglichen verteidigenden Argumente seitens der beklagten Parteien. Die Aufgabe läßt sich auch von zwei Arbeitsgruppen übernehmen, die ihre Ergebnisse als Disput im Seminar vortragen.

---

## 5.3.4. Zur politischen Sprache und sprachlichen Topik der Arbeiterschaft

Auf betrieblicher und betriebspolitischer Ebene herrschen in der Bundesrepublik grundlegend andere Bedingungen als auf staatlicher Ebene, dementsprechend auch für die in diesem Bereich gebräuchliche und sich darauf beziehende Sprache. Der entscheidende Unterschied gegenüber dem Staat besteht darin, daß die Betriebsverfassung gar keinen demokratischen Anspruch erhebt, sondern weitgehend als Diktatur der Kapitaleigner bzw. der von ihnen delegierten Manager konzipiert ist. Daher stellt sich hier vor allem die Frage, inwieweit die im Betrieb gebräuchliche und sich auf die Betriebspolitik beziehende Sprache diesen diktatorischen Charakter der gesellschaftlichen Betriebsform durchsichtig macht oder verschleiert und Möglichkeiten zu deren demokratischer Umwandlung eröffnet oder verschließt.

Von besonderer Bedeutung sind in diesem Zusammenhang die von den Interessenvertretungen der Lohnabhängigen (Gewerkschaften) und denen der Kapitaleigner (Industrieverbände) verwendete sowie die in den verschiedenen Schichten der Lohnabhängigen selbst gebräuchliche ideologische Sprache. Aus diesem Spektrum soll hier nur noch eine knappe Charakteristik der ideologischen Sprache der weniger qualifizierten, hauptsächlich körperlich in der unmittelbaren Produktion tätigen Lohnabhängigen, der Arbeiter im engeren Sinn, herausgegriffen werden.

Diese Schicht ist besonders bedeutsam aus drei Gründen:

(1) bildet sie zahlenmäßig immer noch die größte Sektion innerhalb der lohnabhängigen Klasse;

(2) ist ihr Interesse an einer Systemveränderung am größten, da sie unter den gegenwärtigen Verhältnissen sowohl hinsichtlich der Arbeitsbedingungen als auch der Entlohnung besonders benachteiligt ist;

(3) verfügt sie mit der potentiellen Kontrolle der unmittelbaren Produktion über
einen außerordentlich mächtigen Hebel, um ihre Forderungen durchzusetzen.

Aus diesen Gründen stellt die Schicht der Produktionsarbeiter derzeit noch das
gewichtigste Potential dar zur Veränderung der Gesellschaft, insbesondere der
Produktionsverhältnisse.

Anknüpfend an die Theorie des restringierten Kodes (vgl. 3.) hat Oskar Negt auf
die s o z i a l e   T o p i k  als besonderes Charakteristikum der Arbeiter-
sprache hingewiesen. Als soziale Topik hat er diejenigen Sprachformeln bezeichnet, in denen sich die Erfahrungen der Arbeiterschaft als Exponent der lohnabhängigen Klasse, also die k l a s s e n s p e z i f i s c h e n   E r f a h -
r u n g e n , niedergeschlagen haben. Sie dienen der Arbeiterschaft nach wie
vor zur sozialen Orientierung: ihrer eigenen sozialen Zuordnung wie derjenigen
anderer, der Solidarisierung mit ihresgleichen und der Abgrenzung gegenüber anderen sozialen Schichten. Außerdem fungieren sie als Kristallisationspunkte ihrer
alltäglichen Erfahrung, die zum Teil nach dieser Topik strukturiert wird.

Die Topik wirkt dabei zugleich schützend und behindernd auf die alltägliche Erfahrung, sie bewahrt die Arbeiterschaft einerseits davor, daß sie allzu leicht
den im Interesse der Kapitaleigner verbreiteten Ideologien unterliegt - solche
Ideologien sind etwa die Behauptung, es handle sich bei der Bundesrepublik um
eine *klassenlose* oder eine *mittelschichtliche* Gesellschaft oder bei den Lohnabhängigen auf der einen und den Kapitaleignern auf der andern Seite um gleichberechtigte *Sozialpartner*. Andererseits aber hemmt die Topik die ständige Anpassung der Erfahrung an die sich ändernden und veränderten Verhältnisse. Die in
ihnen vorgegebenen Deutungsmuster versperren unter Umständen die Erkenntnis be-
deutungsvoller, aber nicht unter ihre Begrifflichkeit subsumierbarer Tatbestände.
Hierfür einige Beispiele.

### Der Topos: *die da oben - wir da unten*

Dieser Topos ist unter der Arbeiterschaft besonders gängig. Vertreter der
Ideologie einer klassenlosen bundesrepublikanischen Gesellschaft haben sich
gelegentlich über den hartnäckigen Fortbestand des dichotomischen Gesell-
schaftsbildes gewundert, das hinter diesem Topos steht. Für Marxisten war es
ein Hinweis auf die Grenzen manipulativer Möglichkeiten; offenbar sind die
Arbeiter gegen das Ideologem der Klassenlosigkeit der bundesrepublikanischen
Gesellschaft bislang weitgehend immun geblieben. In den dichotomischen Topos
ist zwar die Erfahrung von der Klassenstruktur der Gesellschaft als durchaus
richtiges Erkenntnismoment eingegangen. Seine gewöhnliche Anwendung offenbart jedoch, daß es sich bei ihm gerade nicht um ein angemessenes analyti-
sches Instrumentarium für einen richtigen Begriff von der Gesellschaft handelt.
*Die da oben* bezieht sich nämlich zumeist unterschiedslos auf die Kapitaleigner
und auf die Angestellten. Letztere stehen zwar nach der Qualifikation ihrer Arbeitskraft und nach ihrer Position in der Betriebshierarchie über den einfachen

Arbeitern, aber nach dem wissenschaftlichen Klassenbegriff durchaus in der gleichen, nämlich der lohnabhängigen Klasse. Die gleiche soziale Klassenzugehörigkeit beinhaltet aber auch Gemeinsamkeiten der Interessen und damit grundsätzlich
eine Bündnismöglichkeit. Diese Möglichkeit bleibt jedoch bei der Anwendung des
Topos, der die Angestellten undifferenziert als *die da oben* einstuft, unerkannt.
Vermutlich entstammt dieser Topos der Zeit der frühen Industrialisierung, als
die Angestellten sich noch größtenteils aus der Verwandtschaft der Kapitaleigner
oder aus Teilhabern rekrutierten und daher interessenmäßig enger als heute an
die Kapitaleigner gebunden waren.

Der Topos:  *Ausbeutung*

Auch dieser Topos ist weithin gängig. Mit diesem emphatischen und kämpferi-
schen Ausdruck hat der Marxismus ein dem kapitalistischen Produktionsverhältnis immanentes Prinzip bezeichnet, nämlich die ständige Einbehaltung
und Aneignung des von den Lohnabhängigen erarbeiteten Mehrwerts durch den
Kapitaleigner (vgl. 1.2.1.). Als gängiger Topos der Arbeiterschaft bezieht
sich *Ausbeutung* heute aber fast nur noch auf eine weit unter dem Durchschnitt liegende Entlohnung, vor allem wenn noch besonders harte Arbeitsbedingungen dazu kommen, kurz, auf eine historisch überholte Relation von
Arbeitsleistung und Lohn. Die bei jeder Lohnarbeit vorhandene, dem kapitalistischen Produktionsverhältnis als Prinzip innewohnende Mehrwertvorent-
haltung wird dagegen mit diesem topischen Begriff von Ausbeutung nicht erfaßt. Ja, die Ausbeutung im Sinne des Topos dürfte im Zuge der weiteren
Entwicklung der Technologie und der damit möglichen Anhebung des Lohnni-
veaus und der Verbesserung der Arbeitsbedingungen wenigstens innerhalb der
Bundesrepublik allgemein zurückgehen. Die Ausbeutung im Sinne des wissenschaftlichen Begriffs bleibt dabei jedoch unvermeidlich bestehen und wächst
sogar tendenziell, solange das kapitalistische Produktionsverhältnis Bestand hat. Diese Erkenntnis kann aber der Ausbeutungstopos versperren und
damit längerfristig sogar zur sozialpsychischen Integration und Befriedung
der Arbeiterschaft im Interesse der Kapitaleigner genutzt werden.

Die beiden Beispiele verdeutlichen die in den sozialen Topoi der Arbeiterschaft
enthaltene Verkürzung des Begriffs. Die Topoi sind jeweils f e s t g e m a c h t
a n   e i n e r   b e s t i m m t e n   h i s t o r i s c h e n   E r s c h e i -
n u n g s f o r m  des für das Schicksal der Arbeiterschaft relevanten Gesell-
schaftsausschnitts. Das Wesen, der zugrundeliegende und verursachende Mechanismus, der diese Erscheinungsform hervorbringt, ist nicht erfaßt. Dies hat zweier-
lei Folgen:

(1) Verändert sich im Zuge der Entwicklung nur die oberflächliche Erscheinungs-
    form, so entsteht bei topischer Sicht gleich der Schein einer wesentlichen
    Veränderung. Dies trifft zu auf das Beispiel der *Ausbeutung*, sofern besse-
    re Entlohnung und kürzere Arbeitszeiten schon als die Beendigung der Aus-
    beutung aufgefaßt werden.

(2) Bleibt die Erscheinungsform einigermaßen unverändert, so bleibt auch eine
    wesentliche Veränderung unerkannt. Dies trifft zu auf das Beispiel *die
    da oben - wir da unten*, sofern die Angestellten einfach wie eh und je un-
    differenziert als *die da oben* gesehen werden.

Negt hat im Hinblick auf die gewerkschaftliche Bildungsarbeit vorgeschlagen, mit Hilfe des analytischen Instrumentariums der historisch-materialistischen Soziologie den Arbeitern ihre gesellschaftliche Situation durchschaubar zu machen. Dabei wäre einerseits exemplarisch anzuknüpfen an ihren alltäglichen Erfahrungen, andererseits an ihrer Topik als dem Niederschlag ihrer kollektiven historischen Erfahrung. Eine derartige Einbeziehung der ideologischen Sprachinhalte dürfte für jede auf die Aufhebung sozialer Benachteiligung abzielende Spracherziehung unabdingbar sein. Erst sie vermittelt eine Perspektive zur dauerhaften Beseitigung der sozialen Ungleichheit. Eine derartige inhaltliche Spracherziehung wäre freilich zu integrieren mit einer mehr formalen im Hinblick auf die in 2. - 4. dargelegten sozialen Sprachunterschiede. Weder die Beschränkung auf eine formale noch die auf eine bloß inhaltliche Spracherziehung, sondern erst eine Integration beider, kann den in jüngster Zeit so häufig proklamierten Anspruch auf eine emanzipatorische Wirkung geltend machen.

---

**Aufgaben**

1) Die Einheits- oder Hochsprache ist die Sprache der herrschenden Klasse. Sie zu vermitteln heißt die Ideologie der herrschenden Klasse, also die kapitalistische Ideologie, zu vermitteln. Daher ist die Einheits- oder Hochsprache für die Schule ein wichtiges Mittel, um die Heranwachsenden dem bestehenden Gesellschaftssystem anzupassen.
   Ist diese Darstellung richtig? Inwiefern? Oder inwiefern nicht?

2) In der Sprache der Gewerkschaften werden Lohnabhängige in der Regel als *Arbeitnehmer,* Kapitaleigner als *Arbeitgeber* bezeichnet.
   a) Ist diese Bezeichnung eher im Interesse der Lohnabhängigen oder der Kapitaleigner? Inwiefern?
   b) Können diese Bezeichnungen zu Mißverständnissen führen, die den Interessen der Lohnabhängigen zuwiderlaufen? Bei welcher Gelegenheit?

3) Vor der Landtagswahl von 1972 in Baden-Württemberg erschien folgende Zeitungsannonce, die für die CDU warb:
   "Hände weg von unserer Wirtschaft! Keine Experimente mit uns! Wir, die Arbeiter, Angestellten und Unternehmer der sozialen Marktwirtschaft in Baden-Württemberg sagen: Von unserer Hände Arbeit, von den Gewinnen unserer Betriebe wird alles bezahlt, was die Politiker verplanen und verbrauchen. Was wir für Existenz und Wohlstand unserer Familien brauchen. Wir haben nach dem Kriege mit dem System der sozialen Marktwirtschaft Arbeitsplätze, Wohlstand, Sicherheit und Vermögen geschaffen. Wir sind bereit, auch in Zukunft auf der Basis unserer Wirtschaft für Fortschritt und Sicherheit in unserem Land zu arbeiten. Wir stellen fest, daß einige Berufspolitiker, Theoretiker und Phantasten die soziale Marktwirtschaft verändern wollen, um unsere Wirtschaft in die Abhängigkeit eines Funktionärsapparates zu bringen. Hände weg von unserer Wirtschaft! Unsere Arbeitsplätze sind in Gefahr, wenn wir nicht wachsam sind! Die Situation in Baden-Württemberg verlangt von uns eine klare Entscheidung bei der Landtagswahl am 23. April. Wir wissen, daß nur die CDU eine eindeutig positive Stellung zur sozialen Marktwirtschaft einnimmt. Wir sind sicher, daß nur

Ministerpräsident Filbinger mit seiner Mannschaft eine Politik durchsetzt, die unsere Arbeitsplätze garantiert. Deshalb wählen wir diesmal CDU." (Hohenloher Zeitung vom 17. 4. 1972)

a) Sehen Sie Übereinstimmungen in diesem Text mit den unter 5.3.3.2. angegebenen Merkmalen einer früheren Rede des CDU-Vorsitzenden? Wenn ja, welche?

b) α) Wie werden die Gegner der CDU gekennzeichnet?

β) Wird erkennbar, um welche Parteien es sich dabei handelt? Inwiefern wird dies erkennbar?

γ) Der politische Hauptgegner war bei der betreffenden Landtagswahl die SPD. Stimmt die Darstellung des politischen Gegners mit dem SPD-Konzept überein? Inwiefern stimmt sie nicht überein?

c) Kommen alle Merkmale, die hier der im Mittelpunkt stehenden sozialen Marktwirtschaft zugeschrieben werden, dieser tatsächlich zu?

d) Läßt der Text einen Bezug des CDU-Programms auf bestimmte gesellschaftliche Interessen und Interessengruppen erkennen?

e) Kann man sagen, daß in dem Text Interessen verschleiert werden. Wenn ja, inwiefern?

4) Für die wissenschaftlichen und technischen Fachsprachen wurde festgestellt, daß sie international gültige Bestandteile enthalten, zumindest auf der Ebene der begrifflichen Bedeutungen.

a) Gilt dies auch für die ideologische Sprache? Begründen Sie ihre Antwort unter Einbeziehung politisch-ökonomischer Gesichtspunkte.

b) Nennen sie Beispiele international geläufiger ideologischer Begriffe.


## Weiterführende Aufgaben

5) Zeigen Sie auf, inwiefern folgende gängige Bezeichnungen die objektiven politisch-ökonomischen Verhältnisse verhüllen:
- wenn bei Lohnverhandlungen von *Sozialpartnern* geredet wird,
- wenn Kreise der *Wirtschaft* zu politischen Fragen Stellung nehmen,
- wenn ein Fabrikant von seinen *Mitarbeitern* oder von der *Betriebsfamilie* spricht.

Sammeln und analysieren Sie möglichst viele Beispiele ideologischer Sprache, die die wirklichen Produktionsverhältnisse in der BRD verschleiern.

6) Erheben Sie von einer Stichprobe von Arbeitern möglichst detailliert die gängige soziale Topik. Analysieren Sie diese auf ihre wahren und ihre verschleiernden Momente hin.

7) Der marxistische brasilianische Pädagoge Paolo Freire hat hinsichtlich seines Konzepts der politischen Erziehung der beherrschten Klasse in Südamerika im Hinblick auf die Sprache formuliert: "Im Wort begegnen wir zwei Dimensionen; der 'Reflexion' und der 'Aktion' in so radikaler Interaktion, daß, wenn eines auch nur teilweise geopfert wird, das andere unmittelbar leidet. Es gibt kein wirkliches Wort, das nicht gleichzeitig Praxis wäre. Ein wirkliches Wort sagen heißt daher, die Welt verändern." (Freire: Pädagogik der Unterdrückten, Stuttgart 1971, S. 80.)

Gehen Sie von diesem Gedanken Freires aus und versuchen Sie Gesichtspunkte zu einer sprachlichen Erziehung der Arbeiterschaft zusammenzustellen, die in eine politische Praxis im Interesse der Arbeiterschaft einmündet. Beziehen Sie dabei die soziale Topik der Arbeiterschaft ein.

8) Erproben Sie, inwieweit die neueren strukturalistischen und generativen Darstellungstechniken der linguistischen Semantik für die Analyse und verdeutlichende Darstellung ideologischer Sprache nutzbar gemacht werden können.

# Literaturhinweise

Berning, Cornelia: Vom "Abstammungsnachweis" zum "Zuchtwart". Vokabular des Nationalsozialismus. Mit einem Vorwort von Werner Betz. Berlin 1964.

Lexikon des gebräuchlichsten Vokabulars des deutschen Faschismus.

Dieckmann, Walter: Sprache in der Politik. Einführung in die Pragmatik und Semantik der politischen Sprache. Heidelberg 1969 (= Sprachwissenschaftliche Studien, zweite Abteilung).

Erörtert werden Aspekte der Menschenlenkung mittels Sprachtechniken und Sprachpolitik; vor allem, inwiefern die semantische Struktur der Sprache solche Möglichkeiten einräumt. Ferner verschiedene semantische Analysemöglichkeiten ideologischer Sprache. Schließlich die unterschiedlichen Ausprägungen der Sprache der Politik in der Justiz, Verwaltung und Diplomatie.

Dieckmann, Walter: Information oder Überredung. Zum Wortgebrauch der politischen Werbung in Deutschland seit der französischen Revolution. Marburg 1964 (= Marburger Beiträge zur Germanistik 8).

Materialreiche Analyse der historischen Entstehung und Entwicklung der politischen Agitation seit Beginn des Parlamentarismus. Vor allem werden die in der Sprache angelegten und die im Verlauf der Geschichte genutzten sprachlichen Möglichkeiten zur Agitation ausführlich dargelegt.

Klaus, Georg: Sprache der Politik. Berlin (Ost) 1971.

Erörtert werden die semiotischen Möglichkeiten der Dekouvrierung kapitalistischer und der Optimierung sozialistischer Agitation mittels Sprache.

Marx, Karl und Friedrich Engels: Die deutsche Ideologie. Kritik der neuesten deutschen Philosophie in ihren Repräsentanten Feuerbach, B. Bauer und Stirner und des deutschen Sozialismus in seinen verschiedenen Propheten. Berlin: Dietz 1969 (= Marx, Engels: Werke 3), bes. S. 17-77.

Grundlegend für den Begriff der Ideologie. Enthält wichtige Hinweise zur sozialen Funktion der Sprache, zur Entstehung von Ideologien und einen Abriß der politisch-ökonomischen Geschichte.

Negt, Oskar: Soziologische Phantasie und exemplarisches Lernen. Zur Theorie der Arbeiterbildung. Überarb. Neuausg. 2. Aufl. Frankfurt 1971. Darin: Sprachbarrieren und Lernmotivation, S. 59-82.

Enthält die Hypothese der sprachlichen sozialen Topik der Arbeiterschaft und einen didaktischen Vorschlag, diese in eine auf die Entwicklung von Klassenbewußtsein abzielende Arbeiterbildung einzubeziehen. Bezieht stringent eine politisch-ökonomische Analyse ein.

Winkler, Lutz: Studie zur gesellschaftlichen Funktion faschistischer Sprache. Frankfurt 1970 (= edition suhrkamp 417).

Eine der wenigen detaillierten Analysen ideologischer Sprache mit stringentem politisch-ökonomischem Bezug, theoretisch fundiert und kritisch. Analysierter Text: Hitlers "Mein Kampf".

Zimmermann, Hans D.: Die politische Rede. Der Sprachgebrauch Bonner Politiker. Stuttgart 1969 (= Sprache und Literatur 59).

Eingehende auch quantitative Sprachanalyse der programmatischen Reden der Fraktionsvorsitzenden von CDU, SPD und FDP vor der Bundestagswahl von 1965 und einer Debatte zwischen Schiller und Schmücker.

6.     UNTERSCHIEDE ZWISCHEN POSITIVISTISCHER UND HISTORISCH-
        MATERIALISTISCHER SOZIOLINGUISTIK

6.1.    Beschreiben und Begreifen

Die folgenden wissenschaftstheoretischen und methodologischen Hinweise sind
unvermeidlich besonders stark vereinfacht.

Es ist auffällig, daß positivistische Wissenschaft als das Ziel ihrer wissenschaftlichen Arbeit nicht selten nur die umfassende Beschreibung (Deskription)
ihres Gegenstandes angibt. Zwischen Beschreiben und Begreifen wird dabei kein
Unterschied gemacht. Demgegenüber unterscheidet historisch-materialistische
Wissenschaft das Begreifen des Gegenstandes von seiner bloßen Beschreibung, die
sie für wissenschaftlich unzureichend hält.

Der Nachdruck auf dem Begreifen ist kein leeres Pathos oder terminologisches Spiel.
Stellt sich unter dem Aspekt des Beschreibens primär die Frage, w i e   e i n
G e g e n s t a n d   b e s c h a f f e n   i s t   u n d   f u n k t i o -
n i e r t , so unter dem des Begreifens, w a r u m   e r   g e r a d e   s o
i s t   u n d   s o   f u n k t i o n i e r t . Im ersten Fall mag die wissenschaftliche Beschäftigung sich damit begnügen, seine Substanz und Struktur, das Zu-
sammenspiel seiner Bestandteile und die Regeln dieses Zusammenspiels zu erfassen.
Im zweiten Fall wird darüberhinaus nachdrücklich gefragt, warum der Gegenstand diese Beschaffenheit erlangt und bewahrt hat. Gefragt wird also nach den  U r s a -
c h e n   s e i n e r   E n t s t e h u n g   u n d   s e i n e s   W a n d e l s .
Dabei kann auf die sorgfältige Beschreibung des Gegenstands keinesfalls verzichtet
werden. Die wissenschaftliche Analyse zielt aber von Anfang an über diese Beschreibung hinaus auf die Bedingungen seiner Entstehung und Veränderung.

Von erheblicher Bedeutung ist es nun, daß sich unter beiden Fragestellungen recht
unterschiedliche Beschreibungen ergeben können. Je nach der Perspektive kann ein
und derselbe Gegenstand nämlich nach ganz unterschiedlichen Gesichtspunkten beschrieben werden. Pointiert läßt sich feststellen, daß es Beschreibungen von
großer Präzision gibt, die ein ursächliches Begreifen der Entstehungs- und Wandlungsbedingungen des Gegenstandes geradezu blockieren. Aus diesem Grunde ist es
wichtig, daß die Fragestellung von vornherein über die bloße Beschreibung hin-
ausgreift auf die maßgeblichen Faktoren, die den Wandel des Gegenstandes bedingen. Erst von diesem übergeordneten Zusammenhang her ergibt sich eine später-
hin brauchbare Beschreibung des Gegenstandes.

Positivistische Wissenschaft begnügt sich aber nicht selten mit der Beschreibung des unreflektiert aus seinem übergeordneten Zusammenhang herausgelösten
Gegenstandes. Demgegenüber hebt historisch-materialistische Wissenschaft hervor,
daß bei der Beschreibung der Bezug zum übergeordneten Zusammenhang gewahrt bleiben muß. Andernfalls ist nicht auszuschließen, daß die Beschreibung ein ursäch-
lich-genetisches Begreifen des Gegenstandes versperrt.

Beispiele für solche unbrauchbaren Beschreibungen finden sich vor allem in der
amerikanischen Soziolinguistik. Besonders gilt dies für diejenigen Arbeiten, die
mehrdimensionale sozioökonomische Schichtenindizes auf der einen Seite korrelieren mit linguistischen Variablen auf der anderen Seite, die unter keinem anderen Gesichtspunkt ausgewählt wurden als unter der Annahme, daß sie mit der
sozioökonomischen Schichtung korrelieren. Derartige Beschreibungen können außerordentlich präzise sein. Ihre Aussagekraft reicht jedoch über die vorliegenden
nackten Daten kaum hinaus. Dadurch daß die Schichtenskala mehrere Faktoren kombiniert, Berufsprestige, Einkommen, Ausbildungsniveau u.a., kann nicht entschieden werden, welcher einzelne Faktor für den festgestellten sprachlichen
Unterschied verantwortlich war. Noch weniger läßt sich dann erschließen, wie
sich der sprachliche Schichtenunterschied entwickelte und unter welchen Bedingungen er sich wandelt. Es kann ja nicht einmal etwas über die Entstehung und
den Wandel der Schichtung selber gesagt werden.

Fragt man dagegen schon bei der Einteilung der Schichten, welcher soziale Faktor
einen bestimmten Aspekt des Sprachverhaltens maßgeblich determiniert, so kommt
man zu einer weit aussagekräftigeren Beschreibung. Man bezieht beispielsweise
die geistige oder körperliche Arbeitsweise auf den Abstraktionsgrad der Semantik.
Zur Überprüfung vergleicht man entsprechende geistig bzw. körperlich arbeitende
Berufsgruppen, wobei man andere Faktoren, die auch noch auf den betreffenden
Sprachunterschied einwirken könnten, möglichst weitgehend kontrolliert, also
konstant hält. Die Entstehung und die gegenwärtigen Wandlungstendenzen einzelner
Berufsgruppen wie auch das Verhältnis geistiger zu körperlicher Arbeit lassen
sich dann im Rahmen einer umfassenden historisch-materialistischen Analyse der
Gesellschaft bestimmen. Im Hinblick darauf wurden diese Kategorien ja gerade gewählt. Dabei sind die Ergebnisse der soziolinguistischen Untersuchung selbst als
wandlungshemmend oder fördernd einzukalkulieren. Damit wird die soziolinguistische Forschungsarbeit ein - wenngleich wohl nicht gerade zentraler - Bestandteil
der Erforschung der gesellschaftlichen Bewegungsgesetze. Die Beschreibung anhand
eines mehrdimensionalen Schichtenindexes, die nicht im vorgängigen Bezug auf eine
umfassende Gesellschaftstheorie erfolgte, bleibt dagegen ein isolierter Einzelbe-
fund ohne weiterreichenden Erkenntniswert.

## 6.2. Erkennen und Verändern

Der Nachdruck, den historisch-materialistische Soziolinguistik auf das Begreifen legt, leitet sich her von ihrer grundsätzlichen Auffassung vom Sinn wissenschaftlicher Betätigung. Deren Sinn entspringt ihrer Auffassung nach überhaupt erst aus der P r a x i s . Das Bestreben nach Erkenntnis ohne Praxisbezug gilt ihr demnach nicht als sinnvolle wissenschaftliche Betätigung.

Auch positivistische Soziolinguistik zielt außer auf Erkenntnis auf Anwendung und wird bekanntlich praktisch verwertet. Sie trennt jedoch streng zwischen theoretischer und angewandter Wissenschaft. Der T h e o r i e wird dabei in der Regel größere Bedeutung zugeschrieben. Vor allem aber besteht die Auffassung, daß die Theorie unabhängig von der Anwendung entfaltet werden könne. Dabei werden Theorie und Anwendung als zwei aufeinander folgende Schritte oder als zwei separate Sektoren der wissenschaftlichen Betätigung verstanden. Sogenannte "rein" theoretische Arbeit, die auf die mögliche Anwendung ihrer Ergebnisse nicht reflektiert, wird dabei nicht nur Sinn und Berechtigung, sondern oft sogar ein höherer Rang eingeräumt.

Eine solche Trennung zwischen Theorie und Praxis lehnt die historisch-materialistische Soziolinguistik ab. Sie bezweifelt, daß die Erkenntnisse, die ohne Bezug auf die Praxis gewonnen werden, nachträglich in nennenswertem Umfang in die Praxis umgesetzt werden können. Denn die Entwicklung der Kategorien, der Hypothesen und deren Überprüfungsverfahren kann in einer für die spätere praktische Verwendung ganz untauglichen Form erfolgen - ähnlich wie eine Beschreibung, die nicht im Vorgriff auf ein Begreifen der Wandlungsbedingungen des Gegenstandes erfolgt, ein späteres Begreifen blockieren kann.

Vor allem können bei der Abtrennung von der Praxis gerade diejenigen Bestandteile der Theorie aufwendig ausgebaut werden, die für die Praxis ziemlich irrelevant sind. Desgleichen kann sich die empirische Forschung auf solche irrelevanten Bereiche erstrecken. Ein Beispiel für ein derartiges Vorgehen liefert die traditionelle Dialektologie, deren hundertjährige aufwendige Forschungsarbeit nur in minimalem Ausmaß praktisch brauchbar ist. Möglicherweise werden in bestimmten Wissenschaften, wie etwa in der Chemie, durch gewissermaßen beliebiges Forschen durchaus sogar mehr praktisch brauchbare Ergebnisse erzielt als bei einer Vorbesinnung auf die praktische Nutzbarkeit etwaiger Ergebnisse. Es spricht aber nichts dafür, daß dies auch für die Soziolinguistik gelten könnte. Schon die für diese Disziplin zur Verfügung stehende Arbeitskapazität ist dafür viel zu gering. Deren enge Begrenztheit verlangt ein von vornherein auf die Praxis zielendes wissenschaftliches Vorgehen. Andernfalls wird zuviel Unbrauchbares entwickelt.

Von seiten des Positivismus wird freilich nicht selten die Forderung nach praktischer Brauchbarkeit wissenschaftlicher Ergebnisse überhaupt zurückgewiesen. Dabei wird das reine Erkennen, ohne Rücksicht auf seine praktische Umsetzbarkeit, als Sinn und Selbstzweck wissenschaftlicher Tätigkeit postuliert. Eine Wissenschaft mit einem solchen Selbstverständnis ist nach historisch-materialistischer Auffassung ihrer gesellschaftlichen Funktion entfremdet. Sie kann ihren Nutzen für die Gesellschaft nicht mehr formulieren und droht daher zum fruchtlosen privatistischen Selbstzweck zu degenerieren.

Demgegenüber versteht historisch-materialistische Wissenschaft und folglich auch historisch-materialistische Soziolinguistik sich als Arbeit im streng materialistischen Sinn. Dies heißt, daß ihre Produkte in erster Linie Gebrauchswerte sein müssen, für die Bedürfnisse in der Gesellschaft bestehen. Ganz allgemein gesprochen, dient sie damit bewußt der Befriedigung von Bedürfnissen, dem Abbau von Frustration und Leid der Gesellschaftsmitglieder. Ihr Sinn entspringt aus dieser praktischen Nutzbarkeit ihrer Ergebnisse.

Von dieser Auffassung leitet sich auch ein P r o b l e m b e g r i f f ab, der sich von demjenigen positivistischer Soziolinguistik unterscheidet. Diese sieht letzten Endes in jeder Wissenslücke gleichermaßen ein Problem. Historisch-materialistische Soziolinguistik knüpft aber mit ihrem Problembegriff an dem tatsächlichen Leid, den wirklichen Frustrationen der Gesellschaftsmitglieder an. Um einen Beitrag zu deren Linderung geht es ihr primär, nicht darum, beliebige vorhandene Wissenslücken zu schließen. Unter diesem Blickwinkel erscheint ihr beispielsweise die genaue Erfassung der Sprache der Rheinfischer oder der Reepschläger, beides abgehende Gewerbe, in der gegenwärtigen Lage nicht vordringlich, sondern ziemlich irrelevant. Relevanter sind dagegen etwa die sprachlich bedingten Schwierigkeiten der Unterschichtkinder in der Schule, das mangelnde Verständnis der politischen Fachsprache unter den breiten Massen oder die manipulative Verwendung von Sprache in der Werbung und in der politischen Propaganda.

Freilich versteht auch historisch-materialistische Soziolinguistik den Praxisbezug nicht im Sinne einer unmittelbaren Umsetzbarkeit aller Ergebnisse in praktisches Handeln. Auch sie ist nur ein arbeitsteilig eingeschränktes Moment im Gesamtarbeitsprozeß. Daher muß sie die Umsetzung ihrer Ergebnisse in die Praxis oft anderen Disziplinen, beispielsweise der Sprachdidaktik, überlassen. Allerdings reflektiert sie auf deren Umsetzbarkeit durch die betreffenden Disziplinen. Als legitime und unumgängliche Vorarbeit für eine praktische Veränderung gilt ihr freilich auch die Ideologiekritik, die Aufdeckung falschen Bewußtseins. Hierdurch werden Mißstände erst soweit offen gelegt, daß sie rational zugänglich sind.

Die Orientierung auf die Praxis im Sinne einer praktischen Veränderung der Gesellschaft zum Besseren hin impliziert auch die k r i t i s c h e   E i n -
s t e l l u n g . Wissenschaftliche Kritik bezieht sich in der positivistischen Wissenschaft hauptsächlich auf die Logik des Erkenntnisprozesses. In der historisch-materialistischen Wissenschaft geht sie darüber hinaus und zielt auf die gesellschaftlichen Verhältnisse selbst. Die Einstellung zur Gesellschaft ist eine grundsätzlich kritische, insofern stets diejenigen Momente der Gesellschaft ins Blickfeld gerückt werden, die verbesserungswürdig sind. Die affirmative Feststellung positiver Komponenten ist nicht die Aufgabe historisch-materialistischer Wissenschaft, es sei denn, daraus ließen sich Zielvorstellungen für verbesserungsbedürftige andere Bereiche entwickeln. Aus dem Sinnverständnis von Wissenschaft als Hebel praktischer Verbesserung der Gesellschaft leitet sich konsequent ein durchgängig negatives Verhältnis zum jeweiligen gesellschaftlichen Zustand ab.

Die Negation des jeweils gegenwärtigen Zustandes erfolgt freilich nicht blindlings und ziellos, sondern im Hinblick auf den Entwurf einer besseren Gesellschaft. Dieser Entwurf orientiert sich primär an den faktischen ökonomischen Möglichkeiten, also dem Entwicklungsstand der Produktivkräfte. Darin unterscheidet er sich von einem Wunschtraum, daß die materiellen Möglichkeiten zu seiner Verwirklichung durchaus gegeben sind. Es handelt sich also nicht um eine abstrakte, von der Wirklichkeit absehende, sondern um eine  k o n k r e t e   U t o -
p i e , die von den materiellen Voraussetzungen her zu dem betreffenden Zeitpunkt tatsächlich verwirklicht werden könnte. Am Entwurf dieser konkreten Utopie orientiert sich die Kritik der bestehenden gesellschaftlichen Verhältnisse. Gegenübergestellt wird dabei stets: das, was ist, dem, was sein könnte.

Positivistische Wissenschaft verwirft den Gedanken einer konkreten Utopie, weil er die Grenzen des sicher Bestimmbaren überschreite. Historisch-materialistische Wissenschaft hält daran fest, obgleich sie gewisse Unsicherheiten in seiner präzisen Bestimmung einräumt. Verzichtet sie nämlich auf den konkreten Entwurf einer besseren Gesellschaft, so kann sie letztlich nur noch den vorhandenen Zustand heiligen. Den Positivismus überführt sie eben dieses unkritischen Verhältnisses zur Gesellschaft. Der Positivismus beruft sich dabei auf scheinbar wissenschaftliche Maximen. Er wirft der historisch-materialistischen Wissenschaft unwissenschaftliche Spekulation, Überschreitung des wissenschaftlich verläßlich Feststellbaren vor. Faktisch entledigt er sich damit des traditionellen Anspruchs aufklärerischen Denkens, für eine bessere, menschenwürdigere Gesellschaft zu kämpfen.

## 6.3.    Neutralität und Parteilichkeit

Positivistische Wissenschaft erhebt den Anspruch, daß ihre Tätigkeit nicht an
partikulare Interessen bestimmter gesellschaftlicher Gruppen gebunden sei. Zumindest sei sie nicht von derartigen Interessen gelenkt und bestimmt. Historisch-
materialistische Wissenschaft geht dagegen davon aus, daß  j e d e  wissenschaftliche Tätigkeit in den Sog bestimmter gesellschaftlicher Interessen gerät, ob sie
dies will, und ob sie sich dessen bewußt ist, oder nicht.

Sie gründet diese Annahme auf die Einsicht, daß die Gesellschaft gespalten ist
in soziale Klassen mit konträren Interessen sowie weitere Schichten und Gruppen.
Insbesondere die Klassenstruktur schließt nach historisch-materialistischer Auffassung Überparteilichkeit faktisch aus. Denn in ihr gründen zutiefst Frustration
und Leid, um deren Abmilderung es der historisch-materialistischen Wissenschaft
und Soziolinguistik zu tun ist.  S c h o n   d i e   w a h r h e i t s g e -
m ä ß e   A u f d e c k u n g   d e r   K l a s s e n s t r u k t u r   i m -
p l i z i e r t   e i n e   P a r t e i n a h m e ,   n ä m l i c h   f ü r
d i e   b e h e r r s c h t e   K l a s s e .   Im Interesse der herrschenden
Klasse ist es dagegen, auf die Analyse der Klassenstruktur zu verzichten, oder
besser noch, den Tatbestand sozialer Klassen überhaupt zu leugnen. In Extrem-
fällen besteht genau darin die proklamierte Neutralität positivistischer Wissenschaft.

In anderen Fällen erklärt sich positivistische Wissenschaft für die konsequente
Analyse der gesellschaftspolitischen Implikationen ihrer Tätigkeit nicht mehr
kompetent. Nicht selten wird dabei auf die Schwierigkeit einer präzisen und verläßlichen Bestimmung verwiesen. In der überwiegenden Mehrzahl vor allem wiederum
der sehr zahlreichen amerikanischen soziolinguistischen Arbeiten werden gesellschaftspolitische Implikationen schließlich gar nicht thematisiert oder auf der
Ebene des common sense abgehandelt. Dies erklärt sich wohl aus der gegenwärtig
allgemeinen Dominanz positivistischer Wissenschaft. Daß es sich dabei um die den
Interessen der herrschenden Klasse gemäße Wissenschaft handelt, zeigt sich im
Vergleich mit der historisch-materialistischen Wissenschaft.

Diese verzichtet nicht auf die Analyse der gesellschaftspolitischen Implikationen
ihrer Arbeit, noch strebt sie nach Neutralität. Sie stellt sich vielmehr bewußt
auf die Seite der unter den gegenwärtigen gesellschaftlichen Verhältnissen Be-
nachteiligten. Diese Entscheidung ist nicht voluntaristisch, sondern leitet sich
folgerichtig her von ihrem Selbstverständnis als kritische, praxisorientierte
Wissenschaft. Als solche muß sie unweigerlich die Partei derjenigen ergreifen,
die unter den Verhältnissen benachteiligt sind. Wie politökonomische Analysen

erweisen, handelt es sich dabei um die Angehörigen der beherrschten Klassen, der
Lohnabhängigen. Innerhalb dieser Klasse leben wiederum die unteren Schichten in
den bedrückendsten Verhältnissen. Daher ergreift die historisch-materialistische
Soziolinguistik bewußt die Partei der Klasse der Lohnabhängigen, insbesondere
der unteren Schichten.

Sie tut dies, indem sie die Ursachen für deren Benachteiligung und Möglichkeiten
für eine Verbesserung ihrer Situation zu erfassen sucht. Für die Soziolinguistik
stellt sich dabei einmal die Frage, inwieweit sprachliche Gewohnheiten, Fertigkeiten, Normen und Normierungen zu den bedingenden Faktoren der sozialen Benachteiligung zählen; zum andern, inwieweit Veränderungen dieser sprachlichen Faktoren möglich sind und zu einer Aufhebung der sozialen Benachteiligung beitragen können. Diese Fragen lassen sich nur adäquat beantworten im Rahmen einer
gesamtgesellschaftlichen Analyse. Erst in diesem weiten Rahmen wird auch das
begrenzte Eigengewicht des Faktors Sprache in der richtigen Proportion erkennbar.
Um einem verbreiteten Mißverständnis vorzubeugen, sei darauf hingewiesen, daß
Parteilichkeit in dem genannten Sinne keinesfalls die Manipulation von Daten und
die Verdrehung von empirischen Sachverhalten erlaubt. Dies würde ihrer eigenen
Intention am schwersten schaden. Denn ein solch unwissenschaftliches Vorgehen
würde die wahre Erkenntnis der Ursachen und Veränderungsmöglichkeiten ausschließen. Die bewußte gesellschaftspolitische Parteinahme hat also keineswegs
Beschränktheit oder Blindheit im wissenschaftlichen Erkenntnisprozeß zur Folge.
Historisch-materialistische Soziolinguistik erreicht ihren Zweck vielmehr umso
eher, je breiter, sorgfältiger und vollständiger ihre Theorien und empirischen
Analysen angelegt sind. Demgegenüber läßt sich gerade die proklamierte Neutralität positivistischer Soziolinguistik gewöhnlich nur unter einem sehr engen Blickwinkel aufrecht·erhalten.


## 6.4.    Das Verhältnis zur Geschichte

Positivistische Soziolinguistik würde zweifellos nicht abstreiten, daß sich ihr
Gegenstand historisch wandelt. Wie ihre Theoriebildung zeigt, ist ihr die historische Dimension jedoch eine Nebensache. Dies hängt damit zusammen, daß sie
nicht entschieden auf ein Begreifen ihres Gegenstandes in dem unter 6.1. erläu-
terten umfassenden Sinn abhebt, also auf ein ursächliches Verständnis der Genese
ihres Gegenstandes.

Ein Beispiel ist die Theorie der restringierten und elaborierten Kodes. Diese
Theorie ist im Hinblick auf die gegenwärtigen gesellschaftlichen Verhältnisse in
zahlreichen Abhandlungen außerordentlich differenziert und ausführlich entfaltet

worden. Die Genese der Kodes, der Diskrepanz zwischen sprachlich restringierten und elaborierten Sozialschichten wurde aber im großen historischen Zusammenhang bisher noch nicht dargestellt. Damit ist auch nicht klar ersichtlich geworden, daß die Kodediskrepanz kennzeichnend ist für eine ganz bestimmte Stufe des gesellschaftlich-ökonomischen Entwicklungsprozesses. Dieser größere historische Zusammenhang wurde hier unter 3.3. aufzuzeigen versucht.

Die mangelnde historische Perspektive hat vor allem die folgenden negativen Konsequenzen:

(1) Sie bedingt eine gewisse Blindheit gegenüber den Wandlungsmöglichkeiten und den geeigneten Maßnahmen zur Veränderung der als Mißstand empfundenen Situation. Hinsichtlich der Kodetheorie äußert sich dies in einigermaßen hilflosen praktischen Folgerungen, die sich von einem Extrem blindeifriger kompensatorischer Spracherziehung bis zum andern der völligen Resignation erstrecken.

(2) Sie erschwert die Erkenntnis des ursächlichen Zusammenhangs und der Gewichtung der wirksamen Faktoren. Beispielsweise wird in der Kodetheorie häufig die Familienstruktur in den Vordergrund gerückt und deren Abhängigkeit von der Stellung der erwachsenen Familienmitglieder im Produktionsprozeß übersehen.

(3) Sie bedingt begriffliche Unklarheiten bzw. den Verzicht auf die Klärung zentraler Begriffe. Beispielsweise ist der Begriff der sozialen Schicht und das Verhältnis von Schicht zu Klasse in der Kodetheorie lange Zeit gar nicht problematisiert und bis heute nicht befriedigend geklärt worden.

(4) Sie bedingt schließlich tiefgreifende Fehleinschätzungen des Gesamtsachverhalts. Ein Beispiel dafür ist die sich immer mehr ausbreitende Differenzhypothese (vgl. 3.5.). Von einem übergreifenden historischen Blickwinkel aus wird deutlich, daß die Sprache der Unterschicht nicht nur einfach verschieden ist von derjenigen der höheren Schicht, sondern in gewisser Hinsicht durchaus defizitär. In ihr hat sich die langandauernde geistige Verelendung der Unterschicht teilweise objektiviert.

Mit dem Hinweis auf diese Unklarheiten insistiert historisch-materialistische gegenüber positivistischer Soziolinguistik auf einer konsequenten historischen Betrachtungsweise. Wird der G e g e n s t a n d konsequent a l s  e i n h i s t o r i s c h  s i c h  w a n d e l n d e r  b e g r i f f e n , so a u c h  d i e  K a t e g o r i e n  u n d  T h e o r e m e , mit denen er wissenschaftlich erfaßt wird. Sie lassen sich folglich nicht ohne weiteres von einer Epoche auf die andere übertragen, ebensowenig von einer gesellschaftlichen Entwicklungsstufe auf eine andere. Gerade derartige Übertragungsversuche finden

sich aber recht häufig in der positivistischen Soziolinguistik. Sie verraten
deren letzten Endes ahistorischen Zugriff. Beispielsweise empfiehlt der amerika-
nische Soziolinguist Dell Hymes, die Kategorien der restringierten und elaborierten Kodes auch in der Analyse des Sprachverhaltens zivilisationsferner süd-
amerikanischer Indianerstämme anzuwenden, die noch auf einer steinzeitlichen
Produktions- und Gesellschaftsstufe leben.[1]

Auch historisch-materialistische Soziolinguistik bestreitet nicht, daß es durchaus formale Analogien im Sprachverhalten von Gesellschaften auf ganz unterschiedlichen Entwicklungsstufen geben kann. Sie rechnet aber von vornherein mit tief-
greifenden funktionalen und inhaltlichen Unterschieden. Beispielsweise dürften
im Zusammenhang mit den formal als restringiert oder elaboriert erscheinenden
Kodes bei steinzeitlichen Indianerstämmen schichtenspezifische Nachteile in der
Schule oder die mangelnde Ausschöpfung der gesellschaftlichen Begabungsreserven
keine Rolle spielen. Die gesamte gesellschaftliche Funktion derartiger formal
ähnlicher Sprachunterschiede ist völlig anders, also überhaupt der mit den betreffenden Kategorien erfaßte Sachverhalt. Es ist sehr fraglich, ob unter solchen Umständen eine Übertragung dieser Kategorien sinnvoll sein kann. Dadurch
daß die historisch-materialistische Soziolinguistik auf einer konsequent historischen Betrachtungsweise insistiert, problematisiert sie zumindest derartige
Übertragungs- und Universalisierungsversuche von Kategorien und Theoremen in
weit stärkerem Maße als die positivistische Soziolinguistik.

Historisch-materialistische Soziolinguistik akzentuiert gegenüber der positivistischen das Prozeßhafte, Wandelbare ihres Gegenstandes. Sie versucht, diesem
Charakter ihres Gegenstandes auch mit ihren Kategorien gerecht zu werden. Da sie
freilich erst am Beginn ihrer Entwicklung steht und über geringe Kapazitäten verfügt, sind auch ihre kategorialen Bestimmungen bislang nur wenig entwickelt. Für
die Zukunft gilt es aber, dialektische Prinzipien in der Kategorienbildung konse-
quenter zu berücksichtigen. Die Widersprüche, die den Wandlungsprozeß bedingen
und ermöglichen, müssen auch in die Kategorien aufgenommen werden. Die schichtenspezifischen Kodes, die Dialekte und die Einheitssprache beispielsweise, sind
einerseits geschlossene strukturelle Systeme, aber andererseits zugleich offen
und wandelbar. Nur aus ihrer Eigenschaft als geschlossene Strukturen leitet sich
jeweils der Wert ihrer einzelnen strukturellen Einheiten ab, nur ihre Offenheit
ermöglicht ihren Wandel. Widersprüche dieser Art müssen zukünftig in alle Kategorien der historisch-materialistischen Soziolinguistik integriert werden.

---

1   Hymes, Dell: Modells of the Interaction of Language and Social Setting. In:
    Journal of Social Issues 23 (1967), H. 2, S. 8-28, s.S. 12-13.

Die historische Betrachtungsweise impliziert schließlich auch die Einsicht in die historische Gebundenheit der eigenen Erkenntnismöglichkeiten. Historisch gebunden sind diese nach zwei Seiten hin:

(1) Hinsichtlich der Fragestellungen. Diese wandeln sich natürlicherweise mit den gesellschaftlichen Problemen und den Lösungsmöglichkeiten für diese Probleme.

(2) Hinsichtlich des vorhandenen Instrumentariums der Erkenntnis, der Theoriebildung und Methodik.

Solange beispielsweise die Unterschicht keine Schulbildung erhielt, konnte sie keine sprachlich bedingten Schulschwierigkeiten haben, folglich war schon daher eine entsprechende soziolinguistische Fragestellung ausgeschlossen. Allerdings hätten zu jener Zeit auch die erforderlichen soziologischen und linguistischen Theorien und Methoden gefehlt, um der Frage konsequent nachzugehen, ja, um ihr überhaupt bewußt zu werden. Aus dieser historischen Gebundenheit der soziolinguistischen Forschung folgt demnach, daß Fragestellungen, Theorien und Methoden sich immer wieder überleben und in neuen Entwürfen aufzuheben sind.

6.5.    Gesellschaftstheorie mit und ohne Bezug auf die Produktionsweise

Die positivistische Soziolinguistik stützt sich nach ihrer gesellschaftstheoretischen Seite hin gewöhnlich auf irgendeine Variante der strukturell-funktionalen Soziologie. Diese faßt die Gesellschaft auf als eine Struktur sozialer Rollen, die den einzelnen Gesellschaftsmitgliedern vorgegeben sind und von ihnen im Verlauf der Sozialisation übernommen werden müssen. Nach der Entstehung und den Bedingungen der Entstehung und des Wandels dieser Rollenstruktur wird nurmehr nebenbei gefragt. Damit hängt es auch zusammen, daß die Produktionsweise in diese Theorie von der Gesellschaft nicht einbezogen wird.

Demgegenüber kennzeichnet historisch-materialistische Gesellschaftstheorie, auf die sich die historisch-materialistische Soziolinguistik stützt, gerade die k o n s e q u e n t e   E i n b e z i e h u n g   d e r   P r o d u k t i o n s w e i s e . Die Produktionsweise erhält ihre spezifische Ausprägung durch die Produktivkräfte und die Produktionsverhältnisse, die Kapazitäten und Möglichkeiten der materiellen und geistigen Produktion einerseits und die gesellschaftlichen Formen dieser Produktion andererseits.

Materialistisch ist diese Theorie nicht nur, insofern sie die Produktionsweise einbezieht, sondern auch, indem sie von der Priorität der materiellen Produktion ausgeht. Zuerst müssen also die materiellen Voraussetzungen des Lebens, die Mittel zur Befriedigung der körperlichen Bedürfnisse produziert werden, dann

erst diejenigen zur Befriedigung der geistigen Bedürfnisse. Mit zunehmender
Produktivität in der Sphäre der materiellen Produktion werden Arbeitskräfte frei
für die geistige Produktion, entstehen erst geistige Bedürfnisse, die nicht mehr
unmittelbar an die materielle Produktion gebunden sind. Daher hängt das Niveau
der ideellen und sprachlichen vom Niveau der materiellen Produktion ab und läßt
sich getrennt davon nicht begreifen. Diese grundsätzlichen Überlegungen, deren
Differenzierung hier unterbleiben muß, betreffen das Verständnis des gesamtgesellschaftlichen Entwicklungsprozesses. Dessen sämtliche Komponenten müßten im
Grunde in eine umfassende historisch-materialistische Soziolinguistik einbezogen
werden, die Sprache müßte also in ihrem Verhältnis zur k o n k r e t e n   T o -
t a l i t ä t ,  nämlich zur geschichtlich bestimmten und einmaligen Gesamtstruktur der Gesellschaft, unter Einbeziehung aller ihrer Bestandteile, gesehen
werden. Den gewichtigsten Faktor dieser konkreten Totalität der Gesellschaft,
der diese am entscheidensten prägt, bildet aber die Produktionsweise, das Verhältnis der Produktivkräfte zu den Produktionsverhältnissen. Für die Soziolinguistik
folgt daraus, daß die Sprachverhältnisse in einer Gesellschaft ohne Bezug auf die
jeweilige Produktionsweise sich nicht umfassend erklären, sondern bestenfalls in
ihrer äußeren Erscheinungsform beschreiben lassen.

Nach materialistischer Einsicht bestimmt die Stellung im gesamtgesellschaftlichen
Produktionsprozeß maßgeblich den Charakter, das Verhalten und die Verhaltensmög-
lichkeiten, einschließlich des Sprachverhaltens, von sozialen Gruppen und Individuen. Zumindest ist diese Möglichkeit in der Theorie- und Hypothesenbildung
der Soziolinguistik zu berücksichtigen. Eine Theorie, die das Sprachverhalten
der Kinder nur vom Sprachverhalten in der Familie her erklärt, genügt nicht den
Anforderungen einer materialistischen Soziolinguistik. Denn diese würde zumindest die Annahme überprüfen, ob das Sprachverhalten in der Familie nicht selbst
wiederum von den sprachlichen Anforderungen herzuleiten ist, die an die arbeitenden Familienmitglieder am Arbeitsplatz gestellt werden. Möglich ist es freilich auch, daß die Vorstellung von den sprachlichen Anforderungen in den für die
Kinder angestrebten Berufen das familiale Sprachverhalten beeinflussen. Positivistische Soziolinguistik ist insofern faktisch oft unmaterialistisch als sie
den Bezug zur Produktionsweise und zur Stellung im Produktionsprozeß in ihrer
Theorie- und Hypothesenbildung nicht konsequent herstellt. Sie kann sich dies
aber nur deshalb leisten, weil sie lediglich eine Beschreibung ihres Gegenstandes anstrebt und diesen nicht ursächlich zu begreifen sucht.

## Aufgaben

1) Nehmen Sie folgende berühmte soziolinguistische Untersuchung von William Labov zur Hand: The Social Stratification of English in New York City. Washington D.C.: Center for Applied Linguistics 1966. Lesen Sie vor allem die Vorüberlegungen zu dieser Untersuchung (s. 5-62) und die Begründung und Operationalisierung der sozialen Schichtung (S. 207-237).
Handelt es sich bei dieser Untersuchung um eine historisch-materialistische oder um eine positivistische? Begründen Sie ihre Zuordnung anhand der Vorüberlegungen zu dieser Untersuchung und anhand der Schichteneinteilung.

2) Lesen Sie Konrad Ehlich u.a.: Spätkapitalismus - Soziolinguistik - Kompensatorische Spracherziehung. In: Kursbuch 24 (1971), S. 33-60. Stellen Sie diejenigen Kritikpunkte der Autoren an der Sprachbarrierenforschung zusammen, mit der sie diese als positivistische Wissenschaft kennzeichnen.

## Weiterführende Aufgaben

3) Erarbeiten Sie anhand der Literaturhinweise differenzierter den Unterschied zwischen positivistischer und historisch-materialistischer Wissenschaftstheorie. Versuchen Sie anhand der erarbeiteten Kriterien die an Ihrer Universität betriebene Soziolinguistik einzuordnen.

4) Die beiden skizzierten wissenschaftstheoretischen Ansätze lassen sich beziehen auf ganz bestimmte gesellschaftliche Interessen, ebenso die Entscheidung für und wider den einen oder den anderen Ansatz. Versuchen Sie den unterschiedlichen Interessenbezug einer positivistischen Soziolinguistik einerseits und einer historisch-materialistischen andererseits detailliert aufzuzeigen.

## Literaturhinweise

Adorno, Theodor W.: Der Positivismusstreit in der deutschen Soziologie. Neuwied, Berlin 1969 (= Soziologische Texte 58).

Gegenseitige Kritik und Darstellung zweier wissenschaftstheoretischer Richtungen der Soziologie: der Anhänger der sogenannten "kritischen Theorie" der Frankfurter Schule, die dem historischen Materialismus nahesteht, und der Anhänger des Neopositivismus. Erstere sind repräsentiert durch Th. W. Adorno und J. Habermas, letztere durch K. R. Popper, H. Albert und H. Pilot.

Klaus, Georg und Manfred Buhr (Hg.): Philosophisches Wörterbuch, in 2 Bdn. 4. Aufl. Leipzig 1974. Darin in Bd. 2 die Stichwörter: "Materialismus, dialektischer und historischer", S. 752-765, und "Positivismus", S. 954-960.

## Kapitel 1

1) Die lohnabhängige Arbeitskraft hat für den Kapitaleigner den Gebrauchswert, daß sie Tauschwert schafft, und zwar mehr als den Lohn, den sie für ihre Arbeit erhält. Die Differenz zwischen erarbeitetem Tauschwert und Lohn bildet den Mehrwert, der dem Kapitaleigner zufällt.

2) a) Der Tauschwert einer Ware bestimmt sich nach ihrer durchschnittlichen Herstellungszeit. Eine längere Ausbildung konstituiert folglich einen höheren Tauschwert der Ware Arbeitskraft und erbringt damit in der Regel einen höheren Lohn.
   b) Um einen Schichtenunterschied innerhalb der lohnabhängigen Klasse. Der Klassenunterschied bestimmt sich nach Besitz oder Nicht-Besitz von Kapital.
   c) Z.B. Fremdsprachenkenntnisse, die auf den Schulzweigen, die einen längeren Schulbesuch erfordern, umfangreicher vermittelt werden. Es handelt sich nicht um einen klassen-, sondern um einen schichtenspezifischen Sprachunterschied.

3) Nein, um gruppenspezifische Sprachmerkmale, denn die Weinbauern konstituieren keine eigene Sozialschicht, sondern nur eine Berufsgruppe innerhalb einer Schicht. Zu dieser Schicht gehören beispielsweise auch die übrigen, nicht auf den Weinbau spezialisierten Landwirte.

4) a) 1. Schulkameradin schwäbischer Schüler, 2. Tochter norddeutscher Eltern.
   b)

|  | Bezugsgruppe | Sanktion | Sprachgebrauchsnorm |
|---|---|---|---|
| 1. Rolle | Die schwäbischen Klassenkameraden | Spott | Schwäbischer Dialekt |
| 2. Rolle | Die norddeutschen Eltern | Tadel | Kein schwäbischer Dialekt, vermutlich die Hoch- oder Einheitssprache |

   c) Sie müßte ihren Sprachgebrauch wechseln, in der 1. Rolle schwäbischen Dialekt, in der 2. die Einheitssprache verwenden.
   d) Nein. Es läßt sich nur die Tatsache der Sanktion, das sanktionierte Verhalten und das soziale Gefüge, in dem sich das beobachtete Verhalten abspielt, beschreiben. In einem andern Fall wurde ein Mädchen unter gleichartigen Umständen (aus Norddeutschland, in eine schwäbische Kleinstadt zugezogen etc.) trotz mangelnder Kenntnisse des schwäbischen Dialekts nicht sanktioniert. Zur Erklärung der in beiden Fällen unterschiedlichen Rollenerwartungen und Normen muß über das Rollenkonzept hinausgegriffen werden.

Kapitel 2

1) Wegen der bevorzugten Verwendung des Dialekts in der Familiensphäre eignet er
sich als Ausdruck der die Strophe prägenden Emotion einer engen Mutterbindung;
ebenso als Ausdruck anderer undistanzierter und emotional gefärbter Sozialbeziehungen.

2) Die Arbeitssphäre konstituiert gewöhnlich einen weiträumigeren Kommunikationsradius als die Familie und erfordert daher eher die Einheitssprache. Dialekt
erhält sich in der Familie, da die Erwachsenen schon als Kinder an den Dialektgebrauch in der Familie gewöhnt wurden. Der Dialekt drückt für sie daher
auch familiäre Sozialbeziehungen aus.

3) Diese Prominenten weisen Dialektmerkmale auf in der Prosodie, im subphone-
mischen Bereich und in kleinen Teilen ihrer Phonemik. Der größere Teil ihrer
Phonemik sowie ihre gesamte Morphemik, Lexik und Syntax sind einheitssprach-
lich. Daher ist ihre Sprache - im Gegensatz zu ausgeprägtem Dialekt - auch
überregional verständlich.

4) a) Die Norm der Einheitssprache in der größeren Öffentlichkeit entspricht dem
Erfordernis überregionaler Verständlichkeit.
b) Angehörige höherer Sozialschichten treten öfter in der größeren Öffentlichkeit auf.

5) Dialektale Stufenleitern

| Phonemische | Stufen-werte | Lexemische | Stufen-werte |
|---|---|---|---|
| /š/ < /s/ (in 'ist') | 1 | ęwl < imər 'immer' | 4 |
| /e/ < /i/ (in 'immer') | 1 | narət < wütənt 'wütend' | 1 |
| /e/ < /i/ (in 'ich') | 1 | | |
| /∅/ < /χ/ (in 'ich') | 1 | | |
| /∅/ < /ī/ (in 'die') | 1 | | |
| /e/ < /i/ (in 'Finger') | 1 | | |
| /e/ < /i/ (in 'in') | 1 | | |
| /∅/ < /ī/ (in 'die') | 1 | | |
| /ē/ < /ī/ (in 'Maschine') | 4 | | |
| /∅/ < /n̯/ (in 'Maschine') | 4 | | |
| /∅/ < /e/ (in 'Maschine') | 1 | | |
| /∅/ < /hin/ (in 'hinein-bringen') | 1 | | |
| /∅/ < /n̯/ (in 'hinein-bringen') | 1 | | |
| /e/ < /i/ (in 'hinein-bringen') | 4 | | |
| /ã/ < /aŋ/ (in 'krank') | 4 | | |
| /ə/ < /ən/ (in 'machen') | 1 | | |
| /uə/ < /u/ (in 'muß') | 1 | | |

|  n=18    $\Sigma x_i = 29$ | n=2    $\Sigma x_i = 5$ |
|---|---|

$$D_{phon} = \frac{29}{18} = 1,61 \qquad D_{lex} = \frac{5}{2} = 2,50$$

## Kapitel 3

1) c)

2) a) α) Produktionsarbeiter
   β) angestellter Buchhalter

3) a) Begründung für Lohnabhängige: Geistige Arbeit erfordert durchschnittlich
      eine längere Ausbildung. Dies bedeutet einen höheren Tauschwert der
      Arbeitskraft und damit durchschnittlich höheren Lohn. Begründung für
      Kapitaleigner: Gehören ökonomisch zur höheren Schicht, arbeiten ziemlich
      ausschließlich geistig (Aufsichtsfunktionen).
   b) Z.B. Berufssportler. Bedarf trotz überwiegend körperlicher Arbeit einer
      langen Ausbildung bzw. ist ein seltenes Naturtalent, für dessen Arbeits-
      kraft eine günstige Marktlage besteht.

4) Geistige Arbeit vollzieht sich in der Abstraktion von der sinnlichen
   Wahrnehmung:
   - tendenziell höhere Abstraktheit der geistigen Funktionen,
   - für die Kommunikation muß die Information unabhängig vom gegenständlichen
     Kontext verschlüsselt werden.

5) a) Die mündliche Kodierung verläuft schneller. Weniger Zeit für die Formu-
      lierung hat durchschnittlich geringere Differenziertheit der Syntax und
      geringere Abstraktheit der Semantik zur Folge.
   b) Hauptargument: Divergenz der Kommunikationsanforderungen in der Arbeit.
      Weiterhin die für die Unterschicht geringeren Möglichkeiten der Entwick-
      lung eines elaborierten Kodes in den übrigen Lebenssphären: Familie,
      Freizeit, Familiensozialisation, außerfamilialer Kontakt, Schule.

6) a) Die Merkmale beziehen sich stringenter auf einen restringierten Kode:
      syntaktische Komplexität und semantische Abstraktheit. Mit der regionalen
      Reichweite, die für den Dialektbegriff konstitutiv ist, haben sie unmittel-
      bar nichts zu tun.
   b) Die herkömmliche Dialektologie unterschied nicht zwischen Dialekt und re-
      stringiertem Kode. In der sozialen Wirklichkeit sind auch beide vereint,
      nämlich als Sprache der unteren Sozialschichten. Erst die Trennung beider
      Begriffe erlaubt aber eine stringente Theoriebildung.

7) Der Unterschied würde als ein gesellschaftlich relevanter verschwinden.

## Kapitel 4

1) Die sinnliche Wahrnehmbarkeit der Arbeit erfordert geringe Versprachlichung.
   Die ständige Wiederholung der Arbeitsvorgänge bedarf nur eines kleinen und
   immer gleichen Repertoires. Die Isolation vieler Arbeitsplätze schließt eine
   verbale Kommunikation weitgehend aus.

2) Wie in Kap. 2 und 3 dargelegt, sind Dialekt und restringierter Kode vor allem
   auf die unteren Sozialschichten verteilt. Diese verfügen außerdem über ein
   tendenziell begrenzteres fachsprachliches Repertoire als die höheren Schichten. Grund: Die weitgehend auf die unteren Sozialschichten verteilte körperliche Arbeit, insbesondere die Produktionsarbeit in der mechanischen Industrie, bedarf eines begrenzteren und inhaltlich weniger abstrakten fachsprachlichen Repertoires als geistige Arbeit.

3) Der handwerkliche Markt ist kleinräumig, zumeist auf Dialektregionen eingeschränkt, der industrielle Markt großräumig, nationweit oder international.

4) a) α) Nach sachlogischen Aspekten:
nach ihrer Form: *Flach-, Rundzange*; nach ihrer Funktion: *Beiß-, Schmiedezange, Hebelvorschneider, Gasrohrzange*; nach Form und Funktion: *Kombina-
tions-, Revolver-Lochzange*;
β) nach sprachlogischen Aspekten:
als Kompositionen mit demselben Grundwort *-zange*; sprachlich inkonsequent:
*Hebelvorschneider* statt *Hebelvorschneiderzange*.
b) 1 und 3 sind Bestandteile der Gemeinsprache, da auch in der Konsumtionssphäre als Werkzeug weithin gebräuchlich und sprachlich geläufig.

5) a) S. Lösungshinweis 4) a) α) und β)
b) Z.B.: In einer Eisenschmiede. Dort außerdem Feilen (einhiebige, zweihie-
bige Feilen; Dreikant-, Vierkantfeilen usw.), Hämmer (Vorschlag-, Kreuz-
schlaghammer usw.).
c) Die Systematisierung nach α) für die Hersteller von Werkzeugen, nach β)
für die Erarbeitung und Normung der Fachsprache, nach γ) für die fachspezifische Ausbildung.


## Kapitel 5


1) Die Einheitssprache ist hauptsächlich die Sprache der höheren Sozialschichten,
nicht nur der herrschenden Klasse. Sie ist als überregionale Sprache primär
formal bestimmt und kann sowohl Inhalte sozialistischer Auffassung wie kapitalistischer Ideologie aufnehmen. Zur Anpassung dient sie, wenn sie ge-
koppelt wird mit kapitalistischer Ideologie.

2) a) Im Interesse der Kapitaleigner. Die Bezeichnung stellt sie als die Geben-
den dar. Dabei geben die Lohnabhängigen die den Mehrwert erzeugende Mehr-
arbeit ab, von der die Kapitaleigner - nicht selten ohne selbst arbeiten
zu müssen - üppig leben.
b) Bei denjenigen, die das kapitalistische Produktionsverhältnis klar durchschauen, entstehen hierbei keine Mißverständnisse. Jedoch bei denen, die
es nicht durchschauen. Nach den unmittelbaren Wortbedeutungen erscheinen
ihnen u.U. die Lohnabhängigen geradezu als von den Kapitaleignern Be-
schenkte. Lohnforderungen und Streiks können dann als Unverschämtheiten
erscheinen.

3) a) Zentrale Begriffe wie *soziale Marktwirtschaft* erhalten keinerlei nähere
Bestimmung. Die eigenen Ziele sind pauschal gekennzeichnet. Wie sie erreicht werden sollen, wird nicht konkretisiert. Der politische Gegner wird
als gefährlich und unzurechnungsfähig dargestellt. Gegen ihn wird Angst
mobilisiert. Ein ausdrücklicher gesellschaftlicher Interessenbezug fehlt,
da gegensätzliche Interessengruppen (Arbeiter und Unternehmer) zusammen
angesprochen werden. Es geht hauptsächlich um die Konservierung des status
quo (Hände weg...). Verändernde Reformen werden assoziativ und implizit
als gefährliche Experimente diffamiert.
b) α) Er erscheint als den breiten Massen und deren Bedürfnissen entfremdet
(*Berufspolitiker, Theoretiker*), als unzurechnungsfähig und gefährlich
(*Phantasten*), zur Diktatur und Unterdrückung geneigt bzw. unfähig, diese
zu verhindern (will einen *Funktionärsapparat*).
β) Wird aus dem Text nicht erkennbar.

γ) Nein. Gerade die einzige Kritik mit politischem Inhalt, die in der Anspielung auf die Sozialisierung der Wirtschaft oder eine vorgesehene Funktionärsdiktatur zum Ausdruck kommt, stimmt mit dem Programm der SPD nicht überein. Vgl. deren Godesberger Programm.

c) Nein. Es entspricht dem Wesen der Marktwirtschaft:
- daß große Teile der Lohnabhängigen kein *Vermögen* erlangen, zumindest kein Produktivvermögen, das Voraussetzung sozialer Sicherheit ist, sondern nur die Kapitaleigner,
- daß die *Arbeitsplätze* nicht *gesichert* sind (Abhängigkeit von der Marktlage),
- daß nur die Lohnabhängigen, nicht die Kapitaleigner, mit ihrer *Hände Arbeit* Wohlstand schaffen.

d) Ja. Er ist unverkennbar - wenngleich implizit - im Interesse der Kapitaleigner, für die Erhaltung von deren Privilegien, insofern er nämlich gegen ökonomische Veränderungen ist.

e) Ja. Er verschleiert die Interessen der Lohnabhängigen, indem er die Marktwirtschaft als für sie ebenso vorteilhaft darstellt wie für die Kapitaleigner.

4) a) Ja. Entsprechend der weltweiten ökonomischen Verflechtung sind auch die ideologischen Auseinandersetzungen, insbesondere zwischen sozialistischer Auffassung und kapitalistischer Ideologie, weltweit. Daher auch die weltweite Verbreitung von Bestandteilen ideologischer Sprache, zumindest auf der begrifflichen Ebene. Die Ausdrücke für die Begriffe variieren zumeist zwischen den größeren Sprachgebieten.

b) Ziemlich alle zentralen Begriffe kapitalistischer Ideologie und sozialistischer Auffassung: 'Freiheit', '(natürliche) Gleichheit' (im kapitalistischen Sinn), 'Lohnabhängiger', 'Vergesellschaftung (Sozialisierung) der Produktionsmittel' usw.


## Kapitel 6


1) Um eine positivistische, vor allem aus folgenden Gründen:
- Es geht um die Beschreibung der sozialen Variation der Phonemik; deren Entstehung und Wandel werden nicht ursächlich erklärt, wenngleich stellenweise dieser Anspruch erhoben wird. Dazu wären auch die Gesetzmäßigkeiten des Wandels der sozialen Schichtung einzubeziehen, was nicht geschieht.
- Die soziale Relevanz der Untersuchung wird in den Vorüberlegungen nicht reflektiert. Deutlich wird dies auch am Problembegriff. Probleme sind für L. primär Wissenslücken, nicht reale Schwierigkeiten der Sprecher (S. 56-59).
- Kritik bezieht sich nur auf die bisherige Wissenschaft, nicht auf die soziolinguale Wirklichkeit.
- Gesellschaftspolitische Überlegungen unterbleiben. Damit erübrigen sich auch Fragen der Wertung und Parteilichkeit.
- Die Geschichte wird reduziert auf das synchrone Nebeneinander mehrerer Generationen (S. 318-380). Die soziale Schichtung wird als ahistorische Kategorie behandelt.
- Die Produktionsweise wird nicht systematisch einbezogen. Sie bleibt unerwähnt in den theoretischen Überlegungen. In der Schichteneinteilung wird die Arbeitsweise der Informanten und ihre Stellung im Produktionsprozeß nicht gegenüber anderen Variablen kontrolliert.

2) - Verbleibt innerhalb der kapitalistischen Ideologie; deren Schein wird nicht durchstoßen (Beschreibung statt Begriffen).

- Praxis beschränkt sich auf die Anpassung der Unterschicht an die Bedürfnisse des kapitalistischen Produktionsprozesses. Daher nur scheinhafte
Emanzipation, in Wirklichkeit aber Integration der Unterschicht.
- Daraus folgt: letztlich Parteilichkeit für das Kapital.
- Verkürzter Bezug zur Geschichte. Historische Prozesse werden nur oberfläch-
lich beschrieben ("Industrialisierung" statt "Übergang zum Monopolkapita-
lismus").
- Kein stringenter Bezug zur politisch-ökonomischen Struktur. Der Schichten-
begriff wird nicht auf den Klassenbegriff bezogen, der Begabungsbegriff
nicht auf die Qualifikationsanforderungen im Produktionsprozeß.